Dirk Büscher

AF827808

Die qualifizierte faktische Konzernierung – eine gelungene Fortbildung des Rechts der GmbH?

PETER LANG
Europäischer Verlag der Wissenschaften

Die Deutsche Bibliothek - CIP-Einheitsaufnahme

Büscher, Dirk:

Die qualifizierte faktische Konzernierung – eine gelungene Fortbildung des Rechts der GmbH? / Dirk Büscher. - Frankfurt am Main ; Berlin ; Bern ; New York ; Paris ; Wien : Lang, 1999
(Europäische Hochschulschriften : Reihe 2, Rechtswissenschaft ; Bd. 2632)
Zugl.: Bochum, Univ., Diss., 1998
ISBN 3-631-34726-X

Gedruckt auf alterungsbeständigem, säurefreiem Papier.

D 294
ISSN 0531-7312
ISBN 3-631-34726-3

© Peter Lang GmbH
Europäischer Verlag der Wissenschaften
Frankfurt am Main 1999
Alle Rechte vorbehalten.

Das Werk einschließlich aller seiner Teile ist urheberrechtlich geschützt. Jede Verwertung außerhalb der engen Grenzen des Urheberrechtsgesetzes ist ohne Zustimmung des Verlages unzulässig und strafbar. Das gilt insbesondere für Vervielfältigungen, Übersetzungen, Mikroverfilmungen und die Einspeicherung und Verarbeitung in elektronischen Systemen.

Printed in Germany 1 2 3 4 5 7

Vorwort

Die Arbeit hat der Juristischen Fakultät der Ruhr-Universität Bochum im Wintersemester 1998/99 als Dissertation vorgelegen. Das Manuskript habe ich im Juli 1998 abgeschlossen. Rechtsprechung und Literatur wurden bis Dezember 1998 nachgetragen. Ebenso wurde die am 1. Januar 1999 in Kraft getretene Insolvenzordnung berücksichtigt.

Aufrichtig danken möchte ich meinem verehrten Lehrer, Herrn Professor Dr. *Uwe Hüffer*, der die Arbeit betreut hat und ihre Entstehung während meiner Tätigkeit als sein Assistent am Lehrstuhl für Bürgerliches Recht, Handels- und Wirtschaftsrecht stets wohlwollend begleitet und in vielfältiger Weise gefördert hat. Herrn Professor Dr. *Peter Kindler* danke ich für die Übernahme der Zweitberichterstattung. Frau *Brigitte Syllwasschy* gilt mein besonderer Dank für die umsichtige technische Umsetzung des Manuskripts. Danken möchte ich schließlich auch meiner Assistentenkollegin Frau *Jutta Leyh-Çelik* für konstruktive Diskussionen.

Bochum, im Januar 1999 *Dirk Büscher*

Inhaltsverzeichnis

Zweites Kapitel. Der Tatbestand qualifizierter faktischer Konzernierung - Ansätze im Schrifttum und Entwicklung der Rechtsprechung

Abkürzungsverzeichnis

a.A.	anderer Ansicht
a.a.O.	am angegebenen Ort
ABlEG	Amtsblatt der Europäischen Gemeinschaften
Abs.	Absatz (Absätze)
abw.	abweichend
AcP	Archiv für die civilistische Praxis
ADHGB	Allgemeines Deutsches Handelsgesetzbuch
a.E.	am Ende
a.F.	alte Fassung
AG	Aktiengesellschaft; Die Aktiengesellschaft (Zeitschrift); Amtsgericht
AktG	Aktiengesetz
allgM	allgemeine Meinung
Alt.	Alternative
Anh.	Anhang
Anm.	Anmerkung(en)
Art.	Artikel
Aufl.	Auflage
AusschußB.	Ausschußbericht
BAG	Bundesarbeitsgericht
BB	Der Betriebsberater
Bd(e).	Band (Bände)
Bekl.	Beklagte(n)
BetrVG	Betriebsverfassungsgesetz

BGB	Bürgerliches Gesetzbuch
BGBl.	Bundesgesetzblatt
BGH	Bundesgerichtshof
BGHSt	Entscheidungen des Bundesgerichtshofs in Strafsachen
BGHZ	Entscheidungen des Bundesgerichtshofs in Zivilsachen
BMJ	Bundesministerium der Justiz
BT-Drucks.	Bundestags-Drucksache
Buchst.	Buchstabe
BVerfG	Bundesverfassungsgericht
BVerfGE	Entscheidungen des Bundesverfassungsgerichts
BVerfGG	Gesetz über das Bundesverfassungsgericht
bzw.	beziehungsweise
cic	culpa in contrahendo
DB	Der Betrieb
dens.	denselben
ders.	derselbe
d.h.	das heißt
DJT	Deutscher Juristentag
DM	Deutsche Mark
DNotZ	Deutsche Notarzeitung
DStR	Deutsches Steuerrecht
DZWir	Deutsche Zeitschrift für Wirtschaftsrecht
EG	Europäische Gemeinschaften

EGV	Vertrag zur Gründung der Europäischen Gemeinschaft
Einl.	Einleitung
EuGH	Europäischer Gerichtshof
f., ff.	folgende
FG	Festgabe
Fn.	Fußnote
FS	Festschrift
G	Gesetz
gem.	gemäß
GesRZ	Der Gesellschafter. Zeitschrift für Gesellschaftsrecht (Österreich)
GG	Grundgesetz für die Bundesrepublik Deutschland
ggf.	gegebenenfalls
GmbH	Gesellschaft mit beschränkter Haftung
GmbHG	Gesetz betreffend die Gesellschaften mit beschränkter Haftung
GmbHR	GmbH-Rundschau
G.o.A.	Geschäftsführung ohne Auftrag
grdsl.	grundsätzlich
GS	Gedächtnisschrift
GSB	Gesetz zur Sicherung der Bauforderungen
GuV	Gewinn- und Verlustrechnung
GWB	Gesetz gegen Wettbewerbsbeschränkungen
Halbs.	Halbsatz
Hdb.	Handbuch

HGB	Handelsgesetzbuch
h.L.	herrschende(r) Lehre
h.M.	herrschende(r) Meinung
Hrsg.	Herausgeber
i.d.R.	in der Regel
i.E.	im Ergebnis
insbes.	insbesondere
InsO	Insolvenzordnung
i.S.	im Sinne
i.S.d.	im Sinne des (der)
i.S.v.	im Sinne von
i.V.m.	in Verbindung mit
JBl	Juristische Blätter
JuS	Juristische Schulung
JW	Juristische Wochenschrift
JZ	Juristenzeitung
KAGG	Gesetz über Kapitalanlagegesellschaften
KG	Kommanditgesellschaft
KGaA	Kommanditgesellschaft auf Aktien
Kl.	Kläger(in)
KO	Konkursordnung
KStG	Körperschaftsteuergesetz
KStR 1995	Körperschaftsteuer-Richtlinien 1995
KTS	Zeitschrift für Insolvenzrecht. Konkurs · Treuhand · Sanierung

LG	Landgericht
li.Sp.	linke Spalte
lit.	littera
LöschungsG	Gesetz über die Auflösung und Löschung von Gesellschaften und Genossenschaften
LZ	Leipziger Zeitschrift für Handels-, Konkurs- und Versicherungsrecht
M.	Main
m.a.W.	mit anderen Worten
mbH	mit beschränkter Haftung
MitbestG	Mitbestimmungsgesetz
m.w.N.	mit weiteren Nachweisen
Nachw.	Nachweis(e)
n.F.	neue Fassung
NJW	Neue Juristische Wochenschrift
Nr.	Nummer(n)
OHG	Offene Handelsgesellschaft
OLG	Oberlandesgericht
pVV	positive Vertragsverletzung
RegBegr.	Regierungsbegründung
RegE	Regierungsentwurf
re.Sp.	rechte Spalte
RFHE	Sammlung der Entscheidungen und Gutachten des Reichsfinanzhofs
RG	Reichsgericht
RGZ	Entscheidungen des Reichsgerichts in Zivilsachen

Rn.	Randnummer(n)
S.	Satz; Seite
s.a.	siehe auch
sc.	scilicet
Schlußanh.	Schlußanhang
Slg.	Sammlung
sog.	sogenannt(e, en)
StGB	Strafgesetzbuch
teilw.	teilweise
Tz.	Teilziffer
u.a.	und andere
u.U.	unter Umständen
Verf.	Verfasser(s)
VersR	Versicherungsrecht
vgl.	vergleiche
Vor.	Vorbemerkungen
WM	Wertpapier-Mitteilungen
w.N.	weitere Nachweise
WPg	Die Wirtschaftsprüfung
WpHG	Wertpapierhandelsgesetz
z.B.	zum Beispiel
ZGR	Zeitschrift für Unternehmens- und Gesellschaftsrecht
ZHR	Zeitschrift für das gesamte Handels- und Wirtschaftsrecht
Ziff.	Ziffer(n)

ZIP	Zeitschrift für Wirtschaftsrecht
zit.	zitiert
ZPO	Zivilprozeßordnung

Erstes Kapitel

Grundlagen

§ 1. Einführung

I. Die haftungsrechtliche Bedeutung der qualifizierten faktischen Konzernierung

Der qualifizierte faktische Konzern wurde 1972 als Rechtsbegriff vom Arbeitskreis GmbH-Reform eingeführt. Bis Mitte der achtziger Jahre stieß er nur auf geringe Resonanz. Das änderte sich 1985 durch die Autokran-Entscheidung. In diesem Urteil machte der BGH die qualifizierte faktische Konzernierung - auch durchgeführte oder qualifizierte Konzernierung genannt - als Haftungstatbestand für das GmbH-Recht fruchtbar. Die Verwendung der Rechtsfigur als Haftungsgrund ist für die gesamte weitere Entwicklung prägend. Es geht bis heute im Kern um die Frage, unter welchen Voraussetzungen das herrschende Unternehmen für die Verbindlichkeiten der GmbH außerhalb des Vertragskonzerns einstehen muß. Der BGH hat sich zwischen 1985 und 1993 in den vier Leitentscheidungen[1] "Autokran", "Tiefbau", "Video" und "TBB" mit ihr auseinandergesetzt. Da es um die Ausformulierung eines Haftungstatbestands geht, gewinnt der qualifizierte faktische Konzern schon hieraus seine besondere Bedeutung. Entscheidend kommt hinzu, daß die Rechtsfolge nach ganz überwiegender Auffassung[2] entweder in einer Verlustausgleichspflicht gegenüber der Gesellschaft oder in einer Zahlungspflicht gegenüber den Gesellschaftsgläubigern bestehen kann. Die Verlustausgleichspflicht wird aus § 302 AktG hergeleitet, die Außenhaftung gegenüber den Gläubigern in Anlehnung an § 303 AktG entwickelt. Die Auswirkungen für das herrschende Unternehmen können gravierend sein. Die Außenhaftung in Anlehnung an § 303 AktG verpflichtete den Beklagten im Video-Fall zu einer Zahlung von über 1,4 Millionen DM. Im Tiefbau-Fall führte die Anwendung des § 302 AktG zu einer Ausgleichspflicht von über 2,8 Millionen DM. Die Fälle belegen exemplarisch, daß die Folgen qualifizierter Konzernierung für das herrschende Unternehmen zu Vermögenseinbußen mit existentieller Bedeu-

---

1 BGHZ 95, 330; 107, 7; 115, 187; 122, 123.

2 Vgl. nur *Hüffer* AktG § 302 Rn. 7 und § 303 Rn. 7.

tung führen können[3]. Sie zeigen zugleich, daß die Haftungsfolgen einen genauen Umgang mit ihren Voraussetzungen erfordern. Das gilt um so mehr, als die Anlehnung an die §§ 302, 303 AktG Rechtsfortbildung darstellt. Soweit es um die Verlustausgleichspflicht geht, wird die Rechtsfolge aus § 302 AktG im Wege eines Doppelanalogieschlusses nutzbar gemacht: Sie wird erstens vom Aktienrecht in das GmbH-Recht und zugleich zweitens vom Vertragskonzern in die vertragslose Unternehmensverbindung transponiert. Hinsichtlich der Anlehnung an § 303 AktG geht die h.M. noch weiter: Hier wird nicht die Rechtsfolge übertragen. Die Rechtsfolge, die die Norm vorsieht, der Anspruch des Gesellschaftsgläubigers auf Sicherheitsleistung, wird vielmehr zu einem direkten Zahlungsanspruch des Gläubigers fortentwickelt. Solche Vorgehensweisen verpflichten zu einer besonders sorgfältigen Bestimmung der haftungsbegründenden Tatbestände.

II. Zielsetzung und Gang der Untersuchung

Die vorliegende Untersuchung hat sich zum Ziel gesetzt, auf der Grundlage einer Bestandsaufnahme der BGH-Rechtsprechung und der im Schrifttum vertretenen Ansichten die Berechtigung der qualifizierten faktischen Konzernierung und der daran geknüpften spezifischen Haftungsfolgen zu hinterfragen. Sie beschränkt sich auf die GmbH. Die Untersuchung orientiert sich damit an dem bisherigen Diskussionsschwerpunkt und klammert die AG aus. Zwar wird weithin angenommen, daß sich ein Sachverhalt qualifizierter Konzernierung bei der AG ebenso ergeben kann wie bei der GmbH[4], allerdings spielt diese Rechtsform in der Diskussion eine deutlich nachgeordnete Rolle. Entscheidungen zur AG fehlen - soweit ersichtlich - völlig. Der Banning-Beschluß des OLG Hamm, der im Rahmen eines Kostenbeschlusses nach § 91a Abs. 1 ZPO die Aussage enthält, die qualifiziert faktische Konzernverbindung mit einer abhängigen AG sei unzulässig, betraf nicht den Sachverhalt durchgeführter Konzernierung, sondern die anders gelagerte Frage einer aktienrechtlichen Konzernbildungskontrolle[5].

Nach einem Überblick über die Grundbegriffe des Rechts der verbundenen Unternehmen (§ 2) wendet sich die Untersuchung im zweiten Kapitel der Analyse des Haftungstatbestands zu, wie er sich nach der Rechtsprechung des II. Zivilsenats des BGH darstellt. Um zunächst einen Überblick über die verschiedenen Ansätze zur Erfassung und Konkretisierung des

---

3 *Kindler* NJW 1993, 3120 li.Sp.

4 *Hüffer* AktG § 302 Rn. 30; *Habersack* DStR 1998, 533, 536; ausführlich jüngst Emmerich/Habersack Aktienkonzernrecht Vor. § 311 Rn. 20 ff.

5 OLG Hamm NJW 1987, 1030 f.

qualifizierten Konzerns zu gewinnen, wird eine gestraffte Darstellung der Literaturansichten vorangestellt (§ 3), bevor ab § 4 die Rechtsprechungsanalyse im Vordergrund steht. Sie folgt der Entwicklung der Rechtsprechung, die nicht geradlinig verlaufen ist. Auf der Grundlage der Entscheidungen "Autokran", "Tiefbau" und "Video" wird zunächst der materiellrechtlichen Haftungskonzeption nachgegangen und sodann anhand ihrer Umsetzung im Zivilprozeß erörtert, inwieweit Rechtsprechungskontinuität vorliegt. Den Ursachen für die dabei zutage tretende Akzentverschiebung vom Autokran-Urteil zur Tiefbau-Entscheidung wird in § 5 nachgegangen. Im Vordergrund dieses Abschnitts steht die Auseinandersetzung mit den mitgliedschaftlichen Treubindungen sowie die Problematik der Ausdehnung der §§ 311-318 AktG auf die abhängige GmbH. Im Anschluß widmet sich die Untersuchung in § 6 der Verdichtung des Tatbestands im Video-Urteil, die die Akzente in der Diskussion grundlegend verschoben und dazu geführt hat, daß die Fragen in den Vordergrund gerückt sind, ob die Rechtsprechung mit europäischem Recht und Verfassungsrecht zu vereinbaren ist. Im Anschluß hieran wird die aktuelle Rechtsprechung auf der Grundlage der TBB-Entscheidung analysiert, durch die die Judikatur des II. Zivilsenats eine Neuorientierung erfahren hat. Die Kenntnis der vorangegangenen Rechtsprechung und der Gründe, die zu ihrer Entwicklung geführt haben, erweist sich dabei für die vollständige Erfassung der aktuellen Haftungsformel als unentbehrlich (§ 7). Zusätzlich ist in diesem Abschnitt die Frage zu untersuchen, ob die europarechtliche Dimension, die die qualifiziert faktische Konzernierung im Anschluß an das Video-Urteil erfahren hat, zur Vorlage nach Art. 177 Abs. 3 EGV verpflichtet.

Gegenstand des dritten Kapitels ist die Umsetzung der aus der Analyse von Rechtsprechung und Literatur gewonnenen Ergebnisse. Daher fragt sich zunächst, in welchen Grenzen eine Rechtsfortbildung zulässig ist. Ferner ist dem Problem nachzugehen, ob eine schonendere Rechtsfortbildung als die Anlehnung an Normen des aktienrechtlichen Vertragskonzerns in Betracht kommt. Das wiederum führt zum Normzweck namentlich des § 302 AktG (§ 8). Weil dieser im Bestandsschutz liegt, stellt sich die Frage, ob es einen Bestandsschutz der GmbH gegen den Willen der Gesellschaftergesamtheit geben kann (§ 9). Die daraus gewonnenen Erkenntnisse führen zur Abkehr vom qualifiziert faktischen GmbH-Konzern (§ 10).

§ 2. Grundbegriffe

I. Der Unternehmensbegriff

1. Konkretisierungsbedürftigkeit

Nach § 15 AktG sind verbundene Unternehmen rechtlich selbständige Unternehmen, die im Verhältnis zueinander in Mehrheitsbesitz stehende Unternehmen und mit Mehrheit beteiligte Unternehmen, abhängige und herrschende Unternehmen, Konzernunternehmen, wechselseitig beteiligte Unternehmen oder Vertragsteile eines Unternehmensvertrags sind. Die Norm zählt die verschiedenen Arten von verbundenen Unternehmen abschließend auf. Es handelt sich um eine Sammelbezeichnung, die gewählt wurde, um andere Vorschriften sprachlich vereinfachen zu können[6]. Eine Legaldefinition des Unternehmens i.S.d. Konzernrechts enthält § 15 AktG nicht. Der Gesetzgeber hat es bewußt der Rechtsprechung und Wissenschaft überlassen, den Unternehmensbegriff zu konkretisieren. Von einer Umschreibung sah er "angesichts der großen praktischen Schwierigkeiten ab"[7]. Schwierigkeiten resultieren schon daraus, daß der Begriff des Unternehmens in ganz unterschiedlichen Zusammenhängen im Gesetz gebraucht wird[8]. Den Begriff zu konkretisieren kann nur gelingen mit Blick auf den Regelungszweck der einzelnen Norm bzw. des jeweiligen Normkomplexes. Das hat zur Folge, daß ein für mehrere Rechtsgebiete gültiger Basisbegriff des Unternehmens nicht gewonnen werden kann[9]. Selbst innerhalb der §§ 15 ff., 291 ff. AktG kann nicht von einem einheitlichen Unternehmensbegriff ausgegangen werden[10]. Die Anforderungen, die an den Begriff zu stellen sind, richten sich vielmehr zumindest danach, welche Stellung das Unternehmen hat, ob es also als herrschendes oder abhängiges Unternehmen angesprochen ist.

2. Normzweckbezogene Begriffsbestimmung

Wenn eine Unternehmensverbindung besteht, kann nicht mehr, anders als bei unverbundenen Gesellschaften, davon ausgegangen werden, daß die

6 *Hüffer* AktG § 15 Rn. 1; RegBegr. bei *Kropff* S. 27.

7 RegBegr. bei *Kropff* S. 27 a.E.

8 Z.B. §§ 271, 290 HGB; §§ 1, 19, 35 ff. GWB n.F. ; §§ 30 ff. MitbestG.

9 *Geßler*, in: Geßler/Hefermehl § 15 Rn. 9; *Hüffer*, in: Großkomm. HGB vor § 22 Rn. 2 ff.; *Henze* Aktienrecht Rn. 1110.

10 *Geßler*, in: Geßler/Hefermehl § 15 Rn. 9; *Henze* Aktienrecht Rn. 1111 f.; *Luchterhandt* ZHR 132 (1969), 149, 153; *Würdinger* FG Kunze, 1969, S. 177, 178 ff.

Interessen der Gesellschaft, Gesellschafter und Gesellschaftsgläubiger gleichläufig auf die erfolgreiche Geschäftstätigkeit der Gesellschaft gerichtet sind[11]. Die Annahme eines Interessengleichlaufs ist nicht mehr angebracht, weil die Gefahr hinzutritt, daß das herrschende Unternehmen sein Handeln an gesellschaftsfremden Sonderinteressen ausrichtet[12], was zu einem gesellschaftsschädigenden Verhalten führen kann. Ziel konzernrechtlicher Regelungen ist es, den aus der Interessenkollision resultierenden Gefahren entgegenzuwirken. Die Vorschriften bezwecken, Schutz vor den Gefahren einer Unternehmensverbindung zu gewährleisten.

In den ersten Jahren nach Inkrafttreten des Aktiengesetzes wurde die zweckbezogene Betrachtung vernachlässigt und versucht, den Unternehmensbegriff funktional oder institutionell zu bestimmen. Die funktionale Interpretation umschrieb das Unternehmen als Träger einer unternehmerischen Planungs- und Entscheidungsgewalt. Danach sollte jeder Aktionär Unternehmen sein, der selbst marktstrategisch plant und entscheidet[13]. Damit wurde jedoch der wesentliche Gesichtspunkt verfehlt. Eine unternehmerische Betätigung des Aktionärs beseitigt noch nicht die Annahme gleichläufiger Gesellschafterinteressen, solange sich der Aktionär nur in der AG betätigt. Erst wenn er außerhalb der Gesellschaft unternehmerische Interessen verfolgt, besteht die Gefahr gegenläufiger Interessen. Damit schoß die funktionale Betrachtung über das Ziel hinaus[14]. Die institutionelle Interpretation forderte demgegenüber das Vorliegen einer gegenständlichen Einrichtung, die entweder bei Betreiben eines Gewerbebetriebs[15] oder bei einem Minimum äußerer Veranstaltung[16], d.h. bei räumlich und zeitlich zuordnungsfähigen Einrichtungen[17], gegeben sein sollte. Auch diese Art der Konkretisierung verfehlte den zentralen Aspekt, daß jede Betätigung außerhalb der Gesellschaft die Interessenkollision auslösen

---

11 BGHZ 95, 330, 334 f.; 69, 334, 336 f.

12 RegBegr. bei *Kropff* S. 373 f.; *Bälz* AG 1992, 277, 281; *Sonnenschein*, in: Mestmäcker/Behrens, 1991, S. 49, 50 ff.; vgl. auch *Würdinger* Gesellschaften, 2. Teil, S. 137.

13 *Kropff* BB 1965, 1281, 1284 f.; *Möhring* NJW 1967, 1; *Rasch* Konzernrecht 5. Aufl. 1974, S. 23 ff.

14 *Hüffer* Gesellschaftsrecht § 35 2a (S. 341).

15 *Bolsenkötter* DB 1967, 1098, 1101; *Janberg/Schlaus* AG 1967, 33, 37 f.; *Leo* AG 1965, 352, 353; *Luchterhandt* ZHR 132 (1969), 149, 155, 164 f.

16 *Raisch* JZ 1966, 549, 555.

17 *Schäfer* NJW 1967, 1741.

kann, also mit dem formalen Zuschnitt auf die §§ 1 ff. HGB bzw. die gegenständliche Einrichtung das Gefahrenpotential nicht erfaßt wird.

Der Interessenkonflikt besteht mit der Folge, daß der Gesellschafter Unternehmen ist, wenn er neben seiner Beteiligung an der Gesellschaft anderweitige wirtschaftliche Interessenbindungen aufweist, die nach Art und Intensität die ernsthafte Sorge begründen, er könne wegen dieser Bindungen seinen aus der Mitgliedschaft resultierenden Einfluß zum Nachteil der Gesellschaft einsetzen[18]. Aus dieser Umschreibung ergibt sich spiegelbildlich, daß als (abhängiges) Unternehmen jede mitgliedschaftlich organisierte Vermögenseinheit in Betracht kommt.

3. Konsequenzen zweckbezogener Interpretation

a) Die anderweitige wirtschaftliche Interessenbindung

Die Anknüpfung an die anderweitige wirtschaftliche Bindung außerhalb der Beteiligung an der Gesellschaft hat zur Folge, daß eine weitere Beteiligung an einer anderen Gesellschaft zur Erfüllung der Unternehmenseigenschaft ausreichen kann. Das ist der Fall, wenn es sich um eine maßgebliche Beteiligung handelt[19], weil nicht schon bei jeder noch so geringen Beteiligung die ernsthafte Besorgnis zu nachteiliger Einflußnahme begründet ist. Grund zur Sorge besteht jedenfalls, wenn der Gesellschafter mehrheitlich an einer anderen Gesellschaft beteiligt ist, es sei denn, die Beteiligung enthält kein Einflußpotential[20]. Eine Minderheitsbeteiligung genügt, wenn auf die Ergebnisverwendung entscheidend Einfluß genommen werden kann[21]. Daß der aus der Beteiligung resultierende Einfluß auch zumindest gelegentlich eingesetzt wird[22], ist nicht erforderlich[23], weil bereits der Beteiligungsbesitz die Gefahrenlage schafft und das Zuwarten auf gelegentliche Einflußnahmen bedeuten würde, die Realisierung der Gefahr in Kauf zu nehmen. Die anderweitige wirtschaftliche Interessenbindung kann ins-

---

18 BGHZ 135, 107, 113; 117, 8, 16; 80, 69, 72; 74, 359, 365; 69, 334, 337 ff.; *Hüffer* AktG § 15 Rn. 8; *Lutter* ZHR 151 (1987), 444, 451; *Schwark* JuS 1987, 443, 446 f.

19 BGHZ 135, 107, 113; Emmerich/Habersack Aktienkonzernrecht § 15 Rn. 13; *Koppensteiner* ZGR 1979, 91, 95; *ders.* ZHR 131 (1968), 289, 310 mit Fn. 59; *Krieger*, in: MünchHdb AG § 68 Rn. 8; *Lutter/Timm* BB 1978, 836, 837.

20 *Krieger*, in: MünchHdb AG § 68 Rn. 8; *Haesen* Abhängigkeitsbericht, 1970, S. 20.

21 *Koppensteiner*, in: Kölner Komm. § 15 Rn. 28; *Krieger*, in: MünchHdb AG § 68 Rn. 8.

22 *Kort* DB 1986, 1909, 1911; *Wiedemann/Martens* AG 1976, 197, 201.

23 *Koppensteiner*, in: Kölner Komm. § 15 Rn. 21 f. m.w.N.

besondere auch in dem Betreiben eines einzelkaufmännischen Gewerbes[24] oder der Ausübung freiberuflicher Tätigkeit[25] liegen. Die Eigenschaft als Formkaufmann ist nach Überwindung der institutionellen Auffassung unerheblich. Daraus folgt namentlich, daß eine Holding, die selbst keine Führungsfunktionen mehr wahrnimmt (Vermögensholding)[26], nicht schon durch § 6 Abs. 1 HGB zum Unternehmen wird. Die Vermögensholding erfüllt die Unternehmenseigenschaft, wenn sie neben der Beteiligung an der Gesellschaft zumindest eine weitere wesentliche Beteiligung verwaltet. Wenn sie die Beteiligungsverwaltung auf eine Zwischenholding übertragen hat und sich selbst tatsächlich auf die Verwaltung der Beteiligung an der Zwischenholding beschränkt, büßt sie die Unternehmenseigenschaft ein[27].

b) Rechtsform des Gesellschafters

Schon in den Gesetzesmaterialien wird betont, daß die anderweitige Betätigung oder Beteiligung ohne Rücksicht auf ihre Rechtsform in Betracht kommt[28]. Daran hat auch die normzweckorientierte Betrachtung nichts geändert. Im Gegenteil: Da die Gefahrenlage nicht von einer bestimmten Rechtsform des Gesellschafters abhängt, ist die rechtsformneutrale Ausgestaltung geradezu erforderlich. Das bedeutet, daß neben den juristischen Personen und Personengesellschaften insbesondere die natürliche Person[29] und die öffentliche Hand[30] Unternehmen sein können. Für die öffentliche Hand ergibt sich die besondere Fragestellung, ob sie aufgrund der regelmäßig vorhandenen öffentlichen Interessen stets als Unternehmen angesehen werden darf, auch wenn eine anderweitige Betätigung wirtschaftlicher Art fehlt. Dies wird zunehmend bejaht unter Hinweis auf die Gefahr der einseitigen Förderung politischer Ziele und öffentlicher Auf-

---

24 BGHZ 115, 187, 191 f.; *Geßler*, in: Geßler/Hefermehl § 15 Rn. 35.

25 BGH NJW 1995, 1544 f.; BGH NJW 1994, 3288, 3290 m.w.N.

26 *Lutter* Holding-Handbuch A 21.

27 *Geßler*, in: Geßler/Hefermehl § 15 Rn. 34; *Krieger*, in: MünchHdb AG § 68 Rn. 9; *Ehlke* DB 1986, 523, 526; *Emmerich* GmbHR 1987, 213, 215; *Ruwe* AG 1980, 21, 22; *ders.* DB 1988, 2037, 2042; *Ulmer* NJW 1986, 1579, 1586; *Wiedemann* ZIP 1986, 1293, 1302; a.A. wohl *Noack* Gesellschaftervereinbarungen, 1994, S. 266 f.

28 RegBegr. bei *Kropff* S. 27 a.E.

29 BGHZ 122, 123, 127 f. Die vereinzelt geübte Kritik an der Einbeziehung der natürlichen Person betrifft nicht die Unternehmenseigenschaft, sondern die Haftungsfrage; vgl. *K. Schmidt* AG 1994, 189, 190 f. sowie *Goette* BGH-Rechtsprechung, 1997, § 9 Rn. 24.

30 BGHZ 69, 334, 338 ff., 344; *Koppensteiner*, in: Kölner Komm. § 15 Rn. 52; *Emmerich/Sonnenschein* Konzernrecht § 2 IV 2.

gaben[31]. Daran ist richtig, daß bei der öffentlichen Hand neben ihrem Beteiligungsinteresse stets eine öffentlich-rechtliche Aufgabenstellung vorhanden ist. Allerdings wird auch jede natürliche Person Privatinteressen verfolgen, beispielsweise politischer Art. Ebenso wie aber Privatinteressen noch nicht den konzerntypischen Interessenkonflikt begründen, ersetzt das öffentliche Interesse nicht die anderweitige wirtschaftliche Betätigung. Ob der neueren Ansicht gefolgt werden kann, bleibt schon deshalb zumindest fraglich.

II. Der Tatbestand der Abhängigkeit

1. Mitgliedschaftlich vermittelter Einfluß

Abhängigkeit im konzernrechtlichen Sinne ist das Spiegelbild des Beherrschungssachverhalts. Dieser ist gleichzusetzen mit der Möglichkeit zur Ausübung beherrschenden Einflusses auf ein anderes Unternehmen bei gleichzeitiger rechtlicher Selbständigkeit der Unternehmen, § 17 Abs. 1 AktG. Wirtschaftliche Abhängigkeiten, etwa aufgrund von Liefer- oder Kreditbeziehungen zwischen den Unternehmen, genügen zur Erfüllung des Abhängigkeitstatbestands nicht. Es liegt in der Konsequenz der normzweckorientierten Ausfüllung des Unternehmensbegriffs, daß die Einflußnahmemöglichkeit gesellschaftsrechtlich vermittelt ist[32], also auf der Beteiligung beruht.

2. Die Abhängigkeitsvermutung und ihre Widerlegung

Vermutet wird Abhängigkeit gem. § 17 Abs. 2 AktG bei der Mehrheitsbeteiligung. Sie liegt vor, wenn einem Unternehmen die Mehrheit der Anteile oder der Stimmrechte zusteht, § 16 Abs. 1 AktG[33]. Neben der unmittelbaren Abhängigkeit erfaßt das Gesetz auch die sog. mittelbare Abhängigkeit, die gegeben ist, wenn ein Unternehmen die Stellung eines Mehrheitsgesellschafters durch sichergestellte Mitwirkung eines Dritten gewinnt. Ist gleichzeitig der Dritte von dem beherrschenden Unternehmen abhängig, liegt ein Fall mehrstufiger Abhängigkeit vor[34]. Daneben wirkt auch eine sog. Mehrmütterherrschaft abhängigkeitsbegründend (mehrfache Abhängigkeit). Sie liegt namentlich vor, wenn mehrere Unternehmen in einem Gemeinschaftsunternehmen ihre Interessen bündeln und die Einflußpoten-

---

31 BGHZ 135, 107, 113 f.; *Koppensteiner* ZGR 1979, 91, 98 f.; *Raiser* ZGR 1996, 458, 465.

32 BGHZ 90, 381, 395; instruktiv *Ulmer* ZGR 1978, 457, 462 ff., 473 f.

33 Die Berechnungsmodalitäten regelt § 16 Abs. 2-4 AktG.

34 Zum Ganzen *Koppensteiner*, in: Kölner Komm. § 17 Rn. 27 f.

tiale bei Zusammenrechnung die Mehrheitsbeteiligung ergeben. Daraus folgt, daß für die Addition eine Interessenkoordination der beteiligten Unternehmen nötig ist[35]. Die Koordinierung der Interessen kann auf vertraglicher, unter Umständen auch auf tatsächlicher Grundlage basieren.

Die Vermutung des § 17 Abs. 2 AktG ist widerlegbar; die Widerlegung obliegt dem herrschenden Unternehmen. Geeignete Tatsachen zur Widerlegung der Abhängigkeitsvermutung können sich nur aus Rechtsgründen ergeben, die die Ausübung der Einflußmöglichkeiten verhindern[36]. Anknüpfungspunkt der Widerlegung ist dabei das Fehlen jeglicher Beherrschungsmittel, die mangelnde Einflußmöglichkeit auf die Zusammensetzung des Aufsichtsrates genügt nicht[37]. Dies deshalb nicht, weil die Vermutung des § 17 Abs. 2 AktG auch bei bloßer Kapitalmehrheit eingreift. Da Kapital- und Stimmenmehrheit auseinanderfallen können, kann die Einflußnahme auf die Besetzung des Aufsichtsrats nicht der gesetzlich intendierte Anknüpfungspunkt einer Widerlegung sein, weil gerade die bloße Kapitalmehrheit keine Mehrheitsmacht bei Bestellung der Mitglieder des Aufsichtsrats ermöglicht, vgl. § 133 Abs. 1 AktG. Im Fall der bloßen Kapitalmehrheit genügt also nicht schon der Hinweis auf das Fehlen einer Stimmrechtsmehrheit[38]. Bei einer Stimmenmehrheit gelingt die Widerlegung, wenn aufgrund von Satzungsbestimmungen (Stimmrechtsbeschränkungen, Erfordernis qualifizierter Beschlußmehrheiten) oder vertraglichen Beschränkungen (Stimmbindungsverträge, Entherrschungsverträge) das Stimmrechtspotential nicht entfaltet werden kann[39].

3. Abhängigkeit gem. § 17 Abs. 1 AktG

Unterhalb der Schwelle der Mehrheitsbeteiligung ist die Abhängigkeitsvermutung unanwendbar. In § 17 Abs. 1 AktG bleibt allerdings offen, welche Intensität ein zum Beherrschungssachverhalt verdichtetes Macht-

---

35 BGHZ 62, 193, 196; 74, 359, 363; 80, 69, 73; *Hüffer* AktG § 17 Rn. 15.

36 *Geßler*, in: Geßler/Hefermehl § 17 Rn. 103; *Koppensteiner*, in: Kölner Komm. § 17 Rn. 99 f.; *Emmerich/Sonnenschein* Konzernrecht, § 3 IV 1.

37 *A/D/S* § 17 AktG Rn. 98 f.; *Baumbach/Hueck* AktG § 17 Rn. 6; *Krieger*, in: MünchHdb AG § 68 Rn. 56; auf die Befugnis zur Besetzung des Aufsichtsrats stellen ab: *Barz* FS Bärmann, 1975, S. 185, 189; *Koppensteiner*, in: Kölner Komm. § 17 Rn. 82 sowie *Rittner* DB 1976, 1465, 1469 f.

38 Zu den im Einzelfall unterschiedlichen Anforderungen an die Widerlegung hierbei *Hüffer* AktG § 17 Rn. 20; *Geßler*, in: Geßler/Hefermehl § 17 Rn. 97; *Würdinger*, in: Großkomm. AktG § 17 Anm. 16.

39 *Koppensteiner*, in: Kölner Komm. § 17 Rn. 86 ff.

potential aufweisen muß. Die ältere Rechtsprechung[40] und Lehre[41] orientierte sich an dem Grundsatz, der Unternehmensgesellschafter müsse in der Lage sein, die AG seinem Willen zu unterwerfen und diesen auch durchzusetzen. Die Umschreibung hat sich im geltenden Recht als zu eng erwiesen. Die Durchsetzung des unternehmerischen Willens des Aktionärs ist gerade für den Tatbestand der Abhängigkeit nicht spezifisch, da erstens die tatsächliche Ausübung von Einfluß unerheblich bleibt, und es zweitens nicht erforderlich ist, daß sich aus der Abhängigkeit ein Konzernverhältnis entwickeln kann[42].

Erkenntnisfördernd kann nur die durch § 17 Abs. 2 AktG eingeführte gesetzliche Wertung sein, so daß Art und Intensität des beherrschenden Einflusses i.S.v. § 17 Abs. 1 AktG den auf einer Mehrheitsbeteiligung basierenden Befugnissen entsprechen müssen[43]. Daraus folgt, daß eine gewisse Dauerhaftigkeit nicht wesensnotwendig ist[44], wohl aber die Möglichkeit der Ausübung von Einfluß gesichert sein muß[45]. Die gesicherte Möglichkeit ist anzunehmen, wenn der Gesellschafter maßgeblich auf die Besetzung der Verwaltungsorgane einwirken kann, da hieraus die Wahrscheinlichkeit resultiert, daß sich die Verwaltungsmitglieder einflußkonform verhalten werden, um beispielsweise eine Wiederwahl nicht zu gefährden[46]. Dementsprechend kann allein eine Sperrminorität noch nicht den beherrschenden Einfluß vermitteln[47]. Aufgrund einer solchen Minderheitsbeteiligung ist der Gesellschafter nur in die Lage versetzt, Entscheidungen der Gesellschaft zu blockieren, nicht jedoch sie auch zu einem konkreten Handeln zu bestimmen. Eine abweichende Beurteilung ist dann angezeigt, wenn sich die Minderheitsbeteiligung - bedingt durch die Zusammensetzung des Aktionärskreises, die regelmäßige Präsenz in der

---

40 RGZ 167, 40, 49 zu § 15 Abs. 2 AktG 1937.

41 *Baumbach/Hueck* AktG § 17 Rn. 2; *v. Godin/Wilhelmi* AktG § 17 Anm. 2; *Würdinger*, in: Großkomm. AktG § 17 Anm. 4.

42 BGHZ 62, 193, 196; *Geßler* FS Knur, 1972, S. 145, 161 ff.

43 Zu diesem Ansatz: *Geßler*, in: Geßler/Hefermehl § 17 Rn. 25; *Koppensteiner*, in: Kölner Komm. § 17 Rn. 19; *Dierdorf* Abhängigkeit, 1978, S. 43 ff.; *Ulmer* ZGR 1978, 457, 461.

44 RegBegr. bei *Kropff* S. 31; *Dierdorf* Abhängigkeit, 1978, S. 55; *Havermann* WPg 1966, 30, 37; *Prühs* AG 1972, 308, 310; abw. *A/D/S* vor § 311 AktG Rn. 36.

45 Emmerich/Habersack Aktienkonzernrecht § 17 Rn. 9, 11; *Hüffer* AktG § 17 Rn. 6; *Koppensteiner*, in: Kölner Komm. § 17 Rn. 18 m.w.N.

46 *A/D/S* § 17 AktG Rn. 25 f.; *Koppensteiner*, in: Kölner Komm. § 17 Rn. 19.

47 *Krieger*, in: MünchHdb AG § 68 Rn. 38; *Rasch* BB 1977, 412; *ders.* AG 1979, 49, 50; *Rittner* DB 1976, 1465, 1468; a.A. *Peters/Werner* AG 1978, 297, 299.

Hauptversammlung sowie das Abstimmungsverhalten der anderen Aktionäre - wie eine Mehrheitsbeteiligung einsetzen läßt[48].

III. Der Konzernbegriff

In § 18 Abs. 1 AktG ist der Konzern als Zusammenfassung von Unternehmen unter einheitlicher Leitung definiert. Das Gesetz unterscheidet zwischen Unterordnungskonzernen (§ 18 Abs. 1 AktG) und Gleichordnungskonzernen (§ 18 Abs. 2 AktG). Der Begriff des Unterordnungskonzerns erfaßt in der üblichen Terminologie die drei Gruppen Vertragskonzern, Eingliederungskonzern und faktischer Konzern. Der Vertragskonzern ist dadurch gekennzeichnet, daß ein Beherrschungsvertrag nach § 291 Abs. 1 AktG geschlossen worden ist. Der Eingliederungskonzern beruht auf dem Eingliederungsbeschluß nach § 319 AktG oder § 320 AktG. Ein faktischer Konzern kann darauf beruhen, daß entweder überhaupt kein Unternehmensvertrag geschlossen worden ist oder ein Unternehmensvertrag nach § 292 AktG oder ein Gewinnabführungsvertrag nach § 291 AktG ohne Verknüpfung mit einem Beherrschungsvertrag vorliegt[49]. Bei Eingliederung und vertraglicher Konzernierung wird die Zusammenfassung unter einheitlicher Leitung unwiderlegbar vermutet gem. § 18 Abs. 1 S. 2 AktG[50]. Ansonsten gilt die widerlegbare Konzernvermutung des § 18 Abs. 1 S. 3 AktG bei Abhängigkeit i.S.v. § 17 AktG.

Dies entbindet aber nicht von der Konkretisierung des Rechtsbegriffs der einheitlichen Leitung[51], weil eine Widerlegung der Konzernvermutung an den begriffsbildenden Merkmalen einheitlicher Leitung zu messen ist. Im Rahmen der Vorschriften über die Konzernrechnungslegung geht die Regierungsbegründung[52] eher beiläufig davon aus, daß die Begriffe einheitliche Leitung und wirtschaftliche Einheit synonym sind. Allerdings ist damit für eine Konkretisierung des Konzernbegriffs zunächst nichts gewonnen, da die Aussagekraft der wirtschaftlichen Einheit ebenfalls von der begrifflichen Umschreibung abhängt. Wirtschaftliche Einheit als Gradmesser

---

48 Vgl. mit Nuancen im einzelnen BGHZ 135, 107, 114 f.; *Geßler,* in: Geßler/Hefermehl § 17 Rn. 46; *Hüffer* AktG § 17 Rn. 9; *Henze* Aktienrecht Rn. 1129.

49 Zur Zulässigkeit der isolierten Gewinnabführungsabrede vgl. *Hüffer* AktG § 291 Rn. 24 m.w.N.

50 *Geßler,* in: Geßler/Hefermehl § 18 Rn. 59; für gesetzliche Fiktion *Krieger,* in: MünchHdb AG § 68 Rn. 71.

51 Der Zusammenfassung kommt daneben nach h.M. keine eigenständige Bedeutung zu, weil es einheitliche Leitung ohne Zusammenfassung nicht geben kann; dazu *Koppensteiner,* in: Kölner Komm. § 18 Rn. 3; *v. Bar* BB 1980, 1185, 1188 f.

52 Bei *Kropff* S. 436.

der einheitlichen Leitung kann jedoch als Zielvorgabe innerhalb der Ausfüllung des konzernbegründenden Tatbestandsmerkmals berücksichtigt werden. Dennoch kann es für eine praktikable Handhabung des Konzernbegriffs nicht um die Übernahme eines wirtschaftswissenschaftlichen Begriffs der Wirtschaftseinheit gehen[53]; vielmehr muß die Fragestellung dahin zielen, in welchem Entscheidungsbereich unternehmerischer Tätigkeit einheitliche Leitung erfüllt sein muß, damit wirtschaftliche Einheit verwirklicht ist und ein Konzern vorliegt.

Hierin liegt die gedankliche Basis für die Kontroverse zwischen den Vertretern des weiten und engen Konzernbegriffs. Nach dem weiten Konzernbegriff[54] ist einheitliche Leitung verwirklicht, wenn die Leitungsaufgaben (Planung, Durchführung, Kontrolle) in zumindest einem Sektor unternehmerischen Handelns (Produktion, Verkauf, Finanzen, Personalwesen oder Organisation) koordiniert sind. Nach dem engen Konzernbegriff[55] ist die verbundweite Koordination im Finanzbereich für einheitliche Leitung wesensnotwendig, so daß Planung, Durchführung und Kontrolle des Finanzsektors durch das herrschende Unternehmen stets genügend, aber zugleich auch erforderlich sind. Angesichts der zentralen Bedeutung des Finanzsektors für die Führung einer Wirtschaftseinheit ist der enge Konzernbegriff folgerichtig und daher die verbundweite Finanzkonzeption als unverzichtbar einzuordnen. Mithin muß eine Widerlegung der Konzernvermutung auch bei der mangelnden finanziellen Gesamtkonzeption ansetzen[56].

IV. Übertragbarkeit in das GmbH-Recht

Aus der rechtsformneutralen Ausgestaltung des Unternehmensbegriffs folgt ohne weiteres, daß die §§ 15-18 AktG auf die GmbH anzuwenden sind[57]. Sie kann ebenso wie die AG die herrschende oder die beherrschte Gesellschaft in der Unternehmensverbindung sein. Die in den §§ 17 und

---

53 Dazu *Rehbinder* Konzernaußenrecht, 1969, S. 33 ff.; *Slongo* Einheitliche Leitung, S. 13; *Zünd* Konzernrechtsgespräch, S. 77, 83.

54 Vgl. mit Nuancen im einzelnen: Emmerich/Habersack Aktienkonzernrecht § 18 Rn. 14; *Geßler*, in: Geßler/Hefermehl § 18 Rn. 7 ff., 34; *Krieger*, in: MünchHdb AG § 68 Rn. 68; *Würdinger* Aktienrecht S. 296; *Geßler* BB 1977, 1313, 1315; *Slongo* Einheitliche Leitung, S. 187 f.

55 *Hüffer* AktG § 18 Rn. 11; *Koppensteiner*, in: Kölner Komm. § 18 Rn. 19 f.

56 *Hüffer* AktG § 18 Rn. 19.

57 Emmerich/Habersack Aktienkonzernrecht § 15 Rn. 5; *Goette* BGH-Rechtsprechung, 1997, § 9 Rn. 1 m.w.N.; *Henze* Hdb. GmbH Rn. 1379; *Ulmer*, in: Hachenburg GmbHG Anh. § 77 Rn. 16 f.

18 AktG enthaltenen Vermutungen finden ebenso Anwendung wie die Zurechnungsvorschrift des § 16 Abs. 4 AktG.

Zweites Kapitel

Der Tatbestand qualifizierter faktischer Konzernierung - Ansätze im Schrifttum und Entwicklung der Rechtsprechung

§ 3. Ansätze in der Literatur

I. Die Thesen des Arbeitskreises GmbH-Reform

Die Vorschläge des Arbeitskreises GmbH-Reform enthielten zur Erfassung der qualifizierten Konzernierung den nachfolgenden[1] § 255a:

> (1) Besteht kein Beherrschungsvertrag und wird das Eigeninteresse der abhängigen Gesellschaft mit beschränkter Haftung infolge eines von dem herrschenden Konzernunternehmen ausgeübten Einflusses nachhaltig beeinträchtigt, so kann jeder außenstehende Gesellschafter gegen eine angemessene Barabfindung aus der Gesellschaft ausscheiden. ...
>
> (2) Das herrschende Unternehmen hat jeden während der Dauer seiner Einflußnahme entstehenden Jahresfehlbetrag auszugleichen. ...
>
> (3) Bilden die abhängige Gesellschaft mit beschränkter Haftung und das herrschende Unternehmen einen Konzern, so wird vermutet, daß das Eigeninteresse der abhängigen Gesellschaft nachhaltig beeinträchtigt wird.
>
> (4) Das Eigeninteresse der abhängigen Gesellschaft ist insbesondere nachhaltig beeinträchtigt, wenn:
>
> 1. die Produktionsprogramme des Unternehmens der abhängigen Gesellschaft mit denjenigen des herrschenden Unternehmens oder der mit ihm konzernverbundenen Unternehmen koordiniert sind;
>
> 2. die Geschäftsführerposten mit Organmitgliedern oder leitenden Angestellten des herrschenden Unternehmens oder mit ihm konzernverbundener Unternehmen besetzt sind oder gemeinsame Führungsorgane errichtet werden;
>
> 3. wesentliche unternehmerische Teilfunktionen aus dem Unternehmen der abhängigen Gesellschaft ersatzlos ausgegliedert und von dem herrschenden Unternehmen oder einem mit ihm konzernverbundenen Unternehmen wahrgenommen werden.
>
> (5) ...

---

1 Entnommen aus Thesen und Vorschläge Bd. 2 S. 59 f.

Entscheidend für die Pflicht zur Verlustübernahme nach Abs. 2 war mithin gem. Abs. 1 die nachhaltige Beeinträchtigung des Eigeninteresses der GmbH. Die Nachhaltigkeit sah der Arbeitskreis bei Vorliegen einer sachlich umfassenden und zeitlich andauernden Beeinträchtigung als gegeben an[2]. Nach Abs. 3 wurde sie im Konzern widerlegbar[3] vermutet. Im Rahmen der Einzeltatbestände des Abs. 4 ging der Arbeitskreis von einer unwiderlegbaren Vermutung aus[4].

II. Das Vermutungsmodell

Das Echo in der literarischen Auseinandersetzung fiel zunächst skeptisch aus. Dies vor allem deshalb, weil der Begriff des qualifizierten Konzerns eine Abgrenzung zum einfachen Konzern nahelegt, obwohl schon über dessen Konkretisierung keine Einigkeit bestand und besteht[5]. Die Kritik richtete sich also im Kern gegen die Einführung eines weiteren unbestimmten Rechtsbegriffs ohne gleichzeitige Konkretisierung zur Vermeidung von Abgrenzungsschwierigkeiten[6]. Vor diesem Hintergrund kann nicht verwundern, daß der Versuch unternommen wurde, Abgrenzungsschwierigkeiten durch Anwendung einer Vermutung in Anlehnung an § 18 Abs. 1 S. 3 AktG zu vermeiden: Bei jedem faktischen Konzern sei zu vermuten, daß es sich um einen qualifizierten faktischen Konzern handele[7]. Der mit dieser Vermutungskette verbundene Vorteil, die vom Mehrheitsbesitz nach § 16 Abs. 1 AktG über die §§ 17 Abs. 2, 18 Abs. 1 S. 3 AktG geradewegs in den qualifizierten Konzern einmünden soll, liegt auf der Hand. In der Prozeßsituation wird dem Kläger die Darlegung wesentlich erleichtert. Bei Mehrheitsbesitz des beklagten Unternehmensgesellschafters hilft ihm eine Vermutung zugunsten qualifizierter Konzernierung. Der gedankliche Ansatz für das Vermutungsmodell ist dabei die Überlegung, daß Tatsachen über die jeweilige Konzernierungsstufe der Sphäre des herrschenden Unternehmens zuzuordnen sind[8], dieses konsequenterweise dann zur Beschaffung der Tatsachen verpflichtet ist. Auf der anderen

---

2 Thesen und Vorschläge Bd. 2 S. 67 a.E.

3 Thesen und Vorschläge Bd. 2 S. 67 f.

4 Thesen und Vorschläge Bd. 2 S. 68.

5 *Geßler* DB 1973, 48, 49 f.

6 *Ihde* Der faktische GmbH-Konzern, 1974, S. 160; *Geßler* DB 1973, 48, 50.

7 So *Emmerich* GmbHR 1987, 213, 217; *Emmerich/Sonnenschein* Konzernrecht, 3. Aufl. 1989, § 24 III 1 sowie § 20 V 3; *Geitzhaus* GmbHR 1989, 397, 406; a.A. die h.M.: dazu *Grauer* Konzernbildungskontrolle, 1991, S. 43 f. m.w.N. in Fn. 173.

8 *Geitzhaus* GmbHR 1989, 397, 406.

Seite birgt die Vermutung zugunsten qualifizierter faktischer Konzernierung die Gefahr, daß unter dem Deckmantel einer Verteilung der Darlegungslast nach Risikosphären von vornherein auf eine an sich gebotene Differenzierung und Konkretisierung verzichtet wird. Bedenklich ist die Vorgehensweise vor allem deshalb, weil nach der Rechtsprechung im qualifizierten faktischen Konzern an die Stelle der Einzelausgleichsnormen Schutzvorschriften des Vertragskonzernrechts treten[9]. Mithin wird durch eine direkt in die qualifizierte Konzernierung einmündende Vermutungskette letztendlich jedes System des Einzelausgleichs von vornherein in Frage gestellt, da die zu den §§ 302, 303 AktG hinführenden Vermutungen von der Notwendigkeit entbinden würden, einzelne zum Schadensersatz oder sonstigem Einzelausgleich führende Einwirkungen zu suchen. In der Sache führt das reine Vermutungsmodell auch schon deshalb nicht weiter, weil sich die Anhänger dieses Konzepts die Frage stellen müssen, mit welchen Tatsachen das herrschende Unternehmen die Vermutung qualifizierter faktischer Konzernierung entkräften kann, und sich diese Frage ohne Tatbestandsbildung nicht beantworten läßt.

III. Der Rechtsschutzansatz

Ausgehend davon, daß eine umfassende Vermutung zugunsten qualifizierter Konzernierung abzulehnen ist, orientiert sich ein weiterer Teil des Schrifttums bei der Präzisierung des Tatbestands am gesetzlichen Rechtsschutzsystem für den faktischen Unternehmensverbund. Ein Fall durchgeführter Konzernierung soll dann gegeben sein, wenn sich die Vorschriften über den Einzelausgleich in den §§ 311 ff. AktG als funktionsuntauglich erweisen. Der qualifiziert faktische Konzern ist nach diesem Konzept durch ein vollständiges Versagen des Einzelausgleichssystems des Aktienkonzernrechts gekennzeichnet[10]. Die Aussage ist auch für die GmbH unabhängig davon verwertbar, ob die §§ 311 ff. AktG übertragbar sind. Es ist nicht entscheidend, daß gerade das Konzept des aktienrechtlichen Nachteilsausgleichs nicht mehr funktioniert. Bedeutsam ist allein, daß nach dem Rechtsschutzansatz gesetzliche Modelle zur Kompensation einzelner nachteiliger oder schädigender Handlungen allesamt im durchgeführten Konzern funktionsunfähig werden, also die §§ 311, 317 AktG ebenso versagen wie beispielsweise die §§ 823, 826 BGB.

---

9 Vgl. S. 1 f.

10 *Deilmann* Entstehung, 1990, S. 63 ff., 69; *Hoffmann-Becking* ZHR-Beiheft 62, S. 68, 75 ff.; *Kropff* FS Goerdeler, 1987, S. 259, 265; *ders.* ZGR 1984, 112, 117.

IV. Verhaltensmodelle

In Anlehnung an den Arbeitskreis GmbH-Reform spricht sich ein Großteil der Literatur dafür aus, den qualifizierten Konzern als Verhaltenstatbestand zu begreifen. Der Tatbestand ist danach durch die nachhaltige Beeinträchtigung des Eigeninteresses der GmbH gekennzeichnet[11]. Diese Beeinträchtigung ist Ausdruck einer Vorherrschaft des Konzerninteresses gegenüber den Eigenbelangen der GmbH[12]. Hierbei handelt es sich um das gedankliche Grundmodell eines Verhaltenskonzeptes, das in verschiedenen Modifizierungen begegnet.

Nach einer Ansicht soll anstelle der Interessenbeeinträchtigung die breitflächige, ständige oder jedenfalls wiederholte Schädigung der Tochtergesellschaft im Vordergrund stehen[13]. Neben diesem Merkmal wird zusätzlich ein Strukturelement in den Tatbestand aufgenommen. Zu der breitflächigen Schädigung bzw. nachhaltigen Beeinträchtigung des Tochtereigeninteresses soll zugleich die dauernde, stark verdichtete Leitung durch das herrschende Unternehmen treten[14]. Ausgangspunkt dieses modifizierten Verhaltensmodells ist teilweise die Überlegung, es gebe im faktischen Unternehmensverbund Leitungskompetenzen der Konzernspitze. Ein qualifizierter Konzern liege vor, wenn Grundsätze ordnungsgemäßer Konzerngeschäftsführung verletzt würden[15]. Ordnungsgemäße Konzerngeschäftsführung soll gleichzusetzen sein mit der rechtlichen Möglichkeit, nachteilige Einzelentscheidungen zu treffen, solange nur mittelfristig ein Ausgleich von Chancen und Risiken sowie von Vor- und Nachteilen erfolgt[16]. Gedankliche Basis dieses Konzernleitungskonzeptes ist die Vorstellung, eine Interessenbeeinträchtigung der Untergesellschaft sei solange rechtmäßig, wie sie sich in einem punktuellen Vorrang des Konzerninteresses erschöpfe, der im Wege des Einzelausgleichs kompensierbar bleibe. Erst

---

11 *Kleindiek* GmbHR 1992, 574, 583; *ders.* ZIP 1991, 1330, 1335; *Kort* Beherrschungsvertrag, 1986, S. 28 ff.; *Krieger* Heidelberger Konzernrechtstage S. 41, 44 f.; *Liebscher* Konzernbildungskontrolle, 1995, S. 195; *Streyl* Vorstands-Doppelmandate, 1992, S. 81 ff., 94; *Stimpel* AG 1986, 117, 121; *Ulmer* ZHR 148 (1984), 391, 422.

12 *Kleindiek* Strukturvielfalt, 1991, S. 276 ff.

13 *Lutter* ZGR-Sonderheft 6, S. 192, 208; *Timm* NJW 1987, 977, 982.

14 *Liebscher* Konzernbildungskontrolle, 1995, S. 194 f.; *Lutter* ZGR-Sonderheft 6, S. 192, 208; *Timm* NJW 1987, 977, 982.

15 *Lutter* ZGR 1982, 244, 266 f.; *ders.* ZIP 1985, 1425, 1433 f.

16 *Lutter* ZGR-Sonderheft 6, S. 192, 208; *ders.* ZGR 1982, 244, 267.

die unkontrollierbare Beeinträchtigung stelle demgegenüber fehlsame Konzerngeschäftsführung dar und zeichne den qualifizierten Konzern aus.

Einen weiteren Ansatz hat *Mülbert* herausgearbeitet. Der Unterschied zu den zuvor geschilderten Ansichten besteht darin, daß *Mülbert* weder ein reines Verhaltenskonzept zugrundelegt noch von einer Verknüpfung zwischen Verhaltens- und Strukturelement ausgeht. Er tritt stattdessen für eine spezielle Würdigung des Verhaltens im Lichte der Einzelausgleichsnormen ein und verbindet so ein Verhaltenskonzept mit einem Rechtsschutzsansatz, wobei er sein Modell auf die abhängige AG beschränkt und daher die §§ 311, 317 AktG zugrundelegt. Er geht davon aus, daß vor dem Hintergrund dieser Normen alle Handlungen des herrschenden Unternehmens problematisch seien, durch die die Funktionsfähigkeit der §§ 311, 317 AktG in der Weise beseitigt werde, daß die Vollziehbarkeit des Eigeninteresses einer autonomen Gesellschaft verloren gehe. Qualifizierte faktische Konzernierung liege daher vor, wenn infolge der Einflußnahme der Maßstab einer autonomen AG für die Bemessung weiterer Nachteile nicht mehr aufzufinden sei. Der Verlust dieses Maßstabs hänge nicht davon ab, ob eine ständige und umfassende Einflußnahme stattfinde. Schon eine einzige strategische Grundsatzentscheidung sei geeignet, den "Untergang" des Maßstabs herbeizuführen. Da ausschließlich der Verlust des Autonomiemaßstabs ausschlaggebend sei, komme es schließlich nicht auf die Isolierbarkeit späterer Maßnahmen an, sondern nur darauf, ob die Leitlinie der in Selbständigkeit operierenden Gesellschaft noch vorhanden sei[17].

In Abweichung zu den dargestellten Ansätzen wird vorgeschlagen, den Gesellschafter als Geschäftsherrn nach den G.o.A.-Regeln zu behandeln. Der qualifizierte Konzern sei dadurch gekennzeichnet, daß der Gesellschafter eine Geschäftsherrnposition für sich in Anspruch nehme, die Tätigkeit der GmbH im Fremdinteresse des Gesellschafters erfolge[18]. In Ergänzung dazu soll der Gesellschafter wie der GmbH-Geschäftsführer zu behandeln sein, da er bei Einflußnahme auf die Geschäftsführung Organmacht für

17 *Mülbert* Aktiengesellschaft, 1995, S. 487 ff.; zustimmend *Zöllner* GS Knobbe-Keuk, 1997, S. 369, 375 f.

18 *Altmeppen* Abschied, 1991, S. 74; *Wilhelm* Kapitalgesellschaftsrecht Rn. 568 f.; *ders.* DB 1986, 2113, 2116.

sich in Anspruch nehme[19], und zwar unabhängig davon, ob er zugleich durch Geschäftsführervertrag an die Gesellschaft gebunden sei[20].

V. Die Zustandsumschreibung

In Abgrenzung zu denjenigen Stimmen, die für die tatbestandliche Konkretisierung an eine bestimmte Verhaltensweise des herrschenden Unternehmens anknüpfen, ist für die Anhänger der Zustandsumschreibung entscheidend, ob die Geschäfte der Untergesellschaft dauernd und umfassend geführt werden[21]. Nach diesem Ansatz ist eine Struktur intensiver Einwirkung bestimmend für den durchgeführten Konzern. Anders als bei den Verhaltensmodellen gehört aber die Beeinträchtigung von Interessen der GmbH nicht zum Tatbestand, die Struktur intensiver Geschäftsleitung ist genügend. Weil gerade auf die Verletzung der Interessen der GmbH verzichtet wird, kann man auch von einem Gefährdungstatbestand[22] sprechen. Schlagwortartig ist in diesem Zusammenhang die Rede davon, die GmbH müsse wie eine unselbständige Betriebsabteilung des herrschenden Unternehmens geführt worden sein[23]. Der Vergleich mit der Betriebsabteilung eines Gesamtunternehmens läßt sich im Kern auf die Konkretisierung der wirtschaftlichen Eingliederung im Rahmen der körperschaftsteuerrechtlichen Organschaft zurückführen. Das beherrschte Unternehmen ist gem. § 14 KStG gegenüber dem herrschenden Unternehmen wirtschaftlich unselbständig, wenn es nach Art einer Geschäftsabteilung dienende Funktion hat und die gewerblichen Zwecke des herrschenden Unternehmens fördert oder ergänzt[24]. Welchen Beitrag der Begriff der Betriebsabteilung freilich für die Präzisierung des qualifizierten Konzerns liefern soll, bleibt unklar. Konkreter ist dabei schon die Formulierung, das herrschende Unternehmen müsse die Führung der Untergesellschaft bis in das laufende Tagesgeschäft hinein an sich gezogen haben[25]. Dennoch sollte die Umschreibung von der "Führung nach Art einer Betriebsabteilung" nicht überbewertet werden. Dies erstens deshalb, weil auch Vertre-

19 *Altmeppen* Abschied, 1991, S. 121; *Wilhelm* DB 1986, 2113, 2117; näher zum Ganzen S. 109 ff.

20 *Altmeppen* Abschied, 1991, S. 60; *Flume* Die juristische Person S. 88.

21 *Konzen* NJW 1989, 2977, 2986 m.w.N. in Fn. 146; *Ziegler* Gebrauchsüberlassungsverhältnisse, 1989, S. 199, 200 f., 208.

22 Kritisch zur Bezeichnung *Ulmer* Heidelberger Konzernrechtstage S. 65, 71.

23 *Krieger*, in: MünchHdb AG § 69 Rn. 15; *Ulmer* NJW 1986, 1579, 1584; *Hüffer* AktG § 302 Rn. 6 a.E.

24 Vgl. Abschnitt 50 Abs. 1 KStR 1995; *Streck* KStG § 14 Anm. 18.

25 *Scholz/Emmerich* GmbHG Anh. Konzernrecht Rn. 205.

ter des Konzernleitungskonzeptes den Begriff der Betriebsabteilung nutzbar machen, und hiernach gerade die Interessenbeeinträchtigung der Tochtergesellschaft für die Führung in der Form einer Betriebsabteilung prägend sein soll[26]. Zweitens besagt die Formel von der Betriebsabteilung nichts über die Intensität der Einflußnahme, denn Betriebsabteilungen können zentral oder dezentral geführt werden[27], müssen also nicht eng in das Organisationsgefüge des Konzerns eingebunden sein.

§ 4. Entwicklungslinien der Rechtsprechung von "Autokran" bis "Video"

I. Das Grundkonzept in den Entscheidungen "Autokran", "Tiefbau" und "Video"

1. Das Autokran-Urteil

Der BGH nahm den Autokran-Fall zum Anlaß, den vom Arbeitskreis GmbH-Reform geprägten Begriff des qualifizierten faktischen Konzerns für die Praxis zu verwerten. In der Sache ging es um die Frage, ob der GmbH-Alleingesellschafter für die Verbindlichkeiten seiner vermögenslos gewordenen sieben Gesellschaften einzustehen hatte. Die Verbindlichkeiten resultierten aus Leasingverträgen der Gesellschaften mbH über die Überlassung von Autokränen. Die Besonderheiten des Falles bestanden darin, daß der GmbH-Gesellschafter auch die Geschäftsführung in den Gesellschaften uneingeschränkt und vollständig an sich gezogen hatte und zudem die Gesellschaften die Kräne untereinander hin- und herschoben und nach Bedarf für die eine oder andere Gesellschaft einsetzten. Dabei wurde auf die Leasingnehmereigenschaft der jeweiligen GmbH insoweit keine Rücksicht genommen, als der Einsatz der Autokräne in den anderen Gesellschaften nicht verrechnet wurde. Dieser Umstand rückte den Sachverhalt in die Nähe zum Haftungsdurchgriff wegen Vermischung der verschiedenen Vermögensmassen[28]. Diesbezüglich wertete der II. Zivilsenat die entsprechenden Darlegungen als nicht ausreichend. Stattdessen war nach Auffassung des BGH der Tatbestand der qualifizierten faktischen Konzernierung erfüllt, den er dahin ausformulierte, daß der Unternehmensgesellschafter die Geschäftsführung der GmbH dauernd und umfassend aus-

---

26 *Lutter* ZGR 1982, 244, 264.

27 Vgl. *Druey* Konzernrechtsgespräch S. 89, 97; *Gätsch* Gläubigerschutz, 1997, S. 59; *Lehmann* FS Beusch, 1993, S. 479, 484; *Rogge* Vermeidung, 1998, S. 50 a.E.

28 Vgl. die Ausführungen in BGHZ 95, 330, 332 ff.

geübt haben müsse und zudem auf die eigenen Belange der Gesellschaft keine Rücksicht genommen haben dürfe. Mangelnde Rücksichtnahme auf Eigenbelange der GmbH bedeute die entscheidende Ausrichtung ihrer Geschäftstätigkeit auf das Konzerninteresse[29].

Auf dieser Grundlage ergibt sich ein zweigliedriger Tatbestand. Er enthält erstens als Organisationselement die intensive Geschäftsführung, zweitens aber auch ein verhaltensorientiertes Merkmal: Die Überlagerung der eigenen Belange der GmbH durch die Indienstnahme im Konzerninteresse.

2. Beibehaltung der Grundkonzeption durch "Tiefbau" und "Video"

In der Tiefbau-Entscheidung vermied es der BGH, die Einzelelemente des zweigliedrigen Haftungstatbestandes aus dem Autokran-Urteil gesondert anzusprechen. Stattdessen ist zu lesen[30]: "Der Senat hat in dem erwähnten Urteil vom 16. September 1985 den Eintritt der Rechtsfolgen der §§ 302, 303 AktG an die dauernde und umfassende Ausübung der Leitungsmacht geknüpft, ...". Die Wendung kann als sprachliche Verkürzung für die Formulierungen im Autokran-Urteil aufgefaßt werden, da der Begriff der Leitungsmacht in konzernrechtlichen Zusammenhängen auch synonym für eine im Konzerninteresse liegende Einflußnahme gebraucht wird[31]. Von *Stimpel* ist sie in diesem Sinne verstanden worden: Sie beinhalte ein bestimmtes Maß an Leitungsdichte, auf dem die Überlegung aufbaue, die hohe Leitungsdichte werde im Konzerninteresse zum Nachteil der abhängigen Gesellschaft eingesetzt[32]. Allerdings ist der Begriff der Leitungsmacht auch einer anderen Präzisierung zugänglich: Darunter kann ebenfalls ein rein organisatorischer Zustand verstanden werden. So gewendet bedeutet Leitungsmacht die Möglichkeit zur Beeinflussung der Geschäftsleitung, die Macht, unternehmerische Entscheidungen zu treffen, ohne daß das wertende Element hinzutritt, wessen Interesse damit verfolgt wird[33]. Wer Leitungsmacht in diesem Sinne versteht, ist geneigt, den Tatbestand qualifizierter faktischer Konzernierung auf der Grundlage der Tiefbau-Entscheidung als Zustandsumschreibung zu verstehen. Die Entscheidung ist zwar vielfach als Hinwendung zum Zustandsmodell inter-

29 BGHZ 95, 330, 343 f.

30 BGHZ 107, 7, 17.

31 Vgl. RegBegr. bei *Kropff* S. 418, 374 f.

32 *Stimpel* ZGR 1991, 144, 146 unter 2.

33 In diesem Sinne noch *Stimpel* ZGR-Sonderheft 6, S. 39, 44.

pretiert worden[34]. Das sollte aber nicht an dem Gebrauch des Wortes Leitungsmacht festgemacht werden, denn in der eingangs zitierten Passage wird die Formulierung unter Bezugnahme auf die Autokran-Entscheidung benutzt und diese weist eindeutig das Verhaltenselement auf. Daß darauf auch in der Tiefbau-Entscheidung nicht verzichtet wird, zeigt sich im Zusammenhang mit den Anweisungen an das Berufungsgericht, an das die Sache zurückverwiesen wurde: "Sollte danach grundsätzlich eine Haftung der Beklagten zu bejahen sein, müßte ... der Frage nachgegangen werden, ob die bei der Gemeinschuldnerin eingetretenen Verluste andere Ursachen als die im Interesse der Beklagten ausgeübte Geschäftsführung hatten, ..."[35]. Die im Interesse der Beklagten ausgeübte Geschäftsführung ist nichts anderes als die im Konzerninteresse ausgeübte Geschäftsführung, also die Ausrichtung der Geschäftsleitung auf das Konzerninteresse. Das deckt sich mit der nachfolgenden Video-Entscheidung, in der das Verhaltenselement deutlicher angesprochen und als Einbindung der abhängigen Gesellschaft in die übergeordneten Konzerninteressen bezeichnet wird[36].

Wenngleich damit alle drei Urteile ein Verhaltenselement aufweisen, muß die Einschätzung des Schrifttums noch nicht unzutreffend sein, der BGH sei in der Tiefbau-Entscheidung zu einem Zustandsmodell gelangt. Ebenso wäre die gegenteilige Einschätzung verfrüht, daß aufgrund der Kombination von Zustands- und Verhaltenselement in allen drei Entscheidungen eine einheitliche Rechtsprechungslinie vorliegt. Ob die Entscheidungen in einer Linie stehen, hängt vielmehr von der prozessualen Behandlung der Haftungselemente ab. Erst wenn auch sie geklärt ist, lassen sich die Entscheidungen "Autokran", "Tiefbau" und "Video" verläßlich einordnen und präzisieren, ob das Schwergewicht auf der Zustandsumschreibung oder dem Verhaltenselement liegt.

II. Die Prozeßsituation - Darlegung, Vermutung, Gegenbeweis: Kontinuität der Rechtsprechung?

1. Darlegungs- und Beweislast nach der Normentheorie

Nach dem Beibringungsgrundsatz des Zivilprozeßrechts liefern allein die Parteien dem Gericht den Tatsachenstoff und die Beweismittel. Der Richter ist nicht zur Aufklärung des Sachverhalts von Amts wegen verpflich-

---

34 *Kropff* AG 1993, 485, 487 mit Fn. 29; *K. Schmidt* ZIP 1989, 545, 546; *ders.* ZIP 1991, 1325, 1329.

35 BGHZ 107, 7, 20.

36 BGHZ 115, 187, 194.

tet[37]. Eine Folge ist, daß das Risiko eines Prozeßverlustes zwischen den Parteien für den Fall verteilt werden muß, daß die vorgetragenen Tatsachen ein Begehren nicht tragen oder die zugrunde liegenden Tatsachen nicht erwiesen werden können. Das Risiko der Beweislosigkeit wird nach der Normentheorie so verteilt, daß jede Partei die Beweislast für das Vorhandensein aller Voraussetzungen derjenigen Normen trägt, ohne deren Anwendung ihr Prozeßbegehren keinen Erfolg haben kann[38]. Nach diesem Grundsatz wird auch das Risiko der Behauptungslosigkeit verteilt[39]. Jede Partei trägt die Darlegungslast für die Voraussetzungen der ihr günstigen Normen. Der Kläger hat folglich nach der Normentheorie alle Voraussetzungen der Normen darzutun und zu beweisen, aus denen er seinen Anspruch ableitet. Eingeschlossen ist, daß der Kläger auch die negativen Voraussetzungen der Anspruchsnorm vorzubringen und zu beweisen hat[40]. Hingegen ist für den Beklagten das Vorliegen einer Gegennorm günstig, die dem Anspruch entgegensteht, ihn vernichtet oder seine Durchsetzung hemmt. Er trägt daher die Darlegungs- und Beweislast für die rechtshindernden, rechtsvernichtenden und rechtshemmenden Tatsachen[41].

2. Verteilung der Behauptungs- und Beweislast im Autokran-Urteil

Ausgehend von der Normentheorie führt der BGH in der Autokran-Entscheidung aus: "Mit Rücksicht auf die großen Prozeßführungsschwierigkeiten der klagenden Partei spricht jedoch viel dafür, jedenfalls unter den Voraussetzungen des hier vorliegenden Einmann-GmbH-Konzerns die Klage allein schon wegen der Tatsache als schlüssig anzusehen, daß der Beklagte zu 1 die Geschäftsführung der Leasingnehmer-Gesellschaften dauernd und umfassend ausgeübt hat"[42]. Die Aussage verdeutlicht, daß nach Auffassung des BGH die Darlegungs- und Beweislast für den organisatorischen Zustand intensiver Geschäftsleitung beim Kläger verbleibt. Dagegen neigt das Gericht in dieser Entscheidung offenbar der Ansicht zu, daß der Kläger weiteres nicht beizubringen hat, ihm vielmehr eine tatsäch-

37 *Rosenberg/Schwab/Gottwald* Zivilprozeßrecht § 78 I, II (S. 425 f.).

38 BGH NJW 1983, 2944 li.Sp.; *Rosenberg* Die Beweislast, 1965, S. 98 f.; *Rosenberg/Schwab/Gottwald* Zivilprozeßrecht § 117 II 1 (S. 670 f.).

39 *Hüffer* FS Fleck, 1988, S. 151, 154.

40 BGH NJW 1986, 2426, 2427; *Rosenberg/Schwab/Gottwald* Zivilprozeßrecht § 117 II 1 (S. 671).

41 BGH NJW 1983, 2944; BGH NJW 1983, 2018, 2019; BGH NJW 1986, 2426, 2427 re.Sp. m.w.N.

42 BGHZ 95, 330, 344.

liche Vermutung für das Vorliegen eines Interessenumbruchs in der GmbH zur Seite steht: Es wird vermutet, daß auf die eigenen Belange der Gesellschaft keine Rücksicht genommen worden ist und das Konzerninteresse ihre Geschäftstätigkeit entscheidend bestimmt hat[43]. Die Aufstellung einer Vermutungsregel für den Interessenumbruch bei intensiver Geschäftsleitung findet nach Auffassung der Rechtsprechung ihre innere Rechtfertigung in einer Darlegungs- und Beweisnot des Klägers. Sinngleich führt *Stimpel* aus, der BGH folge der schlichten Regel, daß niemand Tatsachen aus dem Bereich des Prozeßgegners behaupten und beweisen müsse, die er nicht kennen könne, während der Prozeßgegner aufgrund seiner Kenntnis den Sachverhalt aufzuklären in der Lage sei[44]. Die Ausrichtung auf das Konzerninteresse sieht der BGH als eine solche Tatsache an.

Infolge des vermuteten Interessenumbruchs obliegt dem beklagten herrschenden Unternehmen die Widerlegung. Zur Widerlegung geeignet sind Tatsachen, die belegen, daß "der pflichtgemäß handelnde Geschäftsführer einer selbständigen GmbH" deren Geschäfte unter den gegebenen Umständen nicht anders geführt hätte[45]. Als Ansatzpunkt für die Widerlegung dient dem BGH der Rechtsgedanke des § 317 Abs. 2 AktG[46]. Den entscheidenden Wertungsgesichtspunkt bildet der Vergleichsmaßstab der i.S.v. § 17 AktG unabhängigen Gesellschaft[47]. Genügt das Vorbringen des beklagten herrschenden Unternehmens diesem Maßstab, sind mithin Geschäfte vor dem Hintergrund der Gesellschaftsbelange noch nachvollziehbar, so hat sich das herrschende Unternehmen von dem Vorwurf entlastet, seine Geschäftstätigkeit sei auf das Konzerninteresse ausgerichtet gewesen.

Den Schwerpunkt im Tatbestand bildet danach nicht die Struktur dauernder und umfassender Leitung, sondern die Verdrängung der eigenen Belange der GmbH durch das Konzerninteresse. In einer Verhaltensumschreibung liegt deshalb nach dem Autokran-Urteil das haftungsbegründende Kernelement.

---

43 BGHZ 95, 330, 344.

44 *Stimpel* Heidelberger Konzernrechtstage S. 5, 11.

45 BGHZ 95, 330, 344.

46 BGHZ 95, 330, 344.

47 RegBegr. bei *Kropff* S. 419.

3. Die Hinwendung zum Kausalitätsgegenbeweis in den Urteilen "Tiefbau" und "Video"

In den Folgeentscheidungen zum qualifizierten faktischen GmbH-Konzern hat sich zunächst bestätigt, daß die Darlegungs- und Beweislast für einen Zustand dauernder und umfassender Geschäftsführung beim Kläger liegt. Als Folge intensiver Geschäftsleitung bleibt der Vorwurf aufrechterhalten, die GmbH sei im Konzerninteresse geführt worden. Auch insoweit ändert sich in den Urteilen "Tiefbau" und "Video" gegenüber der Autokran-Entscheidung sachlich nichts: Die Einbindung im Konzerninteresse wird vermutet[48]. Allerdings könne die Verlustübernahmepflicht - so der BGH - nicht davon abhängen, ob das herrschende Unternehmen die Geschäfte pflichtgemäß wie der Geschäftsführer einer selbständigen GmbH geführt habe, weil § 302 AktG das Korrektiv für die Außerkraftsetzung der Kapitalerhaltungsvorschriften sei und die Bindung an die Kapitalerhaltungsgrundsätze nicht von ordnungsgemäßer Geschäftsführung abhängig gemacht werden könne. Der Haftung könne das herrschende Unternehmen nur entgehen, wenn die Verluste auf Umständen beruhten, die mit der Ausübung der Leitungsmacht nichts zu tun gehabt hätten[49], wenn bei Entstehung der Verluste das Konzerninteresse keine Rolle gespielt habe[50]. Die Bedeutung dieser Aussagen erschließt sich recht deutlich im Zusammenhang mit den "Regieanweisungen", die der BGH im Tiefbau-Urteil[51] an die Adresse der Tatsacheninstanz richtet: "Sollte danach grundsätzlich eine Haftung der Beklagten zu bejahen sein, müßte ... der Frage nachgegangen werden, ob die bei der Gemeinschuldnerin eingetretenen Verluste *andere Ursachen als die* im Interesse der Beklagten ausgeübte *Geschäftsführung* hatten, insbesondere auf branchenspezifische Einbrüche zurückzuführen waren"[52]. Das herrschende Unternehmen muß darlegen und beweisen, daß die Verluste nicht auf der Geschäftsführung beruhen. Entscheidend ist, daß die Geschäftsführung nicht kausal für die Entstehung der Verluste gewesen ist. Das herrschende Unternehmen hat - so die Formulierung im Schrifttum - den Kausalitätsgegenbeweis[53] zu führen. Anwendungsfälle für einen gelingenden Kausalitätsgegenbeweis sollen die

48 Deutlich BGHZ 115, 187, 194: "Vermutung ... zugunsten des Konzerninteresses".

49 BGHZ 107, 7, 18; 115, 187, 194.

50 BGHZ 115, 187, 196.

51 BGHZ 107, 7, 20.

52 Hervorhebungen vom Verf.

53 *Hüffer* AktG § 302 Rn. 8.

branchenspezifischen Einbrüche[54] (schwierige Situation in der Tiefbaubranche) oder der plötzliche Zusammenbruch von Schuldnern und hieraus resultierende Forderungsausfälle in ungewöhnlicher Höhe sein[55]. Nicht genügend ist der Nachweis, die Geschäftsführung sei nicht im Konzerninteresse ausgeübt worden. Das bringt die zuvor zitierte Passage[56] klar zum Ausdruck und wird durch die Aussage erhärtet, die Verlustübernahmepflicht hänge nicht von pflichtgemäßer Geschäftsführung ab. Wenn pflichtgemäße Geschäftsführung nicht genügt, um der Verlustübernahme zu entgehen, folglich der Nachweis der Wahrung der eigenen Belange der GmbH nicht ausreicht, ist der Nachweis fehlender Ausrichtung auf das Konzerninteresse bedeutungslos[57]. Die Vermutung der Einbindung im Konzerninteresse ist auf der Grundlage von "Tiefbau" und "Video" unwiderlegbar. Damit haben sich die Akzente von der Autokran-Entscheidung zum Tiefbau-Urteil verschoben. Nach dem ersten Urteil lag der Schwerpunkt im Verhaltenselement der Ausrichtung auf das Konzerninteresse, da das herrschende Unternehmen der Einstandspflicht durch Nachweis pflichtgemäßer Geschäftsführung entgehen konnte. Durch "Tiefbau" fand eine Verlagerung auf das Zustandselement dauernder und umfassender Geschäftsführung statt, da das herrschende Unternehmen nur noch die Kausalität zwischen intensiver Geschäftsführung und eingetretenen Verlusten angreifen kann. Der BGH gelangte damit von einer Verhaltensumschreibung zur modifizierten Zustandsumschreibung[58]. Modifiziert deshalb, weil das Strukturelement zwar nicht allein den materiellen Haftungstatbestand bildet, aber aufgrund der Ausgestaltung von Darlegung, Vermutung und Gegenbeweis das Verhaltenselement zur Bedeutungslosigkeit verkümmert, also in der Prozeßsituation nur das Tatbestandsmerkmal der intensiven Geschäftsführung über die Haftungsfrage entscheidet. Dieser Rechtsprechungswandel überrascht vor allem deshalb, weil eine Widerlegung logischerweise auf den Bezugspunkt der Vermutung ausgerichtet

---

54 BGHZ 107, 7, 20; *Stodolkowitz* ZIP 1992, 1517, 1524 re.Sp.

55 BGHZ 115, 187, 196.

56 Bei Fn. 51.

57 In diesem Sinne ist auch die Aussage von *Stodolkowitz* ZIP 1992, 1517, 1524 li.Sp. zu lesen: "Nach der bisherigen Rechtsprechung kann sich der vom herrschenden Unternehmen zu führende "Gegenbeweis" darauf richten, daß die eingetretenen Verluste im konkreten Fall auf andere Ursachen als die konzernmäßige Außerachtlassung des Eigeninteresses der abhängigen GmbH zurückzuführen sind." Die Aussage schließt ein, daß Gegenstand des Gegenbeweises nicht die Frage sein kann, ob überhaupt eine konzernmäßige Überlagerung stattgefunden hat.

58 *Hüffer* AktG § 302 Rn. 8; *Lutter* AG 1990, 179, 182; unscharf *Gätsch* Gläubigerschutz, 1997, S. 57.

sein muß[59]. Diesbezüglich könnte eventuell über die entsprechende Anwendung von § 18 Abs. 1 S. 2 AktG die Unwiderlegbarkeit der Vermutung der Einbindung in das Konzerninteresse darstellbar sein. Die Frage bleibt jedoch, warum der BGH von einer widerlegbaren zur unwiderlegbaren Vermutung gelangt ist und dadurch den Haftungstatbestand weithin umgestaltet hat.

III. Die Idee der mehrgliedrigen Haftungsverfassung

1. Die Thesen *K. Schmidts*

Die bisherige Rechtsprechungsanalyse mündet in die Überlegung ein, daß die Hinwendung zur modifizierten Zustandsumschreibung gleichzeitig und auch notwendig die Abkehr von dem verhaltensorientierten Ansatz aus dem Autokran-Urteil bedeuten muß. Dem ist *K. Schmidt* entgegengetreten und hat den Leitsatz aufgestellt, daß beide Konzepte nebeneinander anwendbar seien[60], der Verhaltensansatz also nicht im Gegensatz zur Zustandsumschreibung stehe, sondern vielmehr neben diese als selbständige und ergänzende Haftungskategorie treten könne. Eine Verhaltenshaftung beruhe auf der schuldhaften Verletzung der durch die Mitgliedschaft vermittelten Sonderrechtsbeziehung zu Gesellschaft und Mitgesellschaftern. Der Gesellschafter schulde bei Verletzung mitgliedschaftlicher Pflichten Schadensersatz, aber nicht Verlustausgleich[61]. Dies deshalb, weil eine Verlustübernahmepflicht nicht die adäquate Folge für schädigendes Verhalten sei, sondern die Sanktion für die Mißachtung eines organisationsrechtlichen Trennungsgebots[62].

Das Trennungsgebot verpflichte den Gesellschafter, die organisatorische Selbständigkeit im Verhältnis zur Tochtergesellschaft zu wahren. Er darf also nach *K. Schmidt* keine Organisationsstruktur aufbauen, die gleichbedeutend mit der Zerstörung autonomer Leitungsstrukturen in der Untergesellschaft ist. Verlustausgleich ist nach dieser Ansicht die Folge für den Verlust der Leitungsautonomie, also Haftung für einen geschaffenen Zustand. Diese Struktur eröffne dem herrschenden Unternehmen erst die

59 Insoweit übereinstimmend *Stodolkowitz* ZIP 1992, 1517, 1520 li.Sp.

60 *K. Schmidt* AG 1994, 189, 195; *ders.* ZIP 1994, 1741, 1744; *ders.* ZIP 1993, 549, 551 re.Sp.; *ders.* Heidelberger Konzernrechtstage S. 109, 125 f.; *ders.* ZHR 155 (1991), 417, 435 f., 439; *ders.* ZIP 1991, 1325, 1327 f.; *ders.* ZIP 1989, 545, 546, 551; *ders.* ZIP 1986, 146, 149.

61 *K. Schmidt* ZIP 1989, 545, 546 ff.; *ders.* Heidelberger Konzernrechtstage S. 109, 125 ff.

62 *K. Schmidt* Heidelberger Konzernrechtstage S. 109, 116; *ders.* BB 1985, 2074, 2077 li.Sp.

Möglichkeit, die Geschäftsführung in der Tochtergesellschaft so zu steuern, als ob diese in einem Auftragsverhältnis stände[63]. Paradebeispiel für eine Zustandshaftung wegen Aufhebung der organisationsrechtlichen Trennung zwischen Ober- und Untergesellschaft sei die Typenhaus-Entscheidung[64]. Dort hatte die V-GmbH die Produktion von Fertighäusern auf eine neu gegründete Tochter-GmbH ausgelagert. Büroräume und Bauhof der Tochtergesellschaft befanden sich auf dem Gelände der V-GmbH, die auch die Buchführung erledigte[65]. Hierin offenbare sich - so *K. Schmidt* - deutlich der Zustand organisatorischer Einverleibung, da die neu gegründete GmbH ohne eigenes Management habe auskommen müssen[66]. Auch der Sachverhalt, der dem Tiefbau-Urteil zugrunde gelegen habe, passe grundsätzlich in dies Verständnis der zum Verlustausgleich führenden Zustandshaftung wegen der personellen Verflechtungen zwischen der beklagten Bank und der Geschäftsleitung der in Konkurs gefallenen GmbH[67]. Demgegenüber sei im Autokran-Fall die organisationsrechtliche Selbständigkeit der sieben Tochtergesellschaften mbH im Verhältnis zum Unternehmensgesellschafter gewahrt worden, so daß dem Gesellschafter nur hätte vorgeworfen werden können, die Gesellschaften durch rechtswidrige Schädigungen ruiniert zu haben[68]. Die Haftung des Gesellschafters beruhe also auf seinem schädigenden Verhalten, so daß er - wie eingangs erwähnt - zum Schadensersatz verpflichtet gewesen sei. Insofern passe die vom BGH gefundene Lösung der Ausfallhaftung analog § 303 AktG zumindest im wirtschaftlichen Ergebnis, wenn man den Anspruch als einen auf Ergänzung der Haftungsmasse gerichteten Schadensersatzanspruch verstehe[69]. Daneben enthalte der Autokran-Sachverhalt Anhaltspunkte dafür, daß die organisationsrechtliche Trennung zwischen den einzelnen Tochtergesellschaften zerstört worden sei mit der Folge, daß neben der

---

63 Diese Überlegung der Fremdgeschäftsführung ist von dem Verhaltensansatz der pflichtwidrigen Besorgung fremder Geschäfte (vgl. dazu S. 19 f.) zu unterscheiden, weil es hier ausschließlich um den Zustand geht, durch den die dienende Funktion geschaffen wird und nicht um die Handlungen, die diesem Charakter Ausdruck verleihen; vgl. *K. Schmidt* Heidelberger Konzernrechtstage S. 109, 112 f.; *dens.* ZHR 155 (1991), 417, 429.

64 *K. Schmidt* ZIP 1986, 146, 147; *ders.* ZIP 1989, 545, 548 f.; *ders.* Heidelberger Konzernrechtstage S. 109, 116, 129; *ders.* ZIP 1991, 1325, 1329.

65 BGHZ 68, 312.

66 *K. Schmidt* ZIP 1991, 1325, 1329; *ders.* ZIP 1989, 545, 549.

67 *K. Schmidt* ZIP 1989, 545, 549.

68 *K. Schmidt* ZIP 1986, 146, 148 f.; *ders.* ZIP 1989, 545, 546 ff.; *ders.* ZHR 155 (1991), 417, 433 ff.; *ders.* AG 1994, 189, 193.

69 *K. Schmidt* ZIP 1989, 545, 547.

Verhaltenshaftung des Gesellschafters auch eine Verlustgemeinschaft zwischen den sieben Gesellschaften mbH bestanden hätte[70].

Ansatzpunkt für eine horizontale Verlustgemeinschaft - die letzte Komponente in der Haftungskonzeption von *K. Schmidt* - ist die Überlegung, daß eine Rückbesinnung auf Herkunft und Stellenwert des Unternehmensbegriffs der §§ 15 ff. AktG stattfinden müsse. Er stamme aus der Diskussion um die Mitteilungspflichten des § 20 AktG und habe von dort unkontrolliert Eingang in das Konzernhaftungsrecht gefunden[71]. Erst die heute vorherrschende Definition des Unternehmensbegriffs ermögliche die Annahme eines Unterordnungskonzerns, wenn maßgebliche Beteiligungen an mehreren Gesellschaften in der Hand eines Gesellschafters gebündelt seien mit der Konsequenz, daß der Gesellschafter im qualifizierten Konzern dann zwangsläufig analog §§ 302 f. AktG haftbar werde. Dieses Gedankengebäude ist nach Ansicht von *K. Schmidt* fehlerhaft, denn es werde übersehen, daß der mehrfache Beteiligungsbesitz des Gesellschafters vom Gesetzgeber 1965 als Fall des Gleichordnungskonzerns konzipiert gewesen sei und gerade nicht als Unterordnungskonzern[72]. *K. Schmidt* entwickelt hieraus die Überlegung, mehrere von einem Gesellschafter beherrschte Gesellschaften könnten als gleichgeordnete Schwestergesellschaften in Abhängigkeit erfaßt werden, für die es gelte, ein Sonderrecht zu erarbeiten[73]. Dieses Sonderrecht sei in einer Verlustgemeinschaft der Tochtergesellschaften - in den Worten *K. Schmidts*: der gleichgeordneten Schwestergesellschaften - zu erblicken, die aus einer entsprechenden Anwendung der §§ 730 ff. BGB gewonnen werden könne[74]. Ein Ausgleichsverhältnis zwischen diesen rechtlich selbständigen Gesellschaften sei anzunehmen, wenn die Gesellschaften nicht getrennt geführt worden seien, also das organisationsrechtliche Trennungsgebot zwischen ihnen mißachtet worden sei[75].

---

70 *K. Schmidt* ZHR 155 (1991), 417, 444; *ders.* AG 1994, 189, 195.

71 *K. Schmidt* ZHR 155 (1991), 417, 432.

72 *K. Schmidt* Heidelberger Konzernrechtstage S. 109, 125; *ders.* ZHR 155 (1991), 417, 433; jeweils mit Hinweis auf die RegBegr. bei *Kropff* S. 33 f.; ähnlich bereits *Ehlke* DB 1986, 523 f.; s.a. *Wiedemann* ZGR 1986, 656, 657 f.

73 *K. Schmidt* ZHR 155 (1991), 417, 422 ff.

74 *K. Schmidt* ZHR 155 (1991), 417, 440 ff.

75 *K. Schmidt* AG 1994, 189, 195; *ders.* Heidelberger Konzernrechtstage S. 109, 125; *ders.*ZHR 155 (1991), 417, 442 f., 446.

Die Haftungskonzeption *K. Schmidts* kann wie folgt zusammengefaßt werden:

- Der Gesellschafter schuldet Schadensersatz für sein Verhalten, wenn er nachteilig auf die Gesellschaft einwirkt, weil er dadurch die auf der Mitgliedschaft beruhende Sonderverbindung verletzt.
- Der Gesellschafter schuldet Verlustausgleich, wenn er eine Struktur schafft, aufgrund derer das organisationsrechtliche Trennungsgebot im Verhältnis zur Tochtergesellschaft aufgehoben ist.
- Zwischen mehreren (gleichgeordneten) Gesellschaften ist eine Verlustdeckungsgemeinschaft herzustellen, wenn die organisationsrechtliche Trennung der Gesellschaften untereinander aufgehoben ist.
- Die drei Bausteine der Haftungskonzeption sind je nach Sachverhaltsgestaltung untereinander kombinierbar[76].

2. Einordnung in die Unternehmensrechtstheorie *K. Schmidts*

a) Die Kritik am Unternehmensbegriff

Die Kritik *K. Schmidts* an der Haftungsrelevanz des Unternehmensbegriffs[77] mag es nahelegen, daß eine Würdigung des dreigliedrigen Haftungsmodells diese Kritik in das Zentrum der Überlegungen stellen sollte. Dies nicht zuletzt deshalb, weil die Materialien zum Aktiengesetz 1965 die Aussage enthalten, die einheitliche Leitung im Gleichordnungskonzern könne darauf beruhen, "daß die Anteile der Konzernunternehmen in der Hand eines Eigentümers, der kein Unternehmen ist, vereinigt sind"[78]. Wenn *K. Schmidt* daraus den Schluß zieht, die Beteiligungsgesellschaften seien gleichgeordnete Konzernschwestern, so überzeugt das aber schon deshalb nicht, weil der Gesetzgeber dem Unternehmensbegriff bewußt keine Konturen gegeben hat. Der Kritik am Unternehmensbegriff braucht daher nicht weiter nachgegangen zu werden. Sie verstellt auch den Blick auf die zentrale Frage, welches methodische Gerüst dem dreigliedrigen Haftungsmodell überhaupt zugrunde liegt.

b) Gesellschafter als Unternehmensträger?

Für *K. Schmidt* lautet die entscheidende Frage nicht, unter welchen Voraussetzungen der Unternehmensgesellschafter einer Konzernhaftung un-

---

76 Anschaulich *K. Schmidt* Heidelberger Konzernrechtstage S. 109, 127; *ders.* AG 1994, 189, 195 re.Sp.a.E.

77 *K. Schmidt* ZIP 1991, 1325, 1326.

78 RegBegr. bei *Kropff* S. 33/34.

terliegt[79]. Er stellt vielmehr die Frage, unter welchen Bedingungen ein Gesellschafter einem Unternehmensträger gleichgestellt werden kann[80]. Der Gesellschafter sei nur dann einer Konzernhaftung ausgesetzt, wenn die Gleichstellung berechtigt sei. Dies sei der Fall, wenn die organisatorische Trennung zwischen der Tochtergesellschaft und ihrem Gesellschafter beseitigt werde. Der Gesellschafter schulde Verlustausgleich analog § 302 AktG[81]. Werde die organisationsrechtliche Selbständigkeit zwischen mehreren Tochtergesellschaften aufgehoben, sei eine Verlustgemeinschaft herzustellen[82].

Der Gedanke entspringt der Unternehmensrechtsdiskussion und bildet damit einen Baustein in der Überlegung, das Handelsrecht zu einem Unternehmensrecht fortzubilden[83]: Jedem Unternehmen ist danach ein Unternehmensträger zugeordnet. Der Unternehmensträger soll der Inhaber des Unternehmens[84] und das Zuordnungssubjekt für Rechte und Pflichten aus der unternehmerischen Tätigkeit sein[85]. Merkmale der Unternehmensträgereigenschaft seien Rechtsfähigkeit sowie Partei- und Insolvenzfähigkeit[86]. Taugliche Unternehmensträger könnten natürliche und juristische Personen sowie Gesamthandsgemeinschaften sein, der Gesellschafter der Kapital- oder Personengesellschaft scheide als Unternehmensträger aus, sei mithin nicht der Inhaber der Rechte und Pflichten, die aus der unternehmerischen Tätigkeit resultierten[87], da die Zuordnung bei der Gesellschaft stattfinde. Dies ändere sich, wenn das Unternehmen nicht mehr selbständig und autonom durch seinen Inhaber betrieben werde, sondern eine Fremdsteuerung eingetreten sei. Die Fremdsteuerung könne darin bestehen, daß die organisatorische Selbständigkeit vertikal im Verhältnis zwischen Gesellschafter und Gesellschaft mißachtet oder horizontal zwi-

79 Vgl. *K. Schmidt* Handelsrecht § 4 IV 2a (S. 82 a.E.); *dens.* ZIP 1991, 1325, 1326.

80 Deutlich *K. Schmidt* Gesellschaftsrecht § 39 I 2a (S. 1210 bei Fn. 6); *ders.* ZHR 155 (1991), 417, 432; *ders.* ZIP 1993, 549, 550 re.Sp.; *ders.* ZIP 1989, 545, 549.

81 Vgl. nur *K. Schmidt* Heidelberger Konzernrechtstage S. 109, 113 ff.

82 *K. Schmidt* ZHR 155 (1991), 417, 433 ff., 439 ff.

83 Ausführlich *K. Schmidt* Handelsrecht § 3 (S. 48 ff.); *ders.* JuS 1985, 249, 252 ff.; *ders.* JBl 1995, 341, 342 ff.

84 Zum Begriffsverständnis *K. Schmidt* Handelsrecht § 4 I (S. 65 ff.).

85 *K. Schmidt* Handelsrecht § 4 IV (S. 78 ff.); *ders.* JuS 1985, 249, 255 f.; *ders.* JBl 1995, 341, 346.

86 *K. Schmidt* JuS 1985, 249, 255; *ders.* Handelsrecht § 5 II (S. 109 ff.).

87 *K. Schmidt* Handelsrecht § 5 I (S. 89 ff.).

schen mehreren Gesellschaften aufgehoben werde. Dann trete an die Stelle der Gesellschaft als Unternehmensträgerin die Person, die den Verlust an Selbständigkeit kompensiere, indem sie sich als Unternehmensträgerin geriere. Werde die organisationsrechtliche Trennung vertikal aufgehoben, dann führe sich der Gesellschafter als Unternehmensträger auf und dürfe deshalb als Zuordnungssubjekt angesehen werden, so daß er auch der Verlustausgleichspflicht ausgesetzt sei. Werde die Trennung horizontal zwischen mehreren Gesellschaften mißachtet, fungierten die einzelnen Gesellschaften also nur noch als Betriebsabteilungen eines einheitlichen Ganzen, dann trete an die Stelle der einzelnen Unternehmensträger das einheitliche Gebilde als Inhaber; dieser Struktur sei durch die Zusammenlegung der Verluste Rechnung zu tragen[88].

c) Keine Vereinbarkeit mit den gesetzlichen Grundwertungen

In den Ergebnissen offenbart sich die Schwäche des Modells. Das Gesetz behandelt das herrschende Unternehmen beispielsweise in § 317 AktG als Adressaten der Schadensersatzpflicht, weil es nachteilig auf die Gesellschaft eingewirkt hat, ohne den Nachteil auszugleichen. Auf eine Unternehmensträgereigenschaft kommt es dabei nicht an. Ihrer bedarf es ebensowenig, wenn es darum geht, unter welchen Voraussetzungen der Unternehmensgesellschafter Verlustausgleich schuldet. Auch mündet die Gleichstellung von Gesellschafter und Unternehmensträger in eine Einheitsbetrachtung ein, die im Recht der verbundenen Unternehmen nicht angelegt ist. Das Gesetz zieht aus dem Merkmal der konzernstiftenden einheitlichen Leitung nicht den Schluß, die einzelnen Konzerngesellschaften zu einem einheitlichen Ganzen, dem Einheitsunternehmen, zusammenzufassen. Die Einheitsthese ist durch die Beibehaltung der rechtlichen Selbständigkeit der einzelnen Konzernunternehmen abgelehnt worden[89]. Mit dieser Grundentscheidung ist nicht zu vereinbaren, daß an die Stelle der Gesellschaft ein Gebilde gesetzt wird, das als Zuordnungssubjekt von Rechten und Pflichten behandelt werden kann; denn dieses Vorgehen bedeutet de facto die Negation der rechtlichen Selbständigkeit der Gesellschaft. Wird der Gesellschafter dem Inhaber eines Unternehmens gleichgestellt, dann werden die Rechte und Pflichten nicht länger der Gesellschaft zugeordnet. Noch deutlicher zeigt sich die Auflösung der Rechtssubjektivität[90] der Gesellschaft am Beispiel der Verlustdeckungsgemeinschaft wegen Aufhebung der organisatorischen Trennung zwischen mehreren Tochtergesellschaften. Hier wird die Vermögenszuordnung aufgege-

88 *K. Schmidt* ZHR 155 (1991), 417, 440 ff., insbes. S. 442.

89 Vgl. dazu *Emmerich/Sonnenschein* Konzernrecht § 4 I 2; s.a. *Mülbert* Aktiengesellschaft, 1995, S. 33 ff. sowie *K. Schmidt* Verbandstheorie, 1987, S. 32 f.

90 Dies übersieht AG Eisenach GmbHR 1995, 445.

ben, die verschiedenen Gesellschaftsvermögen werden beim Einheitsgebilde gebündelt. Die Konstruktion einer Vergemeinschaftung von Verlusten verdeutlicht eine weitere Schwäche. Die für eine Unternehmensträgereigenschaft erforderliche Rechtsfähigkeit[91] des Einheitsgebildes läßt sich nicht herleiten[92].

Die Ausgangsthese vom Nebeneinander der verschiedenen Haftungskonzepte ist somit ebenso wie das zugrunde liegende Haftungsmodell *K. Schmidts* abzulehnen.

IV. Folgerungen und Überleitung

Es bleibt die Frage, wie die Hinwendung zur Zustandsumschreibung und die damit vollzogene Abkehr vom Verhaltensansatz zu erklären ist. Wendet man sich diesem Komplex zu, so fällt zunächst auf, daß alle Verhaltenskonzepte eine Gemeinsamkeit aufweisen: Sowohl auf der Basis der Autokran-Entscheidung als auch in den literarischen Ansätzen[93] wird dem Unternehmensgesellschafter eine Pflichtverletzung vorgeworfen. Sie wurde im Autokran-Fall dahin ausformuliert, die GmbH sei entscheidend auf das Konzerninteresse ausgerichtet und folglich sei auf ihre eigenen Belange keine Rücksicht genommen worden. Hierin ist die Aussage enthalten, die abhängige bzw. faktisch konzernierte GmbH dürfe nicht für das Konzerninteresse in Dienst genommen werden. An diesem Punkt ist anzusetzen und anhand der Gesetzeslage zu untersuchen, in welchem Umfang die Ausrichtung auf das Konzerninteresse in der faktischen Unternehmensverbindung vorgenommen werden darf. Dabei könnte zutage treten, daß die Verhaltensumschreibung auf der Grundlage der Autokran-Entscheidung eine gedankliche Lücke aufweist. Sie besteht, falls die dort angenommene Haftung eine Haftung für Pflichtverletzung darstellt, sich die vorausgesetzte Pflichtverletzung aber nicht aufzeigen läßt, weil sie in der Vernachlässigung des Gesellschaftsinteresses zugunsten des Konzerninteresses liegen soll, ein von den Gesellschafterinteressen unabhängiges Gesellschaftsinteresse aber wiederum keine Anerkennung findet. Die damit umrissene Fragestellung führt zwangsläufig in das Zentrum des GmbH-Konzernrechts unter Vergleich mit seinem aktienrechtlichen Vorbild.

---

91 Dazu *K. Schmidt* Handelsrecht § 5 II 1 (S. 109 ff.).

92 S.a. *K. Schmidt* ZHR 155 (1991), 417, 441 und dazu *Cahn* Kapitalerhaltung, 1998, S. 50: "Analogie zu §§ 730 ff. BGB entbehrt in den meisten Fällen einer Berechtigung".

93 Dazu S. 18 ff.

§ 5. Die Lücke im Autokran-Konzept

I. Konzernleitungsmacht nach dem Regelungsmodell der §§ 291 ff. AktG

1. Vertragliche Konzernierung und Leitungsmacht

Der Abschluß des Beherrschungsvertrags hat nach § 308 Abs. 1 AktG zur Folge, daß das herrschende Unternehmen die Befugnis erhält, hinsichtlich der Leitung der AG Weisungen zu erteilen. Das Weisungsrecht ist unabdingbare Folge der vertraglichen Konzernierung. Es kann nicht ausgeschlossen werden, ohne daß der Vertrag seinen Charakter als Beherrschungsvertrag einbüßt[94]. Zulässig sind auch Weisungen, die für die Gesellschaft nachteilig sind, sofern sie nach § 308 Abs. 1 S. 2 AktG "den Belangen des herrschenden Unternehmens oder der mit ihm und der Gesellschaft konzernverbundenen Unternehmen dienen". Der Wortlaut ist insoweit auslegungsbedürftig, als er nahelegen könnte, die Weisung müßte einer Mehrzahl von konzernverbundenen Unternehmen dienen. Das ist jedoch nicht gemeint. Vielmehr genügt, daß sie einem Konzernunternehmen zugute kommt[95]. Als sprachlich verkürzende Umschreibung für die Belange von herrschendem Unternehmen und Konzernunternehmen hat sich der Begriff des Konzerninteresses durchgesetzt[96]. Wie die Gesetzesfassung klar zum Ausdruck bringt, ist mit dem Begriff des Konzerninteresses nicht ein übergreifendes Interesse eines Einheitsunternehmens, des "Konzerns an sich" angesprochen, sondern das Interesse des herrschenden Unternehmens oder einer der Konzerngesellschaften[97]. Interessenträger sind das herrschende Unternehmen sowie jede einzelne Konzerngesellschaft, nicht aber der Konzern als Gesamtheit, weil schon ein konzerntragender Verband, der als Träger eines Interesses fungieren könnte, nicht existiert[98].

94 *Koppensteiner*, in: Kölner Komm. § 291 Rn. 13; *Krieger*, in: MünchHdb AG § 70 Rn. 4; *Emmerich/Sonnenschein* Konzernrecht § 8 V 3a; a.A. *Geßler* FS Beitzke, 1979, S. 923, 928 ff.; *Limmer* Haftungsverfassung, 1992, S. 297.

95 *Ulmer*, in: Hachenburg GmbHG Anh. § 77 Rn. 218; *Neuhaus* Organhaftung, 1969, S. 87; *Schatz* Sicherung des Gesellschaftsvermögens, 1980, S. 21.

96 *Geßler* ZHR 140 (1976), 433, 436 f.; *Sina* AG 1991, 1, 4 f.

97 *Koppensteiner*, in: Kölner Komm. § 308 Rn. 25; *Zöllner*, in: Kölner Komm. Einl. Rn. 137; abw. *Geßler* ZHR 140 (1976), 433, 437.

98 *Brachvogel* Leitungsmacht, 1967, S. 19; *Martens* Mehrheits- und Konzernherrschaft, 1970, S. 46; *Möhring* Schutz der Gläubiger, 1992, S. 27, der allerdings - ohne auf

Inhaltlich wird das Konzerninteresse teils als Vermögensinteresse[99] und teils als Interesse der Allgemeinheit an der Bildung und Funktionsfähigkeit von Konzernen bezeichnet[100]. Dabei handelt es sich jedoch nicht um zwei einander ausschließende Inhaltsbestimmungen. Es liegt auf der Hand, daß die Allgemeinheit ein Interesse an gewinnbringend wirtschaftenden Einheiten hat, das Vermögensinteresse also zugleich im Allgemeininteresse liegt. Auch in den Materialien zum Aktiengesetz 1965 findet sich im Zusammenhang mit § 311 die Aussage, daß Konzerninteresse und Vermögensinteresse gleichbedeutend seien: "Bei den Interessen des herrschenden Unternehmens oder des Konzerns handelt es sich, ebenso wie bei den Interessen der Gesellschaft und ihrer Aktionäre, stets um Vermögensinteressen"[101]. Die Aussage orientiert sich ausschließlich am Regelfall einer wirtschaftlichen Ausrichtung und ist damit zu eng gefaßt, weil die Sachverhalte nicht erfaßt werden, in denen ideelle oder gemeinnützige Ziele verfolgt werden.

Abzustellen ist stattdessen auf das Gesellschaftsinteresse[102] des rechtsformneutral als herrschendes Unternehmen bzw. als Konzerngesellschaft angesprochenen Rechtsträgers. Es wird bei einer Kapital- oder Personengesellschaft durch den Gesellschaftszweck bestimmbar[103], der seinerseits durch Auslegung von Satzung oder Gesellschaftsvertrag zu ermitteln ist. Damit sind die Fälle nichtwirtschaftlicher Zielsetzung inkludiert. Ist in Vertrag oder Satzung keine besondere Bestimmung enthalten, so ist davon auszugehen, daß die Gesellschaft einen erwerbswirtschaftlichen Zweck verfolgt. Erwerbswirtschaftliche Betätigung bedeutet Teilnahme am Wirtschaftsverkehr in der Absicht der Gewinnerzielung[104], weil typischerweise die Gründung einer Handelsgesellschaft zu dem Zweck erfolgt, Gewinne zu erwirtschaften. Darunter fallen die langfristige Gewinnoptimierung und

---

§ 308 AktG einzugehen - zu Unrecht nur das herrschende Unternehmen als Interessenträger ansieht; *Zöllner* Schranken, 1963, S. 82.

99 *Brachvogel* Leitungsmacht, 1967, S. 21; *Sina* AG 1991, 1, 5.

100 *Zöllner* Schranken, 1963, S. 84 ff.; *ders.*, in: Kölner Komm. Einl. Rn. 138 a.E.

101 RegBegr. bei *Kropff* S. 407 a.E.

102 *Hüffer* AktG § 308 Rn. 16; *Biedenkopf/Koppensteiner*, in: Kölner Komm., 1. Aufl., § 308 Rn. 11.

103 *Winter* Treuebindungen, 1988, S. 198; *Zöllner*, in: Kölner Komm. Einl. Rn. 107; *Ziemons* Haftung der Gesellschafter, 1996, S. 87 ff.

104 *Baumbach/Hueck/Zöllner* GmbHG Schlußanh. I Rn. 53; *Ulmer*, in: Hachenburg GmbHG § 53 Rn. 142; *Hüffer* AktG § 82 Rn. 9; *Würdinger* Aktienrecht § 10 II 1b; *Beinert* Konzernhaftung, 1995, S. 32 f. m.w.N. in Fn. 48; *Martens* FS Fischer, 1979, S. 437,

angemessene Rentabilität[105]. Zweitens schließt die Teilnahme ein, daß die Tätigkeit aufgrund autonomer Entscheidung entfaltet wird[106]. Aufschluß über die konkrete Art selbständiger wirtschaftlicher Betätigung liefert der Unternehmensgegenstand. Er bildet die Haupterkenntnisquelle[107] für den Gesellschaftszweck.

Die Erteilung von Weisungen im Konzerninteresse bedeutet im Normalfall wirtschaftlicher Zwecksetzung, daß sie der Gewinnerzielung des herrschenden Unternehmens oder einer anderen Konzerngesellschaft dienen werden. Das wird vielfach mit dem Gesellschaftsinteresse des abhängigen Unternehmens kollidieren, dessen Zweck auch auf Gewinnerzielung gerichtet ist. Durch § 308 AktG wird die Durchsetzung des Konzerninteresses auf Kosten des Gesellschaftszwecks des abhängigen Unternehmens abgesichert[108]. Das Weisungsrecht ist umfassend, bezieht sich also auf den gesamten Bereich, in dem der Vorstand die abhängige AG nach § 76 AktG leitet[109]. Da der Unternehmensgegenstand der Geschäftsführungsbefugnis des Vorstands eine Grenze setzt, müssen die Weisungen sich in diesem Rahmen bewegen. Der Vorstand ist nach § 308 Abs. 2 AktG verpflichtet, die Weisungen zu befolgen. Angesichts dieser Gesetzeslage ist es sachgerecht, von einer rechtlich anerkannten Konzernleitungsmacht des herrschenden Unternehmens zu sprechen, weil erstens Weisungen erteilt werden dürfen, die dem Gesellschaftsinteresse des abhängigen Unternehmens zuwider laufen, und zweitens die Weisungen für die AG bindend sind.

455; *Möhring* Schutz der Gläubiger, 1992, S. 25; *Wiedemann* ZGR 1975, 385, 413; *Winter* Treuebindungen, 1988, S. 97 f., 198.

105 *Wiedemann* ZGR 1975, 385, 413 f.

106 BGH NJW 1992, 1452, 1453 re.Sp.; BGHZ 105, 324, 331; *Baumbach/Hueck/Zöllner* GmbHG Schlußanh. I Rn. 55; *Ulmer*, in: Hachenburg GmbHG § 53 Rn. 142; *Henze* Hdb. GmbH Rn. 1412; *Würdinger* Aktienrecht § 10 II 1b; *Beinert* Konzernhaftung, 1995, S. 33; *Kleindiek* Strukturvielfalt, 1991, S. 78; *Strohn* Verfassung der AG, 1977, S. 18; *Winter* Treuebindungen, 1988, S. 198; s. bereits BGHZ 95, 330, 341/342.

107 *Zöllner* Schranken, 1963, S. 27.

108 Der Abschluß des Beherrschungsvertrags führt zu einer Überlagerung des Gesellschaftszwecks, weil die unabhängige Teilnahme am Wirtschaftsverkehr für die Vertragsdauer aufgegeben wird und die Gewinnerzielung als Leitvorstellung durch die dienende Rolle abgelöst wird (s. RegBegr. bei *Kropff* S. 380; BGHZ 105, 324, 331). Ob dies gleichbedeutend mit Zweckänderung ist (bejahend *K. Schmidt* Gesellschaftsrecht § 4 II 3a [S. 68]), ist für den aktienrechtlichen Vertragskonzern wegen § 293 Abs. 1 AktG praktisch bedeutungslos, führt also nicht zu § 33 Abs. 1 S. 2 BGB.

109 *Koppensteiner*, in: Kölner Komm. § 308 Rn. 17.

2. Leitungsstrukturen außerhalb des Vertragskonzerns

An die Stelle des § 308 AktG tritt bei faktischer Konzernierung oder bloßer Abhängigkeit die Regelung des § 311 AktG[110]. Danach ist es dem herrschenden Unternehmen untersagt, die abhängige AG ohne Nachteilsausgleich zur Vornahme eines nachteiligen Rechtsgeschäfts oder einer nachteiligen Maßnahme[111] zu veranlassen. Positiv gewendet bedeutet dies, daß der herrschende Unternehmensgesellschafter seinen Einfluß auf die AG dazu nutzen darf, die Gesellschaft zu veranlassen, ein für sie nachteiliges Rechtsgeschäft vorzunehmen, sofern der Nachteil bis zum Ende des Geschäftsjahrs (§ 240 Abs. 2 HGB) tatsächlich ausgeglichen oder der AG ein vertraglicher Ausgleichsanspruch eingeräumt wird. Ein Nachteil liegt vor, wenn sich Rechtsgeschäft oder Maßnahme negativ auf die Vermögens- und Ertragslage auswirken[112].

Durch § 311 AktG erhält das herrschende Unternehmen letztlich die Möglichkeit, in seinem Gesellschaftsinteresse liegende Eingriffe einzuleiten[113]. Die Einwirkungsbefugnis läßt sich indessen nicht mit dem Begriff der Konzernleitungsmacht umschreiben. Außerhalb des Vertragskonzerns fehlen die beiden Komponenten, die für eine rechtliche Anerkennung von Konzernleitungsmacht prägend sind: Eine Weisungsbefugnis des herrschenden Unternehmens mit korrespondierender Folgepflicht des Vorstands der Untergesellschaft[114]. § 311 AktG verpflichtet den Vorstand aber gerade nicht, Weisungen und Wünsche des herrschenden Unternehmens entgegenzunehmen oder auszuführen. Er leitet die Gesellschaft weiterhin nach § 76 Abs. 1 AktG eigenverantwortlich, unterliegt also keiner Veranlassungsfolgepflicht[115]. Demgemäß werden die Interessen der abhängigen AG als Orientierungspunkt für das Vorstandshandeln rechtlich nicht durch das Konzerninteresse überlagert, der Verhaltensstandard des § 93 AktG

---

110 Einheitliche Leitung i.S.d. § 18 AktG ist für die Anwendung von § 311 AktG nicht erforderlich; s. nur *Hüffer* AktG § 311 Rn. 12.

111 Gleichgestellt ist das Unterlassen des vorteilhaften Rechtsgeschäfts oder sonstiger vorteilhafter Maßnahme; dazu *Koppensteiner,* in: Kölner Komm. § 311 Rn. 8.

112 *A/D/S* § 311 AktG Rn. 37; *Emmerich/Sonnenschein* Konzernrecht § 20 II 1; *Koppensteiner,* in: Kölner Komm. § 311 Rn. 28; *Krieger,* in: MünchHdb AG § 69 Rn. 65.

113 Näher dazu S. 46 f.

114 *Geßler* FS Westermann, 1974, S. 145, 150 f., 154 f.

115 Emmerich/Habersack Aktienkonzernrecht § 311 Rn. 50; *Hüffer* AktG § 76 Rn. 19; *Koppensteiner,* in: Kölner Komm. § 311 Rn. 90 m.w.N.; *Emmerich/Sonnenschein* Konzernrecht § 20 III; *Streyl* Vorstands-Doppelmandate, 1992, S. 85, 155; *Altmeppen* ZIP 1996, 693, 694 re.Sp.

wird nicht verdrängt[116], wohl aber durch § 318 AktG modifiziert[117]. Der Vorstand darf also nachteilige, dem Gesellschaftsinteresse der AG zuwiderlaufende Maßnahmen durchführen, die ausgleichsfähig sind und mit deren Ausgleich gerechnet werden kann. Ihn trifft allerdings die Dokumentationspflicht des § 312 AktG[118]. Aus alldem folgt, daß sich ohne Abschluß eines Beherrschungsvertrags nachteilige Maßnahmen gegen den Willen des Vorstands der abhängigen AG nicht durchsetzen lassen, die für faktische Konzernierung erforderliche einheitliche Leitung, soweit sie nicht mit dem Gesellschaftsinteresse der abhängigen AG zu vereinbaren ist, ohne den zur Mitwirkung bereiten Vorstand der Untergesellschaft nicht hergestellt werden kann. Mangels Folgepflicht kann die Erfüllung der Leitungsaufgabe nach § 76 Abs. 1 AktG durch die Vorstandsmitglieder der abhängigen AG auch keinen Abberufungsgrund nach § 84 Abs. 3 AktG wegen grober Pflichtverletzung begründen[119].

II. Folgerungen für die GmbH

1. Zur Übertragbarkeit der §§ 311 ff. AktG

a) Das Verhältnis der §§ 311, 317 AktG zu mitgliedschaftlichen Treubindungen

aa) Schutzrichtung und Funktion von Treubindungen

Die rechtsformübergreifende Geltung mitgliedschaftlicher Treupflichten zählt heute zu den gesicherten Bestandteilen des Gesellschaftsrechts[120]. Treubindungen regeln sowohl die Beziehung zwischen der Gesellschaft und ihren Mitgliedern als auch unter den Gesellschaftern[121]. Ihr Hauptzweck liegt in der Einwirkungskontrolle. Sie bilden das Gegengewicht zu der Befugnis, in der Gesellschaft Einfluß auszuüben und dadurch auf die im Verband gebündelten Interessen einzuwirken. Sie sind der Inbegriff von

---

116 *Krieger*, in: MünchHdb AG § 69 Rn. 98; *Geßler* FS Westermann, 1974, S. 145, 153, 158 ff.; *Streyl* Vorstands-Doppelmandate, 1992, S. 85; *Strohn* Verfassung der AG, 1977, S. 182; a.A. *Luchterhandt* ZHR 133 (1970), 1, 12, 44 f.

117 *Mestmäcker* FG Kronstein, 1967, S. 129, 141; *Streyl* Vorstands-Doppelmandate, 1992, S. 85 m.w.N. in Fn. 33.

118 *Koppensteiner*, in: Kölner Komm. § 318 Rn. 5; *Geßler* FS Westermann, 1974, S. 145, 159.

119 Abw. *Hommelhoff* Konzernleitungspflicht, 1982, S. 109 ff., 143 ff.

120 Vgl. nur *Henze* BB 1996, 489, 490; *K. Schmidt* Gesellschaftsrecht § 20 IV (S. 588 ff.).

121 BGHZ 103, 184, 194 (zur AG); BGHZ 65, 15, 18 (zur GmbH); *Henze* Hdb. GmbH Rn. 828, 832; *ders.* Aktienrecht Rn. 807 ff.; jeweils m.w.N.

Verhaltensschranken und verpflichten das Mitglied zur Rücksichtnahme auf die Interessen der Gesellschaft und die gesellschaftsbezogenen Belange der Mitgesellschafter[122].

Die Ausprägung der Treupflicht zur Gesellschaft richtet sich danach, ob es um die Ausübung von gesellschaftsbezogenen oder eigennützigen Rechten geht. Bei Wahrnehmung gesellschaftsbezogener Rechte - etwa des Stimmrechts - muß das Handeln dem Gesellschaftsinteresse[123] entsprechen, so daß eigene Interessen des Mitglieds zurücktreten müssen, wenn sie in Widerspruch zum Gesellschaftsinteresse treten. Die Ausübung eigennütziger Rechte wie beispielsweise des Auskunftsrechts steht dagegen nur unter dem Vorbehalt der Verhältnismäßigkeit. Der Gesellschafter ist hierbei lediglich verpflichtet, Belange des Verbands nicht willkürlich zu mißachten, darf aber ansonsten seine Interessen in den Vordergrund stellen[124]. Auch im Verhältnis zu seinen Mitgesellschaftern muß das Mitglied die Verhältnismäßigkeit beachten, wenn es eigennützige Rechte wahrnimmt[125]. Untersagt ist damit die willkürliche Beeinträchtigung der mitgliedschaftlichen Position der übrigen Mitglieder.

Bilden mitgliedschaftliche Treubindungen das Korrelat zu den Einwirkungsmöglichkeiten, liegt mithin die wesentliche Funktion[126] in der Kontrolle der Einwirkungsbefugnisse, so hängt die Intensität von Treupflichten vom Ausmaß der gesellschaftsvertraglich eingeräumten Befugnisse ab. Hieraus erklärt sich, daß die Stärke der Treubindung nicht schematisch festgesetzt werden kann, vielmehr im Einzelfall bestimmt werden muß[127]. Allenfalls der Mehrheitsgesellschafter befindet sich per se in einer Einflußposition, die insbesondere bei Ausübung des Stimmrechts der Pflicht zur Rücksichtnahme auf die Interessen der Gesellschaft und Mitgesellschafter

---

122 BGHZ 129, 136, 143 f. m.w.N.; grundlegend *Zöllner* Schranken, 1963, S. 337, 341; für Einwirkungsbezogenheit bereits im Ansatz BGHZ 14, 25, 38.

123 Zur Konkretisierbarkeit vgl. vorerst S. 36 f.

124 *Henze* BB 1996, 489, 493 f. m.w.N. in Fn. 53-55; *Hüffer* FS Steindorff, 1990, S. 59, 62, 69; *Raiser*, in: Hachenburg GmbHG § 14 Rn. 52, 55 f.

125 *Henze* BB 1996, 489, 494.

126 Als weiteren Zweck der Treubindungen betonen *Hüffer* FS Steindorff, 1990, S. 59, 73 ff.; *Henze* BB 1996, 489, 491 re.Sp. a.E. Vertrauensschutz, der freilich im Regelfall in der Personengesellschaft stärker zum Tragen kommt als in der Kapitalgesellschaft und dessen Bedeutung auf die Beziehungen zwischen den Gesellschaftern beschränkt ist. Die Einwirkungskontrolle ist somit der tragende, umfassendere Gesichtspunkt; vgl. *Winter* Treuebindungen, 1988, S. 19; s.a. *Henze* Hdb. GmbH Rn. 1384.

127 *Habersack* Mitgliedschaft, 1996, S. 95 f.

unterliegt[128]. In jedem Fall ist entscheidend, über welchen Einfluß[129] das Mitglied in der konkreten Situation verfügt. Der bestimmende Faktor ist die Realstruktur der Gesellschaft, so daß auch der Minderheitsgesellschafter in eine Position gelangen kann, in der er zur Rücksichtnahme verpflichtet ist[130].

bb) Grundlage von Treubindungen in der Kapitalgesellschaft

(1) Zur Relevanz vertrauensgetragener Gemeinschaftsbeziehung

Nach früher h.L. lag die rechtliche Grundlage der mitgliedschaftlichen Treupflichten in einem von gegenseitigem Vertrauen getragenen Gemeinschaftsverhältnis[131]. Bindungen der Gesellschafter waren nach dieser Formel die Folge einer persönlichen Verbundenheit, die typischerweise in einer Arbeits- und Haftungsgemeinschaft anzutreffen ist. Diese These von der vertrauensgetragenen Gemeinschaftsbeziehung als Rechtsgrundlage versperrte lange Zeit den Blick für die Geltung von Treubindungen in der Kapitalgesellschaft; denn auf dieser Basis mußten mitgliedschaftliche Treupflichten in erster Linie ein Spezifikum der gesetzestypischen Personengesellschaft sein[132]. Beim "Normaltyp der AG" war die Treubindung auf der Grundlage persönlichen Vertrauens - jedenfalls zwischen den Aktionären[133] - nicht begründbar[134]. Bei der GmbH behalf man sich mit der Betonung einer "personalistischen Ausgestaltung", um durch die im Einzelfall vorhandene oder angenommene Annäherung der internen Organisationsstruktur der GmbH an die einer Personengesellschaft die Vertrauensbasis zu begründen[135]. Die Formel von der vertrauensgetragenen Gemeinschaftsbeziehung spielt heute in der Rechtsgrundlagendiskussion keine

---

128 Ein anderes kann gelten, wenn mit der Kapitalmehrheit keine Stimmenmehrheit verbunden ist (§ 134 Abs. 1 S. 2 AktG; § 28 WpHG).

129 BGHZ 129, 136, 144: "Herrschaftsmacht".

130 Anschaulich BGHZ 129, 136, 144 f.; *Hüffer* AktG § 53a Rn. 17; jeweils m.w.N.; *M. Schmidt* Stimmrechtsvertretung, 1994, S. 101 ff.

131 *A. Hueck* Treuegedanke, 1947, S. 12 ff.; *Fischer*, in: Großkomm. HGB, 3. Aufl., § 105 Anm. 31a.

132 Vgl. BGHZ 25, 47, 53 zur KG.

133 S. BGH JZ 1976, 561, 562 li.Sp.; BGHZ 18, 350, 365 ("keine rechtlichen Beziehungen persönlicher Art"); RGZ 158, 248, 254.

134 *Zöllner* Schranken, 1963, S. 340.

135 BGHZ 14, 25, 38; 9, 157, 163 m.w.N.; *Schilling*, in: Hachenburg GmbHG, 6. Aufl., § 14 Anm. 27; vgl. noch BGHZ 65, 15, 18/19.

Rolle mehr, weil sie für die Ableitung von Treubindungen keinen geeigneten Ansatz liefert[136], da rechtliche Bindungen nicht aus einem oftmals fiktiven persönlichen Vertrauensverhältnis, sondern durch Vertrag oder Gesetz entstehen[137]. Wenngleich der Aspekt des persönlichen Vertrauens auch als Rechtsgrundlage ungeeignet ist, ist er doch an anderer Stelle bedeutsam, da ein Zweck der Treupflicht im Vertrauensschutz zu sehen ist[138].

(2) Ableitung aus dem Organisationsvertrag

(a) Meinungsstand

Ausgehend von dem Aspekt der vertrauensbezogenen Gemeinschaft erscheint es naheliegend, die Rechtsgrundlage von Treubindungen in § 242 BGB zu erblicken. Andererseits bietet § 705 BGB für das Gesellschaftrecht die sachnähere Anknüpfung[139]. Im Schrifttum finden beide Positionen Anhänger[140]. Nach einer weiteren Auffassung folgen Treubindungen direkt aus dem Organisationsvertrag[141]. Vereinzelt wird auch zwischen der Ableitung von Verhaltenspflichten und der Herleitung von Schranken bei der Ausübung von Gesellschafterrechten differenziert. Wenn Verhaltenspflichten betroffen seien, liege die Grundlage in § 705 BGB. Soweit es um die Ausübungsschranken gehe, sei die Grundlage in § 242 BGB zu finden[142]. Weitere Differenzierungen treten zutage, wenn man den Blick speziell auf die Rechtsgrundlage der Treupflicht zwischen den Gesellschaftern lenkt. Die Treubindung wird überwiegend als vertragliche Pflicht eingestuft, wobei diese entweder dem Organisationsvertrag[143], oder - wenn es um die juristische Person geht - einer schuldrechtlichen Nebenabrede bzw. einem

---

136 *Fillmann* Treuepflichten, 1991, S. 61, 63; *Hüffer* FS Steindorff, 1990, S. 59, 70; *Winter* Treuebindungen, 1988, S. 44.

137 *Hadding* GesRZ 1984, 32, 39.

138 Vgl. Fn. 126.

139 *Winter* Treuebindungen, 1988, S. 14 (für uneigennützige Rechte).

140 Für § 242 BGB: *Hennrichs* AcP 195 (1995), 221, 228 ff., 242 ff. m.w.N. in Fn. 34; *Schmiedel* ZHR 134 (1970), 173, 182; für § 705 BGB: *Lutter* AcP 180 (1980), 84, 102 ff.; *ders.* JZ 1995, 1053, 1054.

141 *Henze* BB 1996, 489, 492; *Hüffer* FS Steindorff, 1990, S. 59, 64 ff.; *ders.* AktG § 53a Rn. 15.

142 *Häuser* Unbestimmte Maßstäbe, 1981, S. 176 ff.

143 *Henze* BB 1996, 489, 492; *Hüffer* FS Steindorff, 1990, S. 59, 64 ff.

zusätzlichen Gesellschaftsverhältnis entspringen soll[144]. Nach einer weiteren Meinung ist die Treubindung aus einer organisationsrechtlichen, auf Gesetz basierenden Sonderbeziehung herzuleiten[145]. Hiervon zu trennen ist die Überlegung, die Treupflicht aus dem Deliktsrecht zu gewinnen. Ausgehend davon, daß die Mitgliedschaft ein absolut geschütztes Recht i.S.d. § 823 Abs. 1 BGB darstelle, soll die Treupflicht zwischen den Gesellschaftern als Verkehrspflicht zum Schutz fremden Vermögens anzusehen und Eingriffe zum Nachteil der Mitgesellschafter als Verletzung der Mitgliedschaft als eines sonstigen Rechts gem. § 823 Abs. 1 BGB zu werten sein[146]. Die Lösung hat zur Folge, daß sich der Konflikt zwischen Mehrheit und Minderheit stets auf der Ebene der Beziehungen zwischen den Mitgliedern abspielt.

(b) Würdigung

Die Frage nach der Rechtsgrundlage der Treubindungen des Gesellschafters erweist sich damit in doppelter Hinsicht als problematisch. Soweit es indes um die Bindung zum Verband geht, ist sie zumindest vertraglichen Ursprungs. Dies ist bei Ableitung aus dem Organisationsvertrag oder aus § 705 BGB ohne weiteres einsichtig, gilt aber auch für eine Herleitung aus § 242 BGB, da die Sonderverbindung, die für die Anwendung der Norm erforderlich ist[147], durch das Gesellschaftsverhältnis begründet werden soll[148]. Das Gesellschaftsverhältnis entsteht mit Begründung der Mitgliedschaft. Das Mitgliedschaftsverhältnis kommt durch den Organisationsvertrag zustande, da die Satzung der Kapitalgesellschaft trotz struktureller Unterschiede zum Gesellschaftsvertrag der Personengesellschaften wie dieser[149] als Organisationsvertrag zu qualifizieren ist[150], die Satzung

---

144 Vgl. die Darstellung bei *Hüffer* FS Steindorff, 1990, S. 59, 63 f. mit Nachw. in Fn. 29, 30 sowie *M. Schmidt* Stimmrechtsvertretung, 1994, S. 94 f.

145 *Winter* Treuebindungen, 1988, S. 69 ff.

146 *Mertens* FS Fischer, 1979, S. 461, 467 ff.; *ders.* AcP 178 (1978), 227 ff., 243 f.

147 *Palandt/Heinrichs* BGB § 242 Rn. 6.

148 *Hennrichs* AcP 195 (1995), 221, 234 f.

149 Zum Gesellschaftsvertrag als Organisationsvertrag s. nur *Würdinger* Gesellschaften, 1. Teil, S. 42.

150 Grundlegend wohl *Würdinger* Aktienrecht, 1. Aufl. 1959, S. 30 i.V.m. S. 103 f. sowie 4. Aufl. 1981, S. 39; *Ulmer* FS Werner, 1984, S. 911, 912; *Winter* Treuebindungen, 1988, S. 63 a.E.; vgl. bereits *Würdinger* Gesellschaften, 2. Teil, S. 85 f.

also durch Organisationsvertrag entsteht[151]. Da die Treubindung des Gesellschafters Ausfluß der mitgliedschaftlichen Beteiligung ist[152] und der Organisationsvertrag pflichtbegründende Wirkung hat[153], wurzelt die Treupflicht letztlich im Organisationsvertrag. Rechtsgrundlage der Treubindung gegenüber der Gesellschaft ist somit der Organisationsvertrag[154].

Hinsichtlich der Treupflicht unter den Gesellschaftern ist bei der Frage anzusetzen, ob sie ebenfalls auf vertraglicher Grundlage basiert. Soweit dies vertreten wird[155], differiert gleichwohl der Bezugspunkt der vertraglichen Bindung. Wenn die Grundlage in einer Nebenabrede schuldrechtlicher Art oder in einem neben der juristischen Person herlaufenden zweiten Gesellschaftsverhältnis gesehen wird, sind diese Ansichten von der Vorstellung geprägt, die körperschaftliche Struktur der juristischen Person zerschneide jede direkte Verbindung zwischen den Gesellschaftern[156], lasse also Pflichten unter ihnen nach Entstehung der juristischen Person in direkter Ableitung aus dem Organisationsvertrag nicht zu. Mit der körperschaftlichen Struktur ist die Verselbständigung der Satzung gegenüber den Gründern mit Eintragung der Kapitalgesellschaft in das Handelsregister angesprochen: Die Satzung übernimmt die Funktion einer Quelle objektiven Rechts[157]. Gleichwohl folgt aus dieser Funktion nicht, daß mit der Handelsregistereintragung organisationsvertragliche Beziehungen unter den Gesellschaftern entfallen, da die Satzung eine Doppelfunktion erfüllt. Sie enthält als Organisationsvertrag die Gründungsvereinbarung, bildet aber auch die Grundlage der Gesellschaft und schafft insoweit die Beziehungen unter den Mitgliedern, die durch Entstehung der juristischen Person nicht wegfallen[158]. Die Treubindung als Ausfluß mitgliedschaftlicher Beteiligung findet daher auch unter den Gesellschaftern ihren Rechtsgrund im Organi-

---

151 Bei Einmann-Gründung: Durch Organisationsakt; dazu *Ulmer*, in: Hachenburg GmbHG § 2 Rn. 6 f. sowie *Hüffer* AktG § 2 Rn. 4a.

152 BGHZ 129, 136, 148; *Henze* BB 1996, 489, 492.

153 *Winter* Treuebindungen, 1988, S. 64 m.w.N. in Fn. 6; s.a. *Larenz/Canaris* Methodenlehre S. 79 zu § 705 BGB.

154 *Winter* Treuebindungen, 1988, S. 63 ff.; weitere Nachw. in Fn. 141.

155 Nachw. in Fn. 143, 144.

156 Vgl. BGHZ 103, 184, 194/195; *Immenga* Personalistische Kapitalgesellschaft, 1970, S. 271.

157 *Hüffer* AktG § 23 Rn. 7 m.w.N.; *Ulmer* FS Werner, 1984, S. 911, 912.

158 *Hüffer* FS Steindorff, 1990, S. 59, 67; *Ulmer*, in: Hachenburg GmbHG § 2 Rn. 4; *Raiser*, in: Hachenburg GmbHG § 13 Rn. 7 a.E.

sationsvertrag[159]. Weil das organisationsvertragliche Band zwischen den Mitgliedern durch die Handelsregistereintragung nicht zerschnitten wird, erübrigt es sich, ein neues Band in Gestalt eines weiteren Gesellschaftsverhältnisses oder einer Nebenabrede zu knüpfen. Ebenso erledigt sich ein Rückgriff auf das Deliktsrecht.

cc) Die Bedeutung der Einzelnormen

Bei der gesellschaftsrechtlichen Treupflicht handelt es sich um eine Generalklausel[160]. Die Förderpflicht des § 705 BGB, das in §§ 242, 157 BGB verankerte Prinzip von Treu und Glauben sowie das Gleichbehandlungsgebot des § 53a AktG bilden Segmente der Generalklausel[161]. Weitere Ausprägungen der mitgliedschaftlichen Treupflicht finden sich in den §§ 112, 113 HGB[162] und in § 243 Abs. 2 AktG[163]. Aus heutiger Sicht als Unterfall der Treupflichtverletzung subsumtionsfähig ist auch der Haftungstatbestand nach § 117 Abs. 1 AktG[164], soweit die Vorschrift die Aktionäre anspricht.

dd) Verletzung mitgliedschaftlicher Treubindungen - Grundsätze auf der Rechtsfolgenseite

Aus der Verpflichtung des Gesellschafters, auf die Interessen der Gesellschaft und gesellschaftsbezogene Belange der anderen Mitglieder Rücksicht zu nehmen, folgt ohne weiteres, daß er schädigende Einwirkungen zu unterlassen hat. Er ist zum Schadensersatz verpflichtet, wenn er die Treubindung gegenüber der Gesellschaft verletzt[165]. Grundlage eines Anspruchs auf Schadensersatz wegen Treupflichtverletzung ist i.S.d. zivil-

---

159 *Henze* BB 1996, 489, 492; *Hüffer* AktG § 53a Rn. 15 m.w.N.; *Ulmer*, in: Hachenburg GmbHG § 2 Rn. 4 f.

160 Vgl. *Henze* BB 1996, 489, 491 f., 494; *Stimpel*, in: Pehle/Stimpel S. 15, 18; *Raiser*, in: Hachenburg GmbHG § 14 Rn. 52; zur sachlichen Notwendigkeit *Hüffer* FS Steindorff, 1990, S. 59, 70 ff.

161 *Hüffer* ZHR 153 (1989), 85, 87 f.; *ders.* FS Steindorff, 1990, S. 59, 72; folgerichtig a.A. *Hennrichs* AcP 195 (1995), 221, 231 ff.; vgl. aber auch *dens.* ebenda S. 234 f. mit Fn. 64.

162 BGHZ 89, 162, 165 f.; *Ulmer*, in: Großkomm. HGB § 112 Rn. 3.

163 *K. Schmidt*, in: Großkomm. AktG § 243 Rn. 51 f.

164 BGHZ 129, 136, 160; *Hüffer* AktG § 117 Rn. 2; *Lutter* ZHR 153 (1989), 446, 456; tendenziell bereits *Henze* FS Kellermann, 1991, S. 142, 148.

165 BGHZ 129, 136, 158; *Drüke* Haftung der Muttergesellschaft, 1990, S. 122; *Lutter* JZ 1995, 1053, 1055 li.Sp.a.E.; *M. Schmidt* Stimmrechtsvertretung, 1994, S. 104 f.; *Weigl* Haftung, 1996, S. 115; *Winter* Treuebindungen, 1988, S. 83 f.

rechtlichen Systems der Leistungsstörungen die pVV[166]. Inhaberin des Anspruchs ist die Gesellschaft. Der den Gesellschaftern mittelbar durch Schmälerung des Gesellschaftsvermögens entstehende Schaden wird durch die Leistung an die Gesellschaft mit ausgeglichen[167]. Der Anspruch ist den Gesellschaftsgläubigern mit der Forderungspfändung zugänglich[168]; Gesellschafter können den Anspruch der Gesellschaft unter den Voraussetzungen der actio pro socio im eigenen Namen geltend machen. Der Weg über § 46 Nr. 8 GmbHG hat jedoch Vorrang gegenüber der Gesellschafterklage, so daß ein Gesellschafter zunächst versuchen muß, einen Beschluß über die Geltendmachung des Ersatzanspruchs zustandezubringen[169]. Für eigene Schadensersatzansprüche der Gesellschafter mit der Folge der Leistung in ihr Privatvermögen bleibt Raum, wenn sie einen darüber hinausgehenden eigenen Schaden erlitten haben[170]. Für die Schadensberechnung gelten die §§ 249 ff. BGB[171].

ee) Einordnung der §§ 311, 317 AktG

Während die mitgliedschaftlichen Treubindungen dem Gesellschafter die Beeinträchtigung des Gesellschaftsinteresses untersagen, steht § 311 AktG der nachteiligen Einflußnahme nicht ohne weiteres entgegen. Es ist dem Unternehmensgesellschafter nämlich nicht untersagt, die abhängige AG zu einer nachteiligen Maßnahme zu veranlassen, sofern der Nachteil ausgeglichen wird. Stattdessen dienen der Ausgleich als Voraussetzung einer "Legitimierung" nachteiliger Einflußnahme[172] sowie die Verpflichtung, den Abhängigkeitsbericht zu erstellen und prüfen zu lassen, dem

---

166 *Hüffer,* in: Hachenburg GmbHG § 47 Rn. 196.

167 *Henze* Aktienrecht Rn. 484 f.; *Winter* Treuebindungen, 1988, S. 87.

168 *Winter* Treuebindungen, 1988, S. 87; *Ziemons* Haftung der Gesellschafter, 1996, S. 154.

169 *Hüffer,* in: Hachenburg GmbHG § 46 Rn. 110 f.; *Winter* Treuebindungen, 1988, S. 87, 314. Das Beschlußerfordernis als Voraussetzung der Geltendmachung entfällt für den Gesellschaftsgläubiger, dem der von ihm gepfändete Ersatzanspruch überwiesen worden ist; vgl. RG JW 1930, 2685 (Nr. 21); *Scholz/K. Schmidt* GmbHG § 46 Rn. 152.

170 *Henze* Hdb. GmbH Rn. 835 m.w.N. in Fn. 664.

171 *M. Schmidt* Stimmrechtsvertretung, 1994, S. 107.

172 Umstritten ist, ob der einfache faktische Konzern durch § 311 AktG und die Folgevorschriften als zulässig i.S. rechtlicher Anerkennung oder rechtlicher Billigung oder bloßer Hinnahme anzusehen ist. Vgl. dazu *Henze* BB 1996, 489, 498 re.Sp. sowie *Hüffer* AktG § 311 Rn. 6 f.; jeweils m.w.N.

Ziel, die abhängige Gesellschaft vor einer Benachteiligung zu bewahren[173]. Somit stimmen das Treupflichtkonzept und § 311 AktG in dem Ausgangspunkt überein, daß Benachteiligungen verhindert werden sollen. Die Möglichkeit des gestreckten Nachteilsausgleichs verdeutlicht aber, daß neben den Schutz der abhängigen Gesellschaft die Regelungsaufgabe tritt, den faktischen Konzern zu ermöglichen[174]. Damit das gelingen kann, muß es dem Vorstand der abhängigen AG gestattet werden, auf Einflußnahmen einzugehen, die dem Gesellschaftsinteresse zuwiderlaufen. Ohne die Regelung in § 311 AktG müßte der Vorstand bei Durchführung jeder einzelnen Maßnahme auf die bestmögliche Durchsetzung der Unternehmensziele der AG bedacht sein, um seiner Leitungsaufgabe nach § 76 AktG gerecht zu werden. § 311 AktG lockert die Bindung an § 76 AktG[175] und leistet damit lediglich Vermögensschutz[176]. Die Schutzgegenstände des § 311 und des Treubindungsansatzes decken sich mithin nicht, da eine mitgliedschaftliche Treupflicht jede Verletzung des Gesellschaftsinteresses untersagt[177]. Das führt zu der Frage, ob angesichts der unterschiedlichen Ausgestaltungen eine Reduktion[178] auf Vermögensschutz hinnehmbar ist und die §§ 311 ff. AktG mit dieser Maßgabe in das GmbH-Recht übertragbar sind.

b) Anwendung der §§ 311-318 AktG im GmbH-Recht?

aa) Meinungsstand

Der BGH hat in der Autokran-Entscheidung die Anwendung der §§ 311 ff. AktG auf die GmbH wegen der strukturellen Unterschiede zur AG

---

173 RegBegr. bei *Kropff* S. 407 f., 375.

174 *Koppensteiner*, in: Kölner Komm. § 311 Rn. 57; *Kropff* DB 1967, 2147, 2150 re.Sp. mit Fn. 31.

175 Der Vorstand darf sich aber keiner Veranlassung öffnen, die im Widerspruch zum Unternehmensgegenstand steht; *Koppensteiner*, in: Kölner Komm. § 311 Rn. 59; *Mülbert* Aktiengesellschaft, 1995, S. 278 (faktische Satzungsdurchbrechung).

176 RegBegr. bei *Kropff* S. 407; *Koppensteiner*, in: Kölner Komm. vor § 311 Rn. 4, 11 f.; *Kropff*, in: Geßler/Hefermehl § 311 Rn. 1; *Hommelhoff* Konzernleitungspflicht, 1982, S. 135; *Kleindiek* Strukturvielfalt, 1991, S. 19; *Mülbert* Aktiengesellschaft, 1995, S. 280 f.

177 S. 39 f.

178 S.a. *Lutter* ZHR 153 (1989), 446, 456: §§ 311 ff. AktG als Modifikation der Treupflicht sowie *Bollmann* Schadensersatzanspruch, 1995, S. 96: Ergänzung.

ausdrücklich[179] abgelehnt. Das entspricht der h.M.[180]. Neben dem Hinweis auf die unterschiedliche Struktur von AG und GmbH werden gegen die Übertragbarkeit vor allem folgende Argumente vorgebracht: Die §§ 311 ff. AktG seien nicht effektiv[181]; im GmbH-Recht fehle die Pflicht zu Aufstellung und Prüfung eines Abhängigkeitsberichts[182]; zudem stehe die fehlende Prüfungspflicht nach §§ 316 ff. HGB bei "kleinen" Gesellschaften mbH i.S.v. § 267 Abs. 1 HGB der Anwendung der aktienrechtlichen Normen entgegen[183]. Die Gegenposition ist indes nie ganz aufgegeben worden, in neuerer Zeit sogar erneut aufgelebt. Am weitreichendsten geht der Ansatz *Rowedders*, der sowohl das Haftungskonzept der §§ 311, 317 AktG als auch die Grundsätze über den Abhängigkeitsbericht nach § 312 AktG auf die GmbH übertragen will[184]. Im jüngeren Schrifttum wird die Argumentation der h.M. aufgegriffen und auf dieser Basis die Teilanalogie zu den §§ 311 ff. AktG vertreten[185]. Die Anwendung des § 312 AktG verbiete sich, da die GmbH nur durch gesetzliche Anordnung zur Erstellung eines Abhängigkeitsberichts verpflichtet werden könne. Damit fehle auch die innere Rechtfertigung für die Analogie zu § 311 Abs. 2 AktG, so daß das herrschende Unternehmen zu sofortigem Nachteilsausgleich analog § 311 Abs. 1 AktG verpflichtet sei. Werde der Ausgleich nicht sofort geleistet, sei § 317 AktG anzuwenden[186].

---

179 BGHZ 95, 330, 339 f.; die ITT-Entscheidung (BGHZ 65, 15, 17 ff.) enthält bereits unausgesprochen die Absage an die entsprechende Anwendung der §§ 311 ff. AktG; vgl. *Henze* Hdb. GmbH Rn. 1387 sowie *Rehbinder* ZGR 1976, 386, 391.

180 Dafür: Beck GmbH-Hdb./*Rosenbach* § 17 Rn. 151; *Deilmann* Entstehung, 1990, S. 148 f., 157; *Drüke* Haftung der Muttergesellschaft 1990, S. 120 ff.; *Hüffer* AktG § 311 Rn. 51; *Limmer* Haftungsverfassung, 1992, S. 34 f.; *Nissing* Eigeninteresse, 1993, S. 30; *Sonntag* Konzernbildungskontrolle, 1990, S. 41 ff.; *Versteegen* Konzernverantwortlichkeit, 1993, S. 277 ff. m.w.N. in Fn. 155.

181 *Deilmann* Entstehung, 1990, S. 149; weitere Nachw. bei *Versteegen* Konzernverantwortlichkeit, 1993, S. 130 f. in Fn. 404.

182 *Drüke* Haftung der Muttergesellschaft, 1990, S. 121; *Hommelhoff* Konzernleitungspflicht, 1982, S. 253; *Schramm* Konzernverantwortung, 1991, S. 76.

183 *Drüke* Haftung der Muttergesellschaft, 1990, S. 121.

184 *Rowedder* ZGR-Sonderheft 6, S. 20, 29, 31 ff.

185 *Bälz* AG 1992, 277, 293 f.; *Kropff* FS Semler, 1993, S. 517, 536 ff.; *ders.* FS Kastner, 1992, S. 279, 298.

186 *Kropff* FS Semler, 1993, S. 517, 537; für sofortigen Ausgleich bereits *Emmerich* AG 1975, 285, 288 li.Sp.

bb) Würdigung

Den §§ 311 ff. AktG ist vielfach bescheinigt worden, sie seien in weiten Teilen nicht praktikabel[187], insbesondere die Ausgestaltung des Abhängigkeitsberichts nicht geeignet, den bezweckten Schädigungsschutz zu gewährleisten[188]. Der empirische Beleg ist allerdings nicht erbracht, was auch nicht überrascht, da nach Aussagen aus der Praxis die Konzeption grundsätzlich funktionsfähig ist[189]. Auf dieser Basis kann von einer Ineffizienz nicht ausgegangen werden, was nicht ausschließt, über Randkorrekturen zu diskutieren. In diesem Zusammenhang darf aber nicht übersehen werden, daß die §§ 311 ff. AktG eine Kompromißlösung sind. Aus Sicht des Gesetzgebers von 1965 sollte es trotz des unbestrittenen Schädigungsschutzkonzeptes möglich bleiben, den locker dezentral geführten Konzern beizubehalten[190]. Es bereitet naturgemäß Schwierigkeiten, ein vollständig harmonisches Normengerüst zu erstellen, das das Vermögensinteresse der AG schützen und zugleich Raum für die Berücksichtigung der (gegenläufigen) Interessen des herrschenden Unternehmens lassen soll. Für diese schwierige Aufgabe ist mit den §§ 311-318 AktG eine grundsätzlich brauchbare Lösung gefunden worden. Auch nach mehr als drei Jahrzehnten ist keine prinzipielle Alternative zu den §§ 311 ff. AktG in Sicht, wenn man erkennt, daß es sinnvoll ist, neben dem zentral geführten Vertragskonzern den dezentralen faktischen Konzern anzubieten[191].

Vermag die h.M. daher nicht zu überzeugen, soweit sie sich auf die mangelnde Praktikabilität zurückzieht, so gilt nichts anderes für den Einwand, daß die "kleine" GmbH nicht von den §§ 316 ff. HGB erfaßt wird, denn dies trifft auch für die "kleine" AG zu. Dennoch gelten die §§ 311 ff. AktG mit Ausnahme des § 313 auch für sie. Einer Anwendung der Regelungen auf die GmbH stünde auch nicht entgegen, daß die §§ 312-316 AktG sie nicht erfassen, denn die Pflicht zur Aufstellung und Prüfung des Abhängigkeitsberichts wäre in Analogie zu den §§ 311 ff. AktG begründbar[192]. Schwerwiegender ist dagegen, daß eine dem § 314 Abs. 2 AktG ver-

---

187 Unternehmensrechtskommission, 1980, Rn. 1385 ff.

188 *Emmerich/Sonnenschein* Konzernrecht § 21 II; kritisch auch *Hoffmann-Becking* Sitzungsbericht zum 59. DJT, 1992, R 8, 18 f.

189 Vgl. *Hommelhoff* Gutachten G zum 59. DJT, 1992, G 5, 16 ff., 22 ff.; *Kropff* FS Kastner, 1992, S. 279, 284.

190 Vgl. Verhandlungen des Deutschen Bundestages, 4. Wahlperiode, Stenographische Berichte, 187. Sitzung vom 25.5.1965, S. 9405 *(Wilhelmi)*.

191 *Hüffer* AktG § 311 Rn. 9; *Kropff* FS Kastner, 1992, S. 279, 284 f.

192 *Versteegen* Konzernverantwortlichkeit, 1993, S. 278 mit Fn. 160 a.E.

gleichbare Pflichtprüfung durch den Aufsichtsrat im GmbH-Bereich nicht erzielbar ist, da das GmbH-Gesetz keinen obligatorischen Aufsichtsrat kennt. Ausnahmen, in denen die GmbH einen Aufsichtsrat bilden muß, bestehen nur nach § 3 KAGG und den mitbestimmungsrechtlichen Gesetzen[193].

Ob eine Übertragung der §§ 311 ff. AktG ohne obligatorische Pflichtprüfung sinnvoll ist, kann aber dahinstehen, weil die Analogie jedenfalls infolge der Weisungsgebundenheit des GmbH-Geschäftsführers gegenüber der Gesellschafterversammlung (§ 45 GmbHG) ausscheidet. Daß die Eigenverantwortlichkeit der Geschäftsführung eine Rolle spielt, zeigt schon § 317 Abs. 2 AktG. Indem die Norm auf den Geschäftsleiter der i.S.v. § 17 AktG unabhängigen Gesellschaft als Vergleichsorgan abstellt, kommt zum Ausdruck, daß einer eigenverantwortlich agierenden Geschäftsführung in dem Normgefüge der §§ 311-318 AktG tragende Bedeutung zukommt. Im GmbH-Recht ergibt die Vergleichsprüfung des § 317 Abs. 2 AktG keinen Sinn, weil der Geschäftsführer der unabhängigen GmbH den Weisungen der Gesellschafterversammlung ebenso Folge zu leisten hat wie derjenige der abhängigen Gesellschaft. Hinzu kommt, daß infolge der Weisungsgebundenheit der Gegenpol zum herrschenden Unternehmen fehlt. Geht man von § 311 AktG aus, so wäre der Geschäftsführer verpflichtet, durch das Konzerninteresse motivierte Beschlüsse und Weisungen umzusetzen[194]. Damit fehlt das Gegengewicht zum herrschenden Unternehmen, das in der AG der Vorstand bildet, der selbständig entscheidet, ob ein Geschäft vorgenommen wird. Angesichts der Umsetzungspflicht könnte das herrschende Unternehmen der Durchsetzung des Konzerninteresses gewiß sein und die abhängige Gesellschaft hätte von vornherein keine Möglichkeit, einer möglichen Schadenszufügung durch Nichtbeachtung einer Veranlassung auszuweichen. Dem Schutzkonzept der §§ 311 ff. AktG wird dies nicht mehr gerecht und es zeigt, daß die eigenverantwortliche Stellung des Vorstands eine tragende Säule des Konzepts darstellt[195]. Weil er die angesonnene Maßnahme geprüft hat, ist es gerechtfertigt, der AG das Risiko eines möglichen Schadens aufzubürden.

---

193 *Baumbach/Hueck/Zöllner* GmbHG § 52 Rn. 2; *Lutter/Hommelhoff* GmbHG § 52 Rn. 1; *Roth/Altmeppen* GmbHG § 52 Rn. 1, 28 f.

194 Ausnahme: Nichtigkeit des Beschlusses; vgl. *Baumbach/Hueck/Zöllner* GmbHG § 37 Rn. 12; ausführlich *Ziemons* Haftung der Gesellschafter, 1996, S. 26 ff.

195 *Hommelhoff* Konzernleitungspflicht, 1982, S. 120 ff.; *Ihde* Der faktische GmbH-Konzern, 1974, S. 146; a.A. *Versteegen* Konzernverantwortlichkeit, 1993, S. 279; vgl. bereits BMJ (Hrsg.) Referentenentwurf GmbHG, 1969, S. 378.

c) Erhaltung und Ausdehnung des Treupflichtkonzeptes in der Unternehmensverbindung

Die Nichtanwendung der §§ 311 ff. AktG auf die GmbH führt dazu, daß der Schutz der abhängigen Gesellschaft stattdessen durch die Treupflichten des herrschenden Unternehmens erfolgt. Entsprechend seiner Möglichkeit zur Einflußnahme auf die GmbH unterliegt der Unternehmensgesellschafter einer intensiven Treubindung. Er ist daher in besonderem Maße verpflichtet, auf die Interessen der Gesellschaft Rücksicht zu nehmen[196].

Die Möglichkeit zur Einflußnahme hat das herrschende Unternehmen aber nicht nur, wenn es selbst an der GmbH beteiligt ist. Gehören die Anteile einem Dritten, so kann das herrschende Unternehmen gleichwohl Einfluß auf die GmbH nehmen, wenn es den Dritten dazu veranlassen kann, seine Beherrschungsmöglichkeiten einzusetzen. Das ist im zweistufigen Verbund der Fall, wenn das herrschende Unternehmen aufgrund seiner Beteiligung an der Tochtergesellschaft deren Handeln in der Enkel-GmbH steuern kann bzw. im drei- und mehrstufigen Konzern, wenn die Wünsche und Vorstellungen des herrschenden Unternehmens über die Beteiligungsgesellschaft bis auf die unterste Stufe "transportiert" und dort entsprechend umgesetzt werden. Die Steuerungsmöglichkeit verpflichtet das herrschende Unternehmen, auf die Interessen der abhängigen GmbH und ihrer Gesellschafter Rücksicht zu nehmen und schädliche Einwirkungen zu unterlassen. Obwohl es direkt an der GmbH nicht beteiligt ist, hat es die gesellschafterliche Treupflicht zu beachten, weil die Einflußnahmemöglichkeit in der Beteiligung an der Tochtergesellschaft wurzelt, also letztlich mitgliedschaftlich vermittelt ist[197]. Ist somit die Mitgliedschaft des herrschenden Unternehmens das Bindeglied für die Ausdehnung der Treubindung, so ist Grundlage wiederum der Organisationsvertrag der Tochtergesellschaft[198], wobei diese vertragliche Beziehung eine Schutzwirkung[199] gegenüber der abhängigen GmbH erzeugt.

---

196 *Ulmer*, in: Hachenburg GmbHG Anh. § 77 Rn. 73, 81 m.w.N. in Fn. 97.

197 *Paschke* AG 1988, 196, 203 re.Sp.

198 Vgl. bereits S. 43 f.; a.A. wohl *Ulmer*, in: Hachenburg GmbHG Anh. § 77 Rn. 74, der einen Zurechnungsdurchgriff auf das herrschende Unternehmen annimmt, also von der Treupflicht in der abhängigen (Enkel-)Gesellschaft ausgeht und diese "nach oben" erstreckt, so daß die Grundlage der Treubindung des herrschenden Unternehmens danach im Organisationsvertrag der Enkel-Gesellschaft zu finden sein dürfte.

199 *Paschke* AG 1988, 196, 202 f.; *Stimpel* AG 1986, 117, 120 li.Sp.; *Winter* Treuebindungen, 1988, S. 258; s.a. *Assmann* FS 100 Jahre GmbHG, 1992, S. 657, 710 f.

d) Auswirkungen des Treubindungsansatzes auf die Möglichkeit einer Zusammenfassung unter einheitlicher Leitung

Während § 311 AktG die Berücksichtigung des Konzerninteresses ermöglicht und die Konzernierung erleichtert, verpflichten die Treubindungen den Unternehmensgesellschafter zur uneingeschränkten Beachtung des Gesellschaftsinteresses der abhängigen GmbH. Die Fortgeltung der Treupflichten gegenüber der GmbH wird nicht selten mit der These verbunden, faktische Konzernierung und Beachtung des Gesellschaftsinteresses schlössen einander per se aus. Aufgestellt wird die These in erster Linie für die in der Rechtsform der Personengesellschaft betriebene abhängige Gesellschaft[200]. Sie beschränkt sich aber nicht hierauf, sondern erfaßt auch die abhängige GmbH[201]. Die Einbeziehung der GmbH ist konsequent, da der Ansicht die Prämisse zugrunde liegt, daß sich Gesellschaftsinteresse und Konzerninteresse nicht decken können, die Zusammenfassung unter der einheitlichen Leitung des herrschenden Unternehmens naturgemäß zur Überlagerung des Gesellschaftsinteresses und daher zu einem Verstoß gegen die Treupflicht führen muß. So gewendet soll die Konzernierung der GmbH nur bei zustimmendem Gesellschafterbeschluß[202] (Konzernierungsbeschluß) zulässig sein. Diese Auffassung ist von der Vorstellung mitgeprägt, daß eine auch nur ansatzweise Übereinstimmung von Gesellschaftsinteresse und Konzerninteresse ökonomisch nicht darstellbar sei[203].

Dieser Ansicht kann insgesamt nicht gefolgt werden, weil es entgegen ihrer Prämisse denkbar bleibt, Konzern- und Gesellschaftsinteresse nebeneinander zu verfolgen; der vorausgesetzte Widerspruch ist also nicht zwangsläufig. Die Zusammenfassung unter einheitlicher Leitung kann nicht schematisch mit einer Schmälerung des Ertrags der abhängigen GmbH gleichgesetzt werden[204]. Ebensowenig rechtfertigt die Konkretisierungsbedürftigkeit des Konzernbegriffs die Überlagerungsthese. Auch auf

---

200 *Löffler* Personengesellschaft, 1988, S. 17 ff.; *Reuter* ZHR 146 (1982), 1, 10; *Ulmer* ZHR-Beiheft 62, S. 26, 33, 50, 53.

201 Vgl. *Baumbach/Hueck/Zöllner* GmbHG Schlußanh. I Rn. 57, 53; *Sonntag* Konzernbildungskontrolle, 1990, S. 84.

202 *Baumbach/Hueck/Zöllner* GmbHG Schlußanh. I Rn. 57, 53; für die Personengesellschaft *Ulmer*, in: Großkomm. HGB Anh. § 105 Rn. 59; *ders.* ZHR-Beiheft 62, S. 26, 53 f.

203 *Reuter* ZHR 146 (1982), 1, 10.

204 *Schießl* Personengesellschaft, 1985, S. 42; bereits *Hamburger* Konzerngesellschaften, 1932, S. 7.

der Basis des engen Konzernbegriffs[205] ist die Koordination des Finanzbereichs nicht gleichbedeutend mit einer Verletzung des Gesellschaftsinteresses. Sie ist auch nicht notwendig die Vorstufe einer Verletzungshandlung. Weitere konzernintegrative Maßnahmen (z.B. Änderung der Produktpalette, Ausrichtung der Produktion auf die ausschließliche Belieferung von Konzerngesellschaften) sind ebensogut als Handlungen einer unverbundenen Gesellschaft vorstellbar. Für die Frage, ob diese Maßnahmen das Gesellschaftsinteresse mißachten, ist zu berücksichtigen, daß es sich um unternehmerische Entscheidungen handelt. Unternehmerisches Handeln kommt ohne ein gewisses Maß an Risikobereitschaft nicht aus. Da beispielsweise die Umstellung der Produktion, die Änderung des Vertriebsnetzes oder die Ausrichtung der Produktpalette auf die Belieferung eines oder einiger weniger Kunden das Eingehen geschäftlicher Risiken bedeutet, ist im Vorfeld eine sorgfältige Chancen-Risiken-Analyse notwendig. Wenn die Entscheidungsgrundlagen sorgsam aufbereitet worden sind, bleibt gleichwohl die Gefahr einer Fehleinschätzung bestehen. Kann diese Gefahr aber nie ganz ausgeschlossen werden, so muß bei unternehmerischer Tätigkeit ein - mitunter weiter - Handlungsspielraum zugebilligt werden[206]. Es handelt sich um eine Grundvoraussetzung unternehmerischen Handelns, so daß auch in der beherrschten GmbH der Ermessensspielraum einzuräumen ist[207]. Das bedeutet, daß die Ausrichtung auf das Konzerninteresse im Wege der Zusammenfassung unter einheitlicher Leitung keine Verletzung des Gesellschaftsinteresses darstellt, wenn Maßnahmen unter Zugrundelegung des Gesellschaftsinteresses noch nachvollziehbar bleiben. Die These von der zwangsläufigen Verletzung des Gesellschaftsinteresses bei Ausrichtung auf das Konzerninteresse trifft damit nicht zu[208].

2. Leitungsmacht im GmbH-Vertragskonzern

Der Abschluß des Beherrschungsvertrags erlaubt es dem herrschenden Unternehmen, die GmbH unter Verletzung des Gesellschaftsinteresses im Konzerninteresse zu leiten. Dies ergibt sich aus § 308 AktG, der entsprechend anwendbar ist[209]. In den Grenzen des § 308 AktG wird das herr-

205 S. 12.

206 BGHZ 135, 244, 253; 125, 239, 246; 119, 305, 331; 75, 96, 108; BGH NJW 1987, 1077, 1078; *Lutter* FS Steindorff, 1990, S. 125, 135 f.

207 Zutreffend *Decher*, in: MünchHdb GmbH § 70 Rn. 26.

208 Ebenso *Kleindiek* Strukturvielfalt, 1991, S. 45 f.; *Schießl* Personengesellschaft, 1985, S. 42; wohl vorausgesetzt bei *Lutter/Hommelhoff* GmbHG Anh. § 13 Rn. 14 sowie *Rowedder/Koppensteiner* GmbHG Anh. § 52 Rn. 32.

209 BGH NJW 1992, 1452, 1454; *Baumbach/Hueck/Zöllner* GmbHG Schlußanh. I Rn. 37, 49; *Ulmer*, in: Hachenburg GmbHG Anh. § 77 Rn. 218; *Scholz/Emmerich* GmbHG Anh.

schende Unternehmen von der mitgliedschaftlichen Treupflicht entbunden. Voraussetzung ist aber namentlich, daß die Einflußnahme dem Gesellschaftsinteresse des herrschenden Unternehmens oder einer Konzerngesellschaft dient[210]. Adressat der Weisungen ist der Geschäftsführer der GmbH. Die Gesellschafterversammlung verliert ihre Weisungszuständigkeit gegenüber der Geschäftsführung[211]. Für den Geschäftsführer sind die Weisungen des herrschenden Unternehmens bindend. Die Rechtslage im vertraglichen GmbH-Konzern deckt sich mit derjenigen im Aktienvertragskonzern: Das herrschende Unternehmen verfügt über Konzernleitungsmacht[212].

III. Das Gesellschaftsinteresse in der eingliedrigen GmbH im Autokran-Urteil

Die Verlustausgleichspflicht des herrschenden Unternehmens analog § 302 AktG war im Autokran-Urteil die Sanktion für treuwidrige Einflußnahme im Rahmen qualifizierter Konzernierung. Die Verletzung mitgliedschaftlicher Treupflichten ist der Kernvorwurf, der das Verhaltensmodell auszeichnete. Indem das herrschende Unternehmen die Vermutung der Ausrichtung auf das Konzerninteresse durch den Nachweis widerlegen durfte, ein pflichtgemäß handelnder Geschäftsführer einer selbständigen GmbH hätte deren Geschäfte bei Ausbleiben der Einflußnahme nicht anders geführt[213], durfte es die Ausgleichspflicht vermeiden, indem es die Wahrung des Gesellschaftsinteresses in der abhängigen GmbH nachwies: Das herrschende Unternehmen hatte also für die treuwidrige Einflußnahme der Mißachtung des Gesellschaftsinteresses einzustehen[214]. Dies deshalb, weil § 302 AktG auf der Grundlage der Autokran-Entscheidung die direkte Folge der durch § 308 AktG vermittelten Konzernleitungsmacht[215] sein

---

Konzernrecht Rn. 274 f.; Beck GmbH-Hdb./*Rosenbach* § 17 Rn. 27 ff.; *Decher*, in: MünchHdb GmbH § 72 Rn. 20; *Emmerich/Sonnenschein* Konzernrecht § 25 III 1; *Kropff* FS Semler, 1993, S. 517, 528; *Zöllner* ZGR 1992, 173, 186 bei Fn. 23; wohl auch *Rowedder/Koppensteiner* GmbHG Anh. § 52 Rn. 78.

210 S. 35 ff.

211 BGHZ 105, 324, 331; OLG Stuttgart AG 1998, 585, 586 li.Sp.; *Ulmer*, in: Hachenburg GmbHG Anh. § 77 Rn. 216; *Zöllner* ZGR 1992, 173, 182.

212 Vgl. zu dem Begriffsverständnis S. 37.

213 S. 25.

214 *Stimpel* AG 1986, 117, 122 re.Sp. bei Fn. 22, 23; *ders.* ZGR-Sonderheft 6, S. 39, 44 a.E., 45; *Winter* Treuebindungen, 1988, S. 209.

215 Zur Leitungsmacht im Vertragskonzern S. 35 ff.

sollte[216], deren Ausübung - im GmbH-Vertragskonzern zulässig[217] - im faktischen GmbH-Konzern wegen Aufrechterhaltung der Treubindungen[218] eine zum Schadensersatz verpflichtende Rechtsverletzung[219] darstellen sollte.

Das heißt in der Umkehrung: Ohne Treubindung keine zum Schadensersatz verpflichtende Rechtsverletzung, ohne eine solche Rechtsverletzung keine Pflicht zum Verlustausgleich. Eine Treubindung würde in der eingliedrigen GmbH aber gerade fehlen, wenn das Gesellschaftsinteresse ausschließlich als Zusammenfassung der Gesellschafterinteressen angesehen werden könnte; denn das Interesse des Alleingesellschafters wäre dann mit dem Interesse der GmbH deckungsgleich. Aufgrund der Dekkungsgleichheit könnte der Gesellschafter das Gesellschaftsinteresse nicht verletzen, wenn er die GmbH am Konzerninteresse ausrichtet[220], und wäre auch nicht zum Schadensersatz verpflichtet, weil das Konzerninteresse das Gesellschaftsinteresse repräsentieren würde. Nichts anderes würde bei Vorhandensein von Minderheitsgesellschaftern gelten, wenn diese den Maßnahmen des Unternehmensgesellschafters zugestimmt hätten. Der BGH hat sich in der Autokran-Entscheidung mit der Frage auseinandergesetzt, ob das Gesellschaftsinteresse dem Mitgliedergesamtinteresse ohne Einschränkung gleichgesetzt werden muß. Er hat die Frage letztlich offengelassen, dabei aber zu erkennen gegeben, daß er einer abweichenden Definition des Gesellschaftsinteresses reserviert gegenübersteht[221]. Infolgedessen hat der BGH § 302 AktG im Autokran-Urteil zur Seite geschoben. Stattdessen hat er auf § 303 AktG zugegriffen, weil er ersichtlich davon ausging, insoweit sei eine Rechtsverletzung nicht erforderlich[222]. Übersehen wurde dabei zweierlei. Erstens: Es ist zumindest

216 BGHZ 95, 330, 343 i.V.m. 345.

217 S. 53 f.

218 S. 49 ff.

219 *Stimpel* ZGR-Sonderheft 6, S. 39, 44: "Rechtsverletzungstatbestand"; *Jansen* Konzernbildungskontrolle, 1993, S. 79: Treupflichtwidrige Ausübung der Leitungsmacht.

220 Angedacht werden kann, daß infolge der Ausrichtung auf das Konzerninteresse der Gesellschaftszweck betroffen ist, vgl. dazu noch S. 143 ff.

221 BGHZ 95, 330, 345 f., 340 f. Vor diesem Hintergrund ergibt die in BGHZ 107, 7, 18 enthaltene Aussage, es sei dem GmbH-Mehrheitsgesellschafter im Gegensatz zum herrschenden Aktionär nicht schlechthin verboten, die Ausübung der Leitungsmacht am Konzerninteresse auszurichten, einen nachvollziehbaren Sinn. Sie kann dahin verstanden werden, daß der BGH im Tiefbau-Urteil einem vom Mitgliedergesamtinteresse abstrahierbaren Gesellschaftsinteresse ablehnend gegenübersteht. Nach BGHZ 115, 187, 193 sollte die Aussage mißverständlich gewesen sein.

222 Deutlich *Stimpel* ZGR-Sonderheft 6, S. 39, 51 f.

naheliegend, daß § 302 AktG und § 303 AktG parallele Zwecke verfolgen. Wenn die Ausübung von Konzernleitungsmacht den Grund für Verlustausgleich bilden sollte, dann wäre es folgerichtig, daß auch § 303 AktG nicht ohne die Ausrichtung auf das Konzerninteresse plausibel erklärt werden kann[223]. Zweitens: Der Tatbestand qualifizierter faktischer Konzernierung kann nicht unterschiedlich gefaßt werden, je nachdem, ob § 302 AktG oder § 303 AktG angewandt wird. Indem der BGH dem Alleingesellschafter in der Autokran-Entscheidung die Möglichkeit einräumte, durch den Nachweis einer Wahrung des Gesellschaftsinteresses der Haftung zu entgehen, erwies es sich als folgenschwer, die Frage nach einem abstrahierbaren Gesellschaftsinteresse offenzuhalten[224]. Dieser Nachweis gelingt immer, wenn sich Konzerninteresse und Gesellschaftsinteresse decken. Bei Licht besehen ist dann schon die Vermutung der Ausrichtung auf das Konzerninteresse nicht angezeigt, denn sie enthält den Vorwurf der pflichtwidrigen zum Schadensersatz führenden Einflußnahme, wie auch die Widerlegungsmöglichkeit in Anlehnung an § 317 Abs. 2 AktG zeigt. Die Norm schließt die Haftung aus, wenn der Nachweis gelingt, daß nicht gegen Sorgfaltspflichten verstoßen worden ist, also die getroffene Entscheidung nicht pflichtwidrig gewesen ist[225]. Wenn aber von vornherein feststeht, daß keine pflichtwidrige zum Schadensersatz führende Einwirkung vorgenommen worden sein kann, weil dem herrschenden Unternehmen keine Pflicht zur Rücksichtnahme gegenüber der Einmann-GmbH obliegt, dann fehlt schon die Basis für eine entsprechende Vermutung.

Es bleiben zwei Wege, um das aufgezeigte Dilemma zu überwinden. Entweder bekennt man sich zu einem vom Gesellschaftergesamtinteresse abstrahierbaren Gesellschaftsinteresse und verknüpft damit eine entsprechende Treupflicht; oder die Verhaltenshaftung in der Ausformung des Autokran-Urteils wird aufgegeben. Der BGH hat mit der Tiefbau-Entscheidung den zweiten Weg beschritten und ist durch Zulassung des Kausalitätsgegenbeweises zur modifizierten Zustandshaftung gelangt. Den Hebel bildete die Korrektur des von § 302 AktG verfolgten Normzwecks: "Die Verlustübernahmepflicht dient *zumindest auch*[226] dazu, die Außerkraftsetzung der Kapitalsicherungsvorschriften auszugleichen"[227]. Damit bringt der BGH im Anschluß an Überlegungen von *Ulmer*[228] zum Ausdruck, daß

223 Vgl. dazu BGHZ 95, 330, 346.

224 Darauf hat bereits *Winter* Treuebindungen, 1988, S. 208 f. zutreffend hingewiesen.

225 Vgl. nur *Kropff,* in: Geßler/Hefermehl § 317 Rn. 28.

226 Hervorhebung vom Verf.

227 BGHZ 107, 7, 18; bestätigt durch BGHZ 115, 187, 197 a.E.

228 AG 1986, 123, 126.

die Pflicht zum Verlustausgleich nicht zwangsläufig von der Existenz des § 308 AktG abhängig gemacht werden muß, sondern allein schon wegen § 291 Abs. 3 AktG angezeigt ist. Bei dieser Sichtweise wird die Überlagerung des Gesellschaftsinteresses durch das Konzerninteresse als Voraussetzung für die Verlustübernahmepflicht nicht mehr benötigt. Nur deshalb konnte der Schwerpunkt im Haftungstatbestand auf die intensive Geschäftsführung verlagert werden. Das Bindeglied ist die Überlegung, dauernde und umfassende Geschäftsführung setze die Kapitalerhaltungsvorschriften außer Kraft.

Die Abkehr von der Verhaltensumschreibung durch "Tiefbau" enthält zwangsläufig die Absage an organisationsvertragliche Verhaltenspflichten des Gesellschafters gegenüber der unverbundenen, abhängigen oder faktisch konzernierten GmbH, wenn diese nur einen Gesellschafter hat oder die mehreren Gesellschafter sich einig sind. Die Entscheidung für oder gegen ein von den Gesellschafterinteressen abstrahierbares Gesellschaftsinteresse hat daher über die qualifizierte faktische Konzernierung hinaus Bedeutung[229]. Die naheliegende Frage, worin der Normzweck des § 302 AktG zu finden sein soll, wenn ein abstrahierbares Gesellschaftsinteresse keine Anerkennung findet, bleibt vorerst zurückgestellt, um die Weiterentwicklung durch das Video-Urteil einzubeziehen.

§ 6. Die Verdichtung des Tatbestands durch "Video" und ihre direkten Auswirkungen

I. Die Konkretisierung dauernder und umfassender Leitung

Während im Tiefbau-Urteil die umfassende Einflußnahme im finanziellen Bereich als Anwendungsfall dauernder und umfassender Leitung angesehen wurde[230], führte der BGH in der Video-Entscheidung aus[231]: "Führt aber der Allein- oder Mehrheitsgesellschafter einer GmbH deren Geschäfte als alleiniger Geschäftsführer, dann ist das eine Art der Ausübung der Leitungsmacht, wie sie intensiver kaum vorstellbar ist (zu Unrecht a.A. Fischer/Lutter/Hommelhoff, GmbHG 13. Aufl. Anh. § 13 Rdn. 18)".

Der Gebrauch des Wortes "Leitungsmacht" verstellt den Blick auf eine eigentlich nicht angreifbare Aussage, zu der eine Literaturansicht als Ge-

229 *Winter* Treuebindungen, 1988, S. 209 mit Fn. 96.

230 BGHZ 107, 7, 19 f.

231 BGHZ 115, 187, 195.

genmeinung angegeben wird, die aber die zutage tretende Feststellung gar nicht angreift. Die Bedeutung der Passage erschöpft sich darin, daß eine umfassende und dauernde Ausübung der Leitung durch das herrschende Unternehmen stets gegeben ist, wenn der Unternehmensgesellschafter Alleingeschäftsführer ist[232]. Das ist zutreffend: Intensiver als die Führung der Geschäfte durch den Mehrheitsgesellschafter-Alleingeschäftsführer ist geschäftsleitende Einflußnahme nicht praktizierbar. Aufgrund der Alleingeschäftsführung ist das erste Tatbestandsmerkmal qualifizierter Konzernierung erfüllt. Die dauernde und umfassende Leitung wird wertungsneutral nur nach Maßgabe des Organisationsinnenrechts konkretisiert. Dabei geht es um die Frage, in welcher Dichte die GmbH der Einflußnahme durch den herrschenden Gesellschafter ausgesetzt war. Eine Bewertung der Einflußnahme erfolgt auf dieser Ebene nicht.

Daß Alleingeschäftsführung durch den Unternehmensgesellschafter eine nicht zu steigernde Intensität an Einflußnahme bedeutet, wird von *Fischer/Lutter/Hommelhoff* nicht angegangen. Bestritten wird, daß schon die Geschäftsführung durch den Unternehmensgesellschafter qualifizierte faktische Konzernierung ist[233]. Das ist kein Gegensatz zur Rechtsprechung, denn auch nach den Urteilen "Tiefbau" und "Video" muß zur intensiven Leitung noch die Ausrichtung auf das Konzerninteresse hinzutreten, damit ein qualifizierter faktischer Konzern vorliegt und der Haftungstatbestand erfüllt ist. Anders sieht es aus mit Blick auf die praktische Anwendung des Tatbestands im Zivilprozeß: Nach der Rechtsprechung obliegt es dem Kläger, die Unternehmenseigenschaft, Mehrheitsbeteiligung und Alleingeschäftsführung des beklagten GmbH-Gesellschafters darzutun. An dieser Stelle hilft dem Kläger die Abhängigkeitsvermutung des § 17 Abs. 2 AktG sowie die Vermutung einer Einbindung in das Konzerninteresse. Da die Einbindungsvermutung mit dem Tiefbau-Urteil unwiderlegbar ausgestaltet wurde, kann der Beklagte nur noch versuchen, die Abhängigkeitsvermutung zu widerlegen oder den Kausalitätsgegenbeweis zu führen; beides ein nicht selten aussichtsloses Unterfangen[234]. Jetzt zeigt sich, daß sich die Literaturansicht gegen die Mechanik der Anwendung des Tatbestands in der Prozeßsituation wendet, denn verkürzt ausgedrückt ist die Alleingeschäftsführung das zentrale Element, das den Ge-

---

232 Vgl. dazu BGHZ 115, 187, 194/195: "Der Beklagte war, seitdem er Mehrheits- und später Alleingesellschafter ... war, ... alleiniger Geschäftsführer. Schon hieraus ergibt sich, daß er die Gesellschaft dauernd und umfassend geleitet hat".

233 *Fischer/Lutter/Hommelhoff* GmbHG Anh. § 13 Rn. 18; *Lutter* Heidelberger Konzernrechtstage S. 183, 188 ff.; *Westermann* Heidelberger Konzernrechtstage S. 21, 36 ff.

234 Vgl. *Jansen* Konzernbildungskontrolle, 1993, S. 81: Kausalitätsgegenbeweis ist praktisch nicht zu führen.

sellschafter nach dem mit "Video" erreichten Stand in die Verlustausgleichspflicht oder Konzernaußenhaftung treibt. Die unwiderlegbar ausgestaltete Einbindungsvermutung ist der Kritikpunkt[235].

Durch die Video-Entscheidung ist für den Unternehmensgesellschafter-Geschäftsführer die Gefahr der Haftung für Verluste der GmbH deutlich verschärft worden. Das hat die Diskussion zu der Frage geführt, ob die Rechtsprechung noch mit Gemeinschafts- und Verfassungsrecht in Einklang zu bringen ist.

II. Die 12. gesellschaftsrechtliche EG-Richtlinie und ihre Bedeutung für die "Video-Rechtsprechung"

1. Die vorgebrachte Argumentation

Gegen die Ausgestaltung des zum Verlustausgleich führenden Sachverhalts faktischer Konzernierung im Video-Urteil ist eingewandt worden, der BGH habe sich über bestehendes Gemeinschaftsrecht hinweggesetzt. Die Ansicht basiert auf der 12. Richtlinie des Rates der Europäischen Gemeinschaften vom 21. Dezember 1989[236]. Die Richtlinie regelt die gemeinschaftsweite Zulassung der wirtschaftlichen Betätigung durch die Einzelperson in einer Organisationsform, die eine Begrenzung der Haftung ermöglicht. Angesichts dieses Erwägungsgrundes bestand für den deutschen Gesetzgeber nur geringfügiger Änderungsbedarf, da § 1 GmbHG bereits durch die Novelle 1980 geändert und die Einmann-Gründung normativ verankert worden war. Anpassungsbedarf bestand im Hinblick auf die Publizitäts- und Dokumentationspflichten der Art. 3 und 4 der Richtlinie. Diesen Anforderungen ist der Normgeber durch Einfügung der §§ 35 Abs. 4 S. 2, 40 Abs. 2 GmbHG, der Streichung von § 19 Abs. 4 S. 2 GmbHG und der Änderung der §§ 60 Abs. 1 Nr. 5, 65 Abs. 1 S. 2 GmbHG nachgekommen[237].

Weiterreichende Konsequenzen sollen nach einer Literaturansicht aus Art. 2 Abs. 2 der 12. Richtlinie resultieren. Dort heißt es:

> Bis zur Koordinierung der einzelstaatlichen Vorschriften für das Konzernrecht können die Gesetze der Mitgliedstaaten besondere Bestimmungen oder Sanktionen vorsehen, sofern

---

235 Deutlich *Westermann* Heidelberger Konzernrechtstage S. 21, 38; *Kindler* JuS 1992, 636, 641 li.Sp.; *Kleindiek* ZIP 1991, 1330, 1335; *ders.* GmbHR 1992, 574, 578 li.Sp..

236 Amtsblatt EG 1989 Nr. L 395/40.

237 Vgl. BGBl. 1991 I S. 2206; BT-Drucks. 12/625 S. 3.

a) eine natürliche Person einziger Gesellschafter von mehreren Gesellschaften ist oder

b) eine Einpersonengesellschaft oder eine andere juristische Person einziger Gesellschafter einer Gesellschaft ist.

Hieraus ist der Schluß gezogen worden, eine konzernspezifische Einstandspflicht des GmbH-Gesellschafters sei nur unter den Voraussetzungen der Richtlinienbestimmung rechtmäßig. Die Video-Entscheidung sei durch Art. 2 Abs. 2 nicht gedeckt und demgemäß gemeinschaftswidrig. Diesbezüglich wird erstens hervorgehoben, daß die Norm nur gesetzlich verankerte Sanktionen zuläßt. Daher soll die Einstandspflicht im qualifizierten faktischen Konzern schon deshalb nicht gemeinschaftskonform sein, weil sie gerade einen Akt richterlicher Rechtsfortbildung darstellt[238]. Zweitens soll die Richtlinienbestimmung einen Ausnahmetatbestand verkörpern, was aber die "Video-Linie" nicht tragen könne, weil Einstandspflicht danach die Regel und Haftungsfreiheit die Ausnahme sei[239]. Verschärfend soll hinzutreten, daß Art. 2 Abs. 2 die Ausnahmen abschließend regelt und nach dem Sachverhalt in der Video-Entscheidung keine der beiden Fallgruppen gegeben war[240]. Dies deshalb, weil die Ausnahmetatbestände der Richtlinie an die Rechtsform, in der die anderweitige wirtschaftliche Betätigung ausgeübt wird, anknüpfen, und der BGH im Video-Urteil das Betreiben eines einzelkaufmännischen Unternehmens genügen ließ, obwohl diese Art einer wirtschaftlichen Betätigung in Art. 2 Abs. 2 nicht erfaßt werde.

2. Auslegung der Richtlinie

Die Beantwortung der Frage, ob die Konzernhaftungsrechtsprechung auf dem Stand der Video-Entscheidung, soweit es um die eingliedrige GmbH geht, gegen Art. 2 Abs. 2 der 12. Richtlinie verstößt, hängt davon ab, wie die Richtliniennorm auszulegen ist. Anzuwenden sind die üblichen Auslegungsmethoden, d.h. die grammatikalische, systematische, teleologische und historische Interpretation[241].

Hiervon ausgehend spricht der Wortlaut des Art. 2 Abs. 2 einerseits dafür, daß die nach nationalem Recht praktizierte Konzernhaftung

238 *Meilicke* DB 1992, 1867, 1870; *Roth* ZIP 1992, 1054, 1055 f.

239 *Knobbe-Keuk* DB 1992, 1461, 1465; tendenziell auch *Hirte* ZIP 1992, 1122, 1123 re.Sp.: zumindest zweifelhaft.

240 *Kindler* ZHR 157 (1993), 1, 15 f., 20; *ders.* NJW 1993, 3120, 3121 li.Sp.

241 *Bleckmann* ZGR 1992, 364 f.; *ders.* NJW 1982, 1177, 1178 mit Nachw. in Fn. 7-9, 11, 12, 15.

überhaupt nicht eingeschränkt werden sollte, weil die Formulierung "bis zur Koordinierung der ... Vorschriften für das Konzernrecht" gerade zum Ausdruck bringt, daß das Konzernrecht durch die Richtlinie nicht geregelt wird. Andererseits könnte die mit dem Wort "sofern" eingeleitete Passage unter lit. a) und b) eine Einschränkung enthalten, wenn sie in dem Sinne interpretiert werden kann, daß nur in den aufgeführten Fällen eine Einstandspflicht nach Konzernhaftungsregeln aufgestellt werden darf. Eine solche einschränkende Interpretation führt jedoch zu dem wenig überzeugenden Ergebnis eines gespaltenen Konzernhaftungsrechts für eingliedrige und mehrgliedrige Gesellschaften. Das wäre vielleicht noch hinnehmbar, wenn alsbald die Vereinheitlichung des Konzernrechts zu erwarten wäre. Davon kann aber nicht ausgegangen werden, weil Koordinierungsbemühungen bislang über erste Ansätze nicht hinausgekommen sind, insbesondere über die materiellen Sachfragen des Konzernrechts in absehbarer Zeit keine Einigung zu erwarten ist[242].

Kann mithin nicht davon ausgegangen werden, daß die 12. Richtlinie überhaupt irgendeinen konzernrechtlichen Regelungsgehalt hat[243], so läßt sich auf dieser Basis die in Art. 2 Abs. 2 mit "sofern" eingeleitete Passage verläßlich interpretieren. Sie schränkt erstens die Konzernhaftung nicht ein. Zweitens räumen die lit. a) und b) den Mitgliedstaaten die Möglichkeit ein, neben der Anwendung konzernrechtlicher Regelungen andere - nicht konzernrechtlich geprägte - Bestimmungen oder Sanktionen vorzusehen. Damit ist namentlich das im französischen Recht enthaltene Verbot der Einmann-GmbH-Stafette angesprochen[244], das aufgrund von Art. 2 Abs. 2 beibehalten werden kann und erst wieder bei der Koordinierung des Konzernrechts auf dem Prüfstand steht.

Die fehlende konzernrechtliche Dimension der Richtlinie läßt auch deutliche Rückschlüsse auf das Verständnis des fünften Erwägungsgrunds[245] zu. Danach wird das rechtliche Instrument einer Einmann-Gesellschaft mit Haftungsbeschränkung unbeschadet der Rechtsvorschriften angeboten, die in Ausnahmefällen dem Gesellschafter eine Haftung auferlegen. Solche

---

242 Vgl. nur *Emmerich/Sonnenschein* Konzernrecht § 1 VI.

243 Ebenso *Drygala* ZIP 1992, 1528, 1530; *Lutter* Heidelberger Konzernrechtstage S. 183, 187; *Stodolkowitz* ZIP 1992, 1517, 1527 re.Sp., 1528 re.Sp.; nicht überzeugend dagegen *Hirte* RWS-Dokumentation 12/I, 1992, S. 1, 14 f., der die 12. Richtlinie als Ansatz zur Konzernrechtsvereinheitlichung einstuft; abgeschwächt *ders.* RWS-Dokumentation 12/II, 1993, S. 1, 35 ff., 43.

244 *Lutter* Europäisches Unternehmensrecht S. 275.

245 Amtsblatt EG Nr. L 395/40 re.Sp.

Rechtsvorschriften[246] stellen die nationalen Regelungen des Rechts verbundener Unternehmen dar. Sie behandeln eine Einstandspflicht in Ausnahmefällen, weil dafür jedenfalls über die Beteiligung an der GmbH hinaus weitere Voraussetzungen notwendig sind, und somit der Grundsatz gewahrt wird, daß die Vereinigung aller GmbH-Anteile in einer Hand kein Haftungsgrund ist. Die Haftung im qualifizierten GmbH-Konzern auf dem Stand der Video-Entscheidung verstößt daher nicht gegen Gemeinschaftsrecht.

III. Verstoß des Video-Urteils gegen § 13 Abs. 2 GmbHG?

1. Die These: Aushöhlung des Trennungsprinzips

Insbesondere von *Flume* ist der Vorwurf gegen den II. Zivilsenat erhoben worden, er habe mit der Ausformung des Haftungstatbestands gegen die Bindung der Rechtsprechung an Gesetz und Recht verstoßen. Die Mißachtung von Art. 20 Abs. 3 GG soll darin liegen, daß ein Kernbestandteil des GmbH-Rechts, das Prinzip der Haftungsbeschränkung, genauer: die Trennung von Gesellschafter- und Gesellschaftsvermögen nach § 13 Abs. 2 GmbHG, beiseite geschoben wurde. Auf der Grundlage der Video-Entscheidung sei die GmbH eine Gesellschaft mit unbeschränkter Haftung[247]. Zu dem gleichen Ergebnis gelangt *Knobbe-Keuk*, die pointiert das Kürzel GmbH durch Gesellschaft mit bedeutender Haftung ausfüllt[248]. Vorsichtiger äußert sich *Timm* dahingehend, daß zwar das Regel-Ausnahme-Verhältnis von Haftungsbeschränkung und Gesellschafterhaftung ins Wanken geraten sei, ohne allerdings die Rechtsprechung in verfassungsrechtlicher Hinsicht ernstlich zu beanstanden[249].

2. Der Standpunkt der Bundesregierung

Nachdem die Video-Entscheidung mit der Verfassungsbeschwerde angegangen worden war, legte die Bundesregierung eine Stellungnahme vor, in der sie zu dem Ergebnis gelangte, daß ein Verfassungsverstoß nicht gege-

---

246 Darunter sind nach EuGH Slg. I 1992, 6577, 6600, 6610 f. Normen eines Mitgliedstaats in dem Sinne zu verstehen, in dem sie von den Gerichten des Staates ausgelegt werden (st. Rspr.). Die §§ 302, 303 AktG in der Ausformung durch die Rechtsprechung des BGH haben folglich gemeinschaftsrechtlich den Charakter von Rechtsvorschriften.

247 *Flume* DB 1992, 25, 27; *ders.* ZIP 1992, 817, 820; ebenso *Dehmer/Hettler* Haftungsfalle GmbH, 1993, Rn. 206 ff., 213.

248 *Knobbe-Keuk* DB 1992, 1461 und 1463.

249 *Timm* GmbHR 1992, 213 und 219.

ben sei[250]. Jedoch wird die Problematik, die das Video-Urteil aufwirft, nur am Rande beleuchtet: Die Frage muß lauten, ob es mit dem Verfassungsgrundsatz der Gesetzesbindung nach Art. 20 Abs. 3 GG zu vereinbaren ist, daß der Unternehmensgesellschafter schon deshalb dem Risiko von Verlustausgleich oder Ausfallhaftung ausgesetzt ist, weil er alleiniger Geschäftsführer der GmbH ist[251]. Nach Auffassung der Bundesregierung geht es darum, ob auf dem Stand der angegriffenen Entscheidung eine Differenzierung zwischen einfachem faktischen Konzern und qualifiziertem Konzern weiterhin möglich sei. Dies wird von der Bundesregierung bejaht, und zwar mit dem Hinweis, daß vom qualifizierten Konzern erst gesprochen werde könne, wenn das Konzerninteresse den generellen Vorrang gewonnen habe, während bei gelegentlichem Vorrang dieses Interesses lediglich einfache Konzernierung gegeben sei[252].

3. Die Entscheidung des Bundesverfassungsgerichts

Durch Kammerbeschluß hat das BVerfG die Annahme der Verfassungsbeschwerde nach § 93b S. 1 BVerfGG abgelehnt, weil die Voraussetzungen für eine Annahme der Beschwerde gem. § 93a BVerfGG, insbesondere nach dessen Abs. 2, nicht vorlägen[253]. Im Nichtannahmebeschluß wird ausgeführt, daß der II. Zivilsenat des BGH weder die Gesetzesbindung des Art. 20 Abs. 3 GG mißachtet noch in unzulässiger Weise Rechtsfortbildung betrieben habe[254]. Im übrigen sei dem BVerfG die verfassungsrechtliche Überprüfung der Verteilung von Darlegungs- und Beweislast als Anwendung und Auslegung einfachen Rechts ebenso entzogen wie die Detailfragen im Zusammenhang mit der Ausgestaltung der Haftung der Konzernspitze[255]. Weiterhin wird unter Hinweis auf die Autokran-Entscheidung ausgeführt[256]:

"Gegenüber dem geltend gemachten Wertungswiderspruch zum Ausschluß der persönlichen Haftung des GmbH-Gesellschafters (§ 13 II

250 Ebenso i.E. *Hommelhoff* DB 1992, 309 li.Sp.

251 Vgl. *Altmeppen* ZIP 1992, 1668.

252 ZIP 1992, 1664, 1667 li.Sp.

253 BVerfG NJW 1993, 2600.

254 BVerfG NJW 1993, 2600; nach Auffassung von *Kindler* NJW 1993, 3120 f. hätte das BVerfG Art. 101 Abs. 1 S. 2 GG i.V.m. Art. 177 Abs. 3 EGV in die Prüfung einbeziehen müssen; s. dazu auch S. 66 ff.

255 BVerfG NJW 1993, 2600, 2601.

256 BVerfG NJW 1993, 2600, 2601.

GmbH-Gesetz) verweist der BGH für die entsprechende Anwendung des § 303 AktG auf den noch anderweitig unternehmerisch tätigen Mehrheitsgesellschafter und Alleingeschäftsführer einer GmbH darauf, daß dem Leitbild des GmbH-Gesetzes, das von einer autonomen Gesellschaft ausgehe, die ihre Belange nach eigenständigen Zielvorstellungen unabhängig verfolge, ein Zustand nicht entspreche, in dem die Selbständigkeit der GmbH nur noch eine formale Hülle sei (...). Die Sachlage im faktischen GmbH-Konzern könne derjenigen ganz ähnlich sein, an die beim aktienrechtlichen Vertragskonzern das Aktiengesetz Schutzvorschriften knüpfe. Werde in einem (faktischen) GmbH-Konzern ein die Gläubiger der GmbH ebenso wie diejenigen einer Aktiengesellschaft im Vertragskonzern gefährdender Zustand tatsächlich hergestellt, sei auch ein vergleichbarer Gläubigerschutz wie im Aktienrecht geboten (...); dieser könne im Rahmen des einschlägigen geltenden Rechts durch entsprechende Anwendung des § 303 AktG sichergestellt werden (...). Die Rechtsfortbildung des BGH, die solchermaßen an die Wertung des geltenden GmbH- und Aktiengesetzes anknüpft, kann verfassungsrechtlich nicht ... beanstandet werden."

Die Ausführungen verdeutlichen, daß das BVerfG die Übernahme von Bestimmungen des Vertragskonzernrechts in das GmbH-Recht bei Beachtung des jeweiligen Normzwecks jedenfalls für unbedenklich hält.

4. Würdigung und Eingrenzung des weiteren Untersuchungsgegenstands

Die Diskussion um einen Verstoß gegen die Gesetzesbindung der Rechtsprechung in der Video-Entscheidung ist auf den Endpunkt zugeschnitten, wenn die Anbindung bei § 13 Abs. 2 GmbHG vorgenommen wird. In den Vordergrund rückt das Ergebnis: Der Grundsatz der Haftungsbeschränkung könnte bei Übernahme der Alleingeschäftsführung durch den unternehmerisch tätigen Mehrheitsgesellschafter aufgehoben sein, da Verluste der GmbH regelmäßig zur Einstandspflicht des Gesellschafters führen. Dabei kommt zu kurz, daß die Ausformung von Darlegungs- und Beweislast die Ursache für das Ergebnis liefert[257]. Indem in Abweichung von der Normentheorie zugunsten des Klägers die Einbindung in das Konzerninteresse vermutet wird, dem Beklagten aber nur der Kausalitätsgegenbeweis zugestanden wird, erweist sich die Präzisierung des Merkmals dauernder und umfassender Leitung als folgenschwer, weil die Durchbrechung der Kausalität im Regelfall nicht gelingen kann. Bei schärferer Akzentuierung sollte eine Verfassungsdiskussion daher bei der Frage ansetzen, ob mit der Modifizierung der Darlegungs- und Beweislast in der Form der unwiderlegbar vermuteten Interessenausrichtung gegen eine

257 Vgl. S. 26 ff., 57 ff.

Norm des materiellen Rechts[258] verstoßen und deshalb Art. 20 Abs. 3 GG mißachtet wurde. Eine solche Diskussion müßte zwangsläufig zum Tiefbau-Urteil zurückführen, weil der Kausalitätsgegenbeweis darin seine Ausprägung gefunden hat. Der Nutzen einer so formulierten Fragestellung für die Praxis erscheint gleichzeitig äußerst gering, da das BVerfG dem BGH einen größtmöglichen Gestaltungsspielraum bei der Verteilung der Darlegungs- und Beweislast zubilligt. Hinzu kommt, daß die Frage bei aktueller Betrachtung nur relevant werden könnte, wenn davon auszugehen wäre, daß der BGH den Kausalitätsgegenbeweis bei gleichzeitiger Unwiderlegbarkeit der vermuteten Ausrichtung auf das Konzerninteresse auch im Anschluß an die Video-Entscheidung noch beibehalten hat. Diesbezüglich deutete sich aber bereits sieben Wochen nach dem Video-Urteil eine Korrektur[259] an, als der BGH in der Entscheidung "Stromlieferung" ausführte, daß die vermutete Interessenausrichtung widerlegbar sei[260]. Den damit angedeuteten Weg hat die Rechtsprechung mit dem TBB-Urteil fortentwickelt.

§ 7. Die Weiterentwicklung der Rechtsprechung durch "TBB"

I. Die materiell-rechtliche Haftungskonzeption

Nach der TBB-Entscheidung kann ein zum Verlustausgleich und gegebenenfalls zur Außenhaftung führender Sachverhalt vorliegen, "wenn die abhängige Gesellschaft in einer Weise behandelt wird, die einen objektiven Mißbrauch der beherrschenden Gesellschafterstellung darstellt". Den objektiven Mißbrauch umschreibt der BGH dahin, der die GmbH beherrschende Unternehmensgesellschafter müsse die Konzernleitungsmacht in einer Weise ausgeübt haben, die keine angemessene Rücksicht auf die eigenen Belange der abhängigen Gesellschaft nehme, ohne daß sich der ihr insgesamt zugefügte Nachteil durch Einzelausgleichsmaßnahmen kompensieren ließe[261]. In Abgrenzung gegenüber der Tiefbau-Entscheidung und vor allem gegenüber dem Video-Urteil führt der BGH weiter aus: "Haftungstatbestand ist nicht die dauernde und umfassende Leitung der

---

258 Zu dieser Einordnung der Normentheorie *Dubischar* JuS 1971, 385, 393 f. sowie *Hüffer* FS Fleck, 1988, S. 151, 153 a.E.

259 *Ensthaler/Kreher* BB 1995, 1422, 1425 re.Sp.; *Hommelhoff* DB 1992, 309, 310 re.Sp.a.E.

260 BGHZ 116, 37, 42.

261 BGHZ 122, 123, 130.

abhängigen Gesellschaft, sondern die oben näher gekennzeichnete Beeinträchtigung ihrer Interessen"[262].

Der Haftungsformel lassen sich drei Einzelelemente entnehmen. Es muß erstens Konzernleitungsmacht ausgeübt worden sein. Dabei müssen zweitens Eigenbelange der GmbH unangemessen zurückgesetzt worden sein. Drittens muß es sich um eine Zurücksetzung handeln, die bei Anwendung der auf Einzelausgleich gerichteten Anspruchsgrundlagen nicht sanktioniert werden könnte.

Im folgenden wird die Bedeutung dieser Einzelelemente näher zu untersuchen sein. Ob ein homogenes Konzept vorliegt, hängt zudem davon ab, auf welche Weise die Einmann-GmbH in die Haftungsformel einbezogen ist. Bevor diesen Fragen nachgegangen wird, ist in verfahrensrechtlicher Hinsicht zu klären, ob der BGH zur Vorlage nach Art. 177 Abs. 3 EGV verpflichtet war und in welcher Weise die Darlegungs- und Beweislast für das Vorliegen eines Sachverhalts qualifizierter Konzernierung verteilt wird.

II. Die Reichweite des Art. 177 EGV

1. Keine Einleitung des Vorabentscheidungsverfahrens durch den BGH

Der BGH hat von einem Vorlagebeschluß abgesehen und dem EuGH nicht die Frage zur Vorabentscheidung vorgelegt, ob seine Rechtsprechung zur Einstandspflicht analog §§ 302, 303 AktG im Widerspruch zu Art. 2 Abs. 2 der 12. Richtlinie[263] stehe. Er hat dies einerseits damit begründet, daß nach dem für die Revisionsinstanz zugrunde zu legenden Sachverhalt davon ausgegangen werden könne, daß der Unternehmensgesellschafter Art. 2 Abs. 2 lit. a) erfülle. Der BGH hat weiterhin auf die grundsätzliche Erwägung abgestellt, daß die Richtlinie keinen konzernrechtlichen Regelungsansatz enthalte, weil jede andere Auslegung einen vom europäischen Gesetzgeber mit Sicherheit nicht gewollten Wertungswiderspruch im Hinblick auf Haftungsregeln in mehrgliedrigen und eingliedrigen Gesellschaften zutage fördere. Auf dieser Basis hat der II. Zivilsenat seine Konzernhaftungsrechtsprechung als durch die Richtlinie eindeutig nicht berührt angesehen[264].

---

262 BGHZ 122, 123, 131.

263 Textabdruck S. 59 f.

264 BGHZ 122, 123, 135 f.

2. Die Kritik am Vorgehen des BGH

Dagegen ist eingewandt worden, es könne angesichts eines kontroversen Meinungsstands in der Literatur keine Rede davon sein, daß ein Verstoß gegen die 12. Richtlinie eindeutig nicht in Betracht komme. Hinzu komme, daß "mangels einer Demonstration überlegener Argumentation durch den BGH" sehr wohl Zweifel an der Auslegung der Richtlinie verblieben, zu deren Klärung allein der EuGH berufen sei[265]. In der unterlassenen Vorlage liege daher ein evidenter Verstoß gegen Art. 177 Abs. 3 EGV[266].

3. Vorlagepflicht und Entbehrlichkeit der Vorlage

Wenn ein Gericht nationales Recht richtlinienkonform auslegen muß, kann es oder, wenn es letztinstanzlich entscheidet, muß es grundsätzlich dem EuGH die Frage nach der Auslegung der Richtlinie zur Vorabentscheidung vorlegen (Art. 177 EGV). Dabei entscheidet das nationale Gericht, ob eine Vorlageerheblichkeit besteht. Sie besteht nicht, wenn der EuGH die betreffende Rechtsfrage bereits entschieden hat[267] oder die zutreffende Anwendung des Gemeinschaftsrecht derart offenkundig ist, daß keinerlei Raum für einen vernünftigen Zweifel an der Beantwortung der gestellten Frage bleibt[268]. Die Offenkundigkeit ist nicht bereits dann gegeben, wenn das nationale Gericht selbst die Antwort auf die Frage für klar hält[269]. Es darf nur dann von der Vorlage, zu der es nach Art. 177 Abs. 3 EGV verpflichtet wäre, absehen, wenn es überzeugt ist, daß auch für die Gerichte der übrigen Mitgliedstaaten und den EuGH die gleiche Gewißheit bestünde[270]. Ob diese Gewißheit angenommen werden kann, ist immer unter Berücksichtigung der Eigenheiten des Gemeinschaftsrechts und der besonderen Schwierigkeiten seiner Auslegung zu ermitteln. Jede Norm des Gemeinschaftsrechts ist im Lichte des gesamten Gemeinschaftsrechts, seiner Ziele und insbesondere seines Entwicklungsstands auszulegen[271].

---

265 *Schüppen* DB 1993, 969, 972; i.E. auch *Hirte* RWS-Dokumentation 12/II, 1993, S. 1, 39 ff.

266 *Schüppen* DB 1993, 969, 973 re.Sp.; unscharf *Ebenroth/Wilken* ZIP 1993, 558, 561.

267 *Daig*, in: v. d. Groeben/v. Boeckh EWGV Art. 177 Rn. 43.

268 *Wohlfahrt*, in: Grabitz/Hilf KEU Art. 177 Rn. 53.

269 *Geiger* EGV Art. 177 Rn. 16.

270 EuGH Slg. I 1982, 3415, 3426, 3430 (Tz. 16).

271 Zum Ganzen EuGH Slg. I 1982, 3415, 3426, 3430 (Tz. 17 ff.)

4. Fazit: Kein Verstoß gegen Art. 177 EGV

Bei der Beantwortung der Frage, ob die richtige Anwendung des Art. 2 der 12. Richtlinie derart offenkundig ist, daß keine vernünftigen Zweifel verbleiben, spielt der Entwicklungsstand der Vereinheitlichung auf dem Gebiet des Konzernrechts die zentrale Rolle. Da Vereinheitlichungsbestrebungen über erste Ansätze nicht hinausgelangt sind[272], verdient der BGH uneingeschränkt Zustimmung: Es kann dem europäischen Gesetzgeber nicht unterstellt werden, er habe durch die Hintertür die Vereinheitlichung des Konzernrechts für die eingliedrige GmbH vorantreiben wollen. Damit ist die nötige Offenkundigkeit gegeben, so daß für die Einleitung eines Vorabentscheidungsverfahrens keine Notwendigkeit bestand oder besteht[273].

III. Die Umsetzung der Haftungskonzeption im Zivilprozeß

Die Aussage des BGH im TBB-Urteil, daß eine Beeinträchtigung der Interessen der GmbH nicht mittels einer tatsächlichen Vermutung allein aus einer dauernden und umfassenden Ausübung der Leitungsmacht gefolgert werden dürfe[274], steht im Gegensatz zu den bisherigen Leitentscheidungen[275]. Es ist Sache der klagenden Partei, die Tatsachen darzulegen und im Streitfall zu beweisen, die die Haftungsvoraussetzungen ausfüllen[276]. Das entspricht dem Grundsatz der Normentheorie. Allerdings gewährt der BGH Erleichterungen hinsichtlich der Substantiierungslast, weil es insbesondere für einen typischen Gesellschaftsgläubiger schwierig sein könne, der Darlegungs- und Beweislast umfassend nachzukommen, da ihm im Regelfall die inneren Vorgänge der Unternehmensführung nicht zugänglich geworden seien. Bei fehlender Tatsachenkenntnis des Klägers müsse dann der beklagte Unternehmensgesellschafter, falls er die relevanten Tatsachen kenne, nähere Angaben machen, wenn ihm eine Darlegung zumutbar sei. Erfolge trotz Kenntnis und Zumutbarkeit keine Darlegung, greife die Geständnisfiktion des § 138 Abs. 3 ZPO[277]. Dem herrschenden Unternehmen wird infolgedessen eine sekundäre Behauptungslast auferlegt und

---

272 Vgl. S. 60 ff.

273 Ebenso *Jänich* JuS 1997, 720, 725; *Lutter* JZ 1993, 580, 582; *Ulmer*, in: Hachenburg GmbHG Anh. § 77 Rn. 118; *Weigl* Haftung, 1996, S. 166; grdsl. kritisch zur Annahme einer Offenkundigkeit *Steindorff* ZHR 156 (1992), 1, 8.

274 BGHZ 122, 123, 131.

275 Vgl. S. 24 ff.

276 BGHZ 122, 123, 132 a.E.

277 BGHZ 122, 123, 132 f.

dadurch die Darlegungslast des Klägers abgeschwächt. Diese Abweichung von der Normentheorie zugunsten der darlegungsbelasteten Partei ist keine mit der qualifizierten Konzernierung verbundene Singularität, sondern wird von der Rechtsprechung auch in anderen Bereichen wie etwa Wettbewerbs- oder Kündigungsschutzprozessen angewandt[278]. Abgeleitet wird die sekundäre Behauptungslast aus der aus § 138 Abs. 1 und 2 ZPO gewonnenen Vollständigkeitspflicht sowie aus § 242 BGB[279]. Ausschlaggebend ist, daß die darlegungsbelastete Partei von den entscheidenden Tatsachen keine Kenntnis hat und sich diese auch nicht verschaffen kann, während der Prozeßgegner zu der erforderlichen Aufklärung ohne Schwierigkeiten in der Lage ist[280]. Hinzutreten muß, was auch im TBB-Urteil betont wird, daß dem Prozeßgegner die Mitwirkung zuzumuten ist. Diese Einschränkung ist notwendig, weil es keine allgemeine prozessuale Aufklärungspflicht der nicht beweisbelasteten Partei gibt[281]. Daraus folgt, daß der Prozeßgegner berechtigt ist, die Mitwirkung zu verweigern, wenn sie seiner Ausforschung dient[282]. Unzumutbar ist ihm die Aufklärung des weiteren gegenüber einem gänzlich ungeordneten und unklaren Vortrag[283], so daß die Plausibilität des Vorbringens die Mindestvoraussetzung für einen die sekundäre Behauptungslast auslösenden Vortrag bildet[284]. Erfüllt der Vortrag diese Voraussetzung, so genügt der Kläger seinerseits der Darlegungslast, wenn er allgemeine Behauptungen aufstellt. Es ist dann Sache des Gegners, die entgegenstehende Tatsachenlage im einzelnen zu schildern. Die Beweislast geht also nicht auf den Prozeßgegner über. Die Erleichterung der Behauptungslast verändert schließlich nicht die Verteilung der Beweislast[285].

Da es für eine Abschwächung der Behauptungslast des Klägers darauf ankommt, daß ihm erstens die Kenntnis der entscheidenden Tatsachen fehlt und er zweitens auch keinen Zugang zu ihnen hat, ist zu klären, wem die

---

278 *Weigl* Haftung, 1996, S. 144.

279 *Peters,* in: MünchKomm ZPO § 138 Rn. 21; *Gottwald* BB 1979, 1780, 1782.

280 Vgl. BGHZ 100, 190, 195 f.; 120, 320, 327 f., jeweils m.w.N.; *Peters,* in: MünchKomm ZPO § 138 Rn. 21; *Stein/Jonas/Leipold* ZPO § 138 Rn. 28a.

281 BGHZ 116, 47, 56; BGH NJW 1990, 3151 re.Sp.; *Stein/Jonas/Leipold* ZPO § 138 Rn. 22 m.w.N.; a.A. *Stürner* Aufklärungspflicht, 1976, S. 92 ff., 104 f., 378.

282 So ausdrücklich *Boujong* DNotZ-Sonderheft, S. 145, 156 a.E.

283 BGH NJW-RR 1990, 78, 80 re.Sp.

284 *Gottwald* BB 1979, 1780, 1782 re.Sp.

285 *Stein/Jonas/Leipold* ZPO § 138 Rn. 28a; mißverständlich *Boujong* DNotZ-Sonderheft, S. 145, 156.

Darlegungserleichterung im Konzernhaftungsprozeß zugute kommen kann. Der BGH spricht den außenstehenden Gläubiger mit "insbesondere" an, was darauf hindeuten könnte, daß noch anderen Klägergruppen in den Genuß erleichterter Darlegung gelangen könnten. Für eine Ausdehnung der Behauptungserleichterungen über den Kreis der Gläubiger hinaus besteht jedoch kein Anlaß. Der Minderheitsgesellschafter verfügt nach § 51a GmbHG über ein umfassendes Auskunfts- und Einsichtsrecht. Das Informationsrecht umfaßt auch die Beziehungen der GmbH zu verbundenen Unternehmen und die Angelegenheiten in Beteiligungsgesellschaften[286]. Der GmbH-Gesellschafter besitzt damit den Zugang zu den maßgeblichen Tatsachen und bedarf keiner Darlegungserleichterung. Den Tatsachenzugang haben auch der GmbH-Geschäftsführer und der Insolvenzverwalter (vgl. §§ 148 ff. InsO), so daß eine Abstufung der Darlegungslast insoweit ebenfalls ausscheidet. Hinsichtlich der Gesellschaftsgläubiger ist zu differenzieren. Sie verfügen zwar über kein generelles Informationsrecht, völlig informationslos sind sie aber auch nicht gestellt. Nach § 74 Abs. 3 S. 2 GmbHG können sie sich nach beendeter Liquidation Einsicht in die Bücher und Schriften verschaffen. Eine weitere Informationsmöglichkeit kann im Prozeß nach §§ 258 Abs. 2 HGB, 422 ZPO bestehen, falls dem Gläubiger ein Einsichtsrecht nach § 810 BGB zusteht. Sofern er die Möglichkeit hat, sich Detailinformationen zu beschaffen[287], bedarf es keiner Abschwächung der Behauptungslast. In den verbleibenden Fällen kann ihm bei fehlender Tatsachenkenntnis eine Erleichterung gewährt werden, ohne daß deshalb die Ausforschungsgrenze überschritten werden dürfte.

IV. Systematisierung und Konkretisierung der Haftungsformel

1. Einheitliche Leitung als Voraussetzung der Ausübung von Konzernleitungsmacht?

Der BGH verlangt für einen Sachverhalt qualifiziert faktischer Konzernierung eine für die GmbH nachteilige Ausübung der Konzernleitungsmacht durch das herrschende Unternehmen. Fraglich ist allerdings, ob die Wortwahl in der Richtung verstanden werden kann, daß das Vorliegen eines Konzerns i.S.v. § 18 Abs. 1 AktG erforderlich ist. Bereits vor der TBB-Entscheidung war die Frage umstritten, ob eine Ausübung von Konzernleitungsmacht die Zusammenfassung unter einheitlicher Leitung voraus-

---

286 *Hüffer,* in: Hachenburg GmbHG § 51a Rn. 25 ff.

287 Ausführlich zu weiteren Einsichts- und Informationsbefugnissen des Gläubigers - im (vormaligen) Konkurseröffnungs- und Konkursverfahren - *Heil* Akteneinsicht, 1995, S. 109 ff., 199 ff., 225 ff.; *Uhlenbruck* KTS 1989, 527, 528 ff., 535 ff.

setzt[288] und auch nach diesem Urteil wird sie kontrovers diskutiert. Vielfach wird der Konzerntatbestand für entbehrlich gehalten, weil der Mißbrauch der beherrschenden Gesellschafterstellung ohne Erfüllung des Konzerntatbestands möglich sei[289]. Zudem gehe es darum, eine Schädigung der abhängigen GmbH zu verhindern. Insoweit sei einheitliche Leitung irrelevant[290]. Gleichwohl stuft die Gegenposition den Konzerntatbestand auch nach dem TBB-Urteil als unverzichtbar ein[291]. Das ist schon deshalb naheliegend, weil Konzernleitungsmacht inhaltlich die Möglichkeit zur Konzernleitung aufgrund beherrschenden Einflußpotentials bedeutet[292], folglich Ausübung heißt, daß von der Möglichkeit zur Konzernleitung Gebrauch gemacht, einheitliche Leitung praktiziert wird. Es ist auch angesichts der Übertragung von Schutznormen des Vertragskonzernrechts konsequent, weil der BGH dafür an eine erhöhte Schutzbedürftigkeit anknüpft, die er annimmt, wenn die Sachlage im faktischen GmbH-Konzern derjenigen im Vertragskonzern weitgehend entspricht[293]. Unter den Bedingungen des Beherrschungsvertrags wird aber die Zusammenfassung unter einheitlicher Leitung unwiderlegbar vermutet. Das hat seinen Grund darin, daß die Annahme fernliegend wäre, daß das herrschende Unternehmen erst den Vertrag schließt und dann von den Möglichkeiten, die § 308 AktG bietet, keinen Gebrauch macht[294]. Da der BGH von seiner Basisüberlegung - Übertragung der §§ 302, 303 AktG bei entsprechender Sachlage - nicht abgerückt ist, muß das Vorliegen des Konzerntatbestands als Mindestvoraussetzung eingestuft werden[295]. § 18 Abs. 1 AktG muß also erfüllt sein. Daß die Zusammenfassung unter einheitlicher Leitung vorliegt, kann bei Fehlen des Beherrschungsvertrags nach § 18 Abs. 1 S. 3 AktG vermutet werden, wenn Abhängigkeit gegeben ist, die ihrerseits nach § 17 Abs. 2 AktG vermutet wird, wenn der Unternehmensgesell-

288 Vgl. bereits Diskussionsbericht, Heidelberger Konzernrechtstage S. 61, 62 f.

289 *Kropff* AG 1993, 485, 488; zustimmend *Emmerich/Habersack* Aktienkonzernrecht Vor. § 311 Rn. 23; *Hommelhoff* ZGR 1994, 395, 400; *Rowedder/Koppensteiner* GmbHG Anh. § 52 Rn. 16 a.E.; *Emmerich/Sonnenschein* Konzernrecht § 24a I 2 c i.V.m. § 20a III 2 a.E.

290 *Roth/Altmeppen* GmbHG Anh. § 13 Rn. 131 f.

291 *Baumbach/Hueck/Zöllner* GmbHG Anh. Konzernrecht Rn. 81; *Ulmer*, in: Hachenburg GmbHG Anh. § 77 Rn. 126; *Rogge* Vermeidung, 1998, S. 35, 37; *Weigl* Haftung, 1996, S. 83; *Michalski/Zeidler* NJW 1996, 224, 225; gedankliche Basis von BAG NJW 1994, 3244, 3247 li.Sp.

292 *Geßler* FS Westermann, 1974, S. 145, 148 ff; *Kropff* DB 1967, 2147.

293 BGHZ 95, 330, 343.

294 *Hüffer* AktG § 18 Rn. 17; vgl. auch BGHZ 116, 37, 41 a.E.

295 Hierauf stellt BGH NJW 1995, 2989, 2990 re.Sp. (X. Zivilsenat) ersichtlich ab.

schafter die Anteilsmehrheit hält. Die Vermutungsregelungen sind auch anzuwenden, wenn es darum geht, ob ein qualifizierter Konzern vorliegt. Allerdings sollte Klarheit darüber bestehen, daß die Anwendung der Konzernvermutung nicht von der Prüfung entbinden kann, ob das herrschende Unternehmen angemessen Rücksicht geübt hat[296]. Indem der BGH im TBB-Urteil klargestellt hat, daß eine fehlende Rücksicht auf die Belange der GmbH nicht mittels einer tatsächlichen Vermutung aus der dauernden und umfassenden Leitung gefolgert werden kann, kommt zugleich zum Ausdruck, daß ein qualifizierendes Merkmal erforderlich ist, auf dessen Vorliegen sich die Vermutung des § 18 Abs. 1 S. 3 AktG nicht erstreckt.

2. Die Bedeutung dauernder und umfassender Ausübung

Die Aussage, dauernde und umfassende Leitung bilde nicht den Haftungstatbestand, bringt zum Ausdruck, daß Haftungstatbestand nicht die Ausübung der Geschäftsführung durch den Unternehmensgesellschafter ist[297]. Sie ist allerdings in zwei Richtungen auslegungsfähig. Sie kann so aufgefaßt werden, daß intensive Leitung nicht die einzige Haftungsvoraussetzung ist oder in dem Sinne verstanden werden, daß das Merkmal ganz entbehrlich ist. Beides wird vertreten[298]. Dabei ist nicht zu übersehen, daß die Meinungsbildung eng mit dem Verständnis des Merkmals der nicht gelingenden Kompensation durch Einzelausgleich zusammenhängt. Diesen Zusammenhang stellt der BGH selbst her, wenn er im TBB-Urteil ausführt, daß die Notwendigkeit eines besonderen Konzernhaftungsrechts dann bestehe, wenn die Verhältnisse infolge der Dichte der Einflußnahme unübersichtlich geworden seien und sich deshalb einzelne schädigende Eingriffe nicht mehr isolieren ließen[299]. Das könnte in dem Sinne zu verstehen sein, daß erst ab einer bestimmten Einflußdichte das System des Einzelausgleichs versagt. Dann müßte das Merkmal intensiver Leitung auch auf dem Stand der TBB-Entscheidung als unverzichtbar eingestuft werden. Für diese Deutung spricht, daß das Senatsmitglied *Goette* in einer Anmerkung zu einem Beschluß des II. Senats vom 3.11.1997 die Ver-

296 Deutlich LG Frankfurt/M. AG 1998, 98 f.

297 Zu diesem Verständnis dauernder und umfassender Leitung vgl. S. 57 ff. sowie *Weigl* Haftung, 1996, S. 143.

298 Für Beibehaltung als eine Haftungsvoraussetzung *Baumbach/Hueck/Zöllner* GmbHG Anh. Konzernrecht Rn. 82; *Hirte* RWS-Dokumentation 12/II, 1993, S. 1, 4; *Reiners* DB 1994, 678, 681 li.Sp.; *Weigl* Haftung, 1996, S. 138 ff., 143; *Westermann* ZIP 1993, 554, 557 li.Sp.; nicht eindeutig OLG München NJW 1994, 2900, 2901 re.Sp.; für Entbehrlichkeit *Lutter/Hommelhoff* GmbHG Anh. § 13 Rn. 18; *Ulmer*, in: Hachenburg GmbHG Anh. § 77 Rn. 129; *Drygala* GmbHR 1993, 317, 322; *Hommelhoff* ZGR 1994, 395, 401; *Krieger* ZGR 1994, 375, 378; *Lutter* DB 1994, 129, 130.

299 BGHZ 122, 123, 127.

knüpfung zwischen Leitungsdichte und Einzelausgleichsunfähigkeit deutlicht betont. Erforderlich sei, daß sich die Nachteile wegen der Dichte der Einflußnahmen nicht isolieren, also bestimmten Handlungen zuordnen ließen, so daß das an sich heranzuziehende Einzelausgleichssystem versage[300]. Gegen die Deutung spricht, daß das Senatsmitglied *Henze* zu den Maßnahmen, die zum Versagen des Einzelausgleichs führen sollen, auch diejenigen zählt, die allein aufgrund ihrer Qualität einem Einzelausgleich nicht zugänglich sein sollen[301]. Als Standardbeispiel für eine solche Maßnahme werden Umstrukturierungshandlungen genannt[302]. Wenn man die Umstrukturierungsmaßnahme für einzelausgleichsunfähig hält, wird man die Leitungsintensität für entbehrlich halten, weil es für den Einzeleingriff keiner bestimmten Leitungsdichte bedarf. Auf dieser Linie liegt zumindest die EDV-Entscheidung des II. Zivilsenats, die im Anschluß an das TBB-Urteil ergangen ist. Dem BGH genügte für einen Übergang zu den §§ 302, 303 AktG, daß erstens die GmbH als Kostenträger für ein Projekt eingesetzt wurde, das von vornherein mit Risiken verbunden war, die bei Fehlschlagen von ihr nicht hätten verkraftet werden können, und zweitens im Erfolgsfall sich die Gewinnchance vor allem bei anderen Konzernunternehmen realisiert hätte[303]. Läßt man die Einleitung eines Risikoprojekts ausreichen, dann kann die dauernde und umfassende Ausübung von Leitungsmacht nicht länger als Haftungsvoraussetzung angesehen werden. Um Einzelmaßnahmen wie Risikogeschäfte zu veranlassen, muß der Unternehmensgesellschafter nicht das Amt des Geschäftsführers bekleiden[304]. Die Aussage des BGH, einzelne schädliche Eingriffe ließen sich nicht mehr isolieren, wenn infolge der Dichte der Einflußnahme die Verhältnisse unübersichtlich geworden seien, wäre vor diesem Hintergrund dann so zu verstehen, daß ein Versagen der Einzelkompensation allenfalls naheliegend[305] sein kann, wenn das herrschende Unternehmen zusätzlich Geschäftsführer ist. Auf der anderen Seite ist zu berücksichtigen, daß in der EDV-Entscheidung die Geschäftsführereigenschaft des beklagten Gesellschafters gegeben war, die dauernde und umfassende Leitung also vorlag. Ob die Einleitung eines Risikogeschäfts auch ohne Hinzutreten der Geschäftsführerstellung genügen würde, ist eine aus der Rechtsprechung des II. Zivilsenats nicht sicher beantwortbare Frage. Nach der Anmerkung *Goettes* müßte sie konsequenterweise verneint, nach den Ausführungen

---

300 *Goette* DStR 1997, 1937, 1938 li.Sp.

301 *Henze* Hdb. GmbH Rn. 1509.

302 *Kleindiek* GmbHR 1992, 574, 576 li.Sp.

303 BGH NJW 1994, 446 f.

304 Vgl. auch BGH NJW 1995, 2989, 2990 unter bb) (3) der Urteilsgründe.

305 Vgl. auch *Ulmer*, in: Hachenburg GmbHG Anh. § 77 Rn. 129: Indizfunktion.

Henzes bejaht werden. Insgesamt entzieht sich der BGH an dieser Stelle einer klaren Einordnung und hält sich damit die Möglichkeit offen, die Leitungsdichte als entscheidendes Kriterium bei Bedarf wieder zu aktivieren. Für den BGH hat die fehlende Festlegung den Vorteil, daß er im Hinblick auf die Konzernhaftung in der Einmann-GmbH jederzeit auf das Strukturelement zurückgreifen kann, um damit eine Unübersichtlichkeit der das Vermögen berührenden Einwirkungen zu begründen[306].

3. Weitere Voraussetzungen in der mehrgliedrigen GmbH

a) Nachteil als Folge des Fehlens angemessener Rücksicht

aa) Reaktionen auf die Verwendung des Nachteilsbegriffs

Die Bezugnahme des BGH auf den der GmbH zugefügten Nachteil ist vielfach als Rückgriff auf Wertungen der §§ 311, 317 AktG interpretiert worden. Unterschiedlich beurteilt wird aber, in welchem Umfang Anleihen bei den aktienkonzernrechtlichen Normen vorgenommen worden sein sollen.

Krieger zieht aus der TBB-Entscheidung den Schluß, daß der BGH das aus der Treupflicht resultierende Schädigungsverbot gelockert habe, da er aus § 311 AktG das Verbot übernommen habe, nachteilige Rechtsgeschäfte oder Maßnahmen zu veranlassen. Für die Nachteiligkeit sei auf die Beeinträchtigung der Vermögens- oder Ertragslage abzustellen, es sei denn, auch der ordentliche und gewissenhafte Geschäftsleiter hätte die Geschäfte vorgenommen. Zur Kompensation genüge die Einräumung gleichwertiger Vorteile[307]. Die Vorteilsgewährung könne entgegen § 311 Abs. 2 AktG auch erst in späteren Geschäftsjahren erfolgen. Entscheidend sei, wann der Nachteil bilanzwirksam werde[308]. Auch *Lutter* deutet das Urteil dahingehend, daß der BGH die Notwendigkeit und rechtliche Möglichkeit anerkenne, nachteilige Einzelentscheidungen zu treffen, sofern nur mittelfristig ein Ausgleich von Nachteilen und Vorteilen, von Chancen und Risiken erfolge[309]. Die Haftungsformel sei Ausdruck der Pflicht zu ordnungsgemäßer Konzerngeschäftsführung[310].

---

306 Vgl. auch S. 80 ff. sowie S. 94 ff.

307 *Krieger* ZGR 1994, 375, 379 f.

308 *Krieger* ZGR 1994, 375, 380 f.

309 *Lutter* JZ 1993, 580 f.; ebenso *Drygala* GmbHR 1993, 317, 324; anders aber *Lutter* Holding-Handbuch F 49 f.: §§ 311 ff. AktG nicht anwendbar. Keine Erlaubnis zur Schädigung selbst gegen sofortigen Ausgleich.

310 Zu diesem Ansatz vgl. S. 18 f.

Nach *Buchner/Weigl* sind die §§ 311, 317 AktG nur insoweit heranzuziehen, als es um das Verständnis der Nachteilszufügung geht. Daher sei davon auszugehen, daß jede abhängigkeitsbedingte Gefährdung oder Minderung der Vermögenslage[311] Nachteilszufügung sei. Ob ein Nachteil Abhängigkeitsfolge sei, müsse anhand von § 317 Abs. 2 AktG bestimmt werden. Auf subjektive Pflichtwidrigkeit komme es dabei nicht an[312]. Des weiteren könne auf die im Aktienrecht entwickelten Vermutungen zur Verbesserung der Darlegungssituation des Anspruchstellers zurückgegriffen werden, wenn es um die Frage gehe, ob ein Nachteil auf die Einflußnahme des herrschenden Unternehmens zurückzuführen sei[313].

Vorsichtiger äußert sich *Ulmer* dahin, daß das TBB-Urteil eine Anlehnung an den Nachteilsbegriff des § 311 Abs. 1 AktG enthalte[314]. *Kropff* erblickt die Anlehnung an § 311 AktG darin, daß ausschließlich auf den Zeitpunkt der Einwirkung durch den Gesellschafter abzustellen sei, wenn es um die Frage gehe, ob eine Handlung nachteilig sei[315].

bb) Einordnung der Nachteilszufügung anhand der auslösenden Einwirkung: Fehlende Rücksicht auf eigene Belange der GmbH

Dem TBB-Urteil kann nicht entnommen werden, daß die mitgliedschaftliche Treubindung gelockert, das strikte Schädigungsverbot mithin aufgeweicht worden wäre. Die Bezugnahme auf eine (lediglich) "angemessene Rücksichtnahme" bedeutet nicht, daß es dem herrschenden Unternehmen gegen mittelfristigen oder sofortigen Ausgleich gestattet wäre, der GmbH Nachteile zuzufügen. Auch der Unternehmensgesellschafter schuldet uneingeschränkte Rücksichtnahme auf das Gesellschaftsinteresse bei Wahrnehmung gesellschaftsbezogener Rechte[316]. Daß dies die Sichtweise des BGH in der TBB-Entscheidung ist, jedenfalls sofern es um die mehrgliedrige GmbH geht, zeigt sich daran, daß die Haftungsformel gerade den Vorwurf enthält, das herrschende Unternehmen habe auf die eigenen Belange der GmbH keine Rücksicht genommen. Diese Formulierung variiert

---

311 Abw. *Hommelhoff* ZGR 1994, 395, 413 a.E.

312 *Buchner/Weigl* DNotZ 1994, 580, 592 f. mit Fn. 90; ebenso *Weigl* Haftung, 1996, S. 96 ff.; der Sache nach für Anwendung von § 317 Abs. 2 AktG als Vergleichsmaßstab auch *Limmer* DStR 1993, 765, 767 li.Sp.

313 *Buchner/Weigl* DNotZ 1994, 580, 593 mit Fn. 91; *Weigl* Haftung, 1996, S. 97 mit Fn. 113.

314 *Ulmer*, in: Hachenburg GmbHG Anh. § 77 Rn. 130.

315 *Kropff* AG 1993, 485, 491 re.Sp. a.E.

316 Vgl. dazu bereits S. 39 ff., 51.

in den Folgeentscheidungen. Die eigenen Belange werden darin als die Eigeninteressen[317] bzw. Interessen[318] der abhängigen GmbH bezeichnet. Bezugspunkt des Rücksichtnahmegebots ist das Gesellschaftsinteresse. Dem herrschenden Unternehmen ist die nachteilige Einflußnahme untersagt, weshalb die Nachteilszufügung ein pflichtwidriges[319] Verhalten darstellt.

Der Gesellschafter kommt dem Gebot zur Rücksichtnahme nach, wenn er bei Einflußnahme auf die Geschäftsführung sein Stimmrecht in der Gesellschafterversammlung zur Förderung der GmbH einsetzt. Auf der anderen Seite ist die Ausübung der Konzernleitungsmacht noch nicht gleichbedeutend mit der Verletzung des Rücksichtnahmegebots[320]. Erforderlich ist vielmehr, daß die Einwirkung der Förderung des Konzerninteresses dient sowie für die Gesellschaft nachteilig ist. Ob diese Nachteiligkeit vorliegt, kann zwar aus der Rückschau eindeutig beantwortet werden. Stellt sich eine Maßnahme im nachhinein als schädlich heraus, dann war sie eben nicht dazu geeignet, dem Gesellschaftsinteresse zu dienen. Allerdings würden die Anforderungen an die Sorgfalt des Gesellschafters überspannt, wenn dies ausreichen würde, um eine Verletzung des Rücksichtnahmegebots anzunehmen. Dies deshalb, weil auch die gesellschaftsbezogenen Rechte es dem Gesellschafter ermöglichen sollen, den bestmöglichen Weg zur Förderung der GmbH nach eigenem unternehmerischen Ermessen festzulegen. Hierbei besteht ein weiter Ermessens- und damit Handlungsspielraum[321]. Wird aber ein weiter Ermessensspielraum zugestanden, so werden auch regelmäßig verschiedene Handlungsweisen als pflichtgemäß eingestuft werden müssen. Der Gesellschafter verletzt das Rücksichtnahmegebot erst, wenn die Einwirkung erkennbar[322] nachteilig ist. Hierin liegt die Bedeutung des Adjektivs "angemessen".

Die Rücksichtnahme ist angemessen, wenn ein Nachteil für die Gesellschaft nicht erkennbar war. Unangemessen und pflichtwidrig ist eine Einflußnahme des herrschenden Unternehmens umgekehrt erst dann, wenn sie unter Berücksichtigung der im Zeitpunkt der Einwirkung erkennbaren Umstände unter Einbeziehung der absehbaren Entwicklung zur Förderung

317 BGH NJW 1994, 3288, 3290 re.Sp.; BGH NJW 1996, 1283, 1284 li.Sp.

318 BGH NJW 1995, 1544, 1545 li.Sp.; BGH NJW 1995, 2989, 2990.

319 Vgl. nur *Ulmer*, in: Hachenburg GmbHG Anh. § 77 Rn. 131, 132.

320 Vgl. S. 52 f.

321 *Winter* Treuebindungen, 1988, S. 106.

322 Zu dem Maßstab, der bei Ermittlung der Erkennbarkeit anzulegen ist, vgl. unten auf S. 83 f.

des Gesellschaftsinteresses eindeutig ungeeignet ist. Erfaßt sind damit namentlich Risikogeschäfte, deren positiver Verlauf im Zeitpunkt der Einwirkung nicht erwartet werden kann, weil das Risiko des Mißlingens die Erfolgschancen eindeutig überwiegt, ferner Geschäfte, bei denen zwar eine gewisse Erfolgsaussicht angenommen werden kann, die aber bei negativem Ausgang zu einer nachhaltigen Beeinträchtigung der Vermögenslage oder der Ertragskraft der Gesellschaft führen[323]. Unterhalb der Schwelle der Erkennbarkeit bleiben die "reinen" unternehmerischen Fehlentscheidungen des herrschenden Unternehmens unberücksichtigt, wirken somit nicht haftungsauslösend[324].

Aufgrund der ex-ante-Prognose weist die Haftungsformel aus dem TBB-Urteil zwar eine Ähnlichkeit zu § 311 Abs. 1 AktG auf, weil auch dort die Frage, ob eine Nachteilszufügung vorliegt, nicht anhand einer Rückschau aufgrund der Tatsachenkenntnis am Ende des Kausalverlaufs zu beantworten ist. Der nachteilige Charakter ist unter ausschließlicher Einbeziehung der im Zeitpunkt der Vornahme des Rechtsgeschäfts oder der Maßnahme bekannten oder erkennbaren Umstände zu ermitteln[325]. Die hier wie dort geforderte Prognoseentscheidung kann aber nicht die Annahme rechtfertigen, daß der BGH damit an den aktienrechtlichen Nachteilsbegriff angeknüpft habe. Aus einer Umstellung der Haftungsformel wird deutlich, daß der BGH den Nachteilsbegriff nur dazu nutzt, die Folge der fehlenden, weil nicht angemessenen Rücksicht auf die Interessen der GmbH zu umschreiben[326]. Die Kategorien des § 311 AktG werden auch nicht benötigt, um die Beeinträchtigung der Vermögens- und Ertragslage als "zugefügten Nachteil" erfassen zu können, weil die Verletzung des Rücksichtnahmegebots Schadensersatzansprüche auslöst[327], also die Beeinträchtigung des Gesellschaftsinteresses über die §§ 249 ff. BGB kompensiert wird. Letztlich bestätigt sich die Einschätzung *Kropffs*, der BGH habe sich wohl über das Verhältnis von Nachteil und Schaden kaum Gedanken gemacht[328]. Hinzuzufügen ist: Es bestand auch keine Veranlassung dazu, weil Treubindungen des Mehrheitsgesellschafters zu den gesicherten Bestandteilen der

---

323 *Winter* Treuebindungen, 1988, S. 107.

324 Zutreffend *Drygala* GmbHR 1993, 317, 322; *Weigl* Haftung, 1996, S. 97 f.

325 *A/D/S* § 311 AktG Rn. 42; *Hüffer* AktG § 311 Rn. 28; *Koppensteiner*, in: Kölner Komm. § 311 Rn. 23 m.w.N.; *Kropff*, in: *Geßler/Hefermehl* § 311 Rn. 114.

326 Vgl. BGH NJW 1995, 2989, 2990 re.Sp.

327 Vgl. S. 45 f.

328 *Kropff* AG 1993, 485, 491 re.Sp.

Rechtsprechung zählen und ihre Verletzung eine Ersatzpflicht auslöst, der zugefügte Nachteil also anhand der §§ 249 ff. BGB auszugleichen ist.

b) Keine Kompensation durch Einzelausgleich

aa) Aussagen im TBB-Urteil

(1) Ausgangslage

Der Beklagte war neben seiner für die Revisionsinstanz anzunehmenden Stellung als mittelbarer Alleingesellschafter der TBB-GmbH Inhaber zweier Einzelunternehmen und an vier weiteren Gesellschaften unmittelbar oder mittelbar maßgeblich beteiligt. Er gab als Alleingeschäftsführer der "TBB" und Geschäftsführer der vier weiteren Gesellschaften sowie als Inhaber der Einzelunternehmen gegenüber der Bremer Landesbank eine schriftliche Erklärung ab, mit der die sieben Unternehmen die gesamtschuldnerische Haftung für die Verbindlichkeiten jedes einzelnen von ihnen gegenüber der Bank übernahmen. Sie wurde ermächtigt, die Kontenstände jeweils vor Saldenaufnahme zu verrechnen. Weiter übereignete die "TBB" der Bank das gesamte Büroinventar. Zudem trat sie neben einer der Gesellschaften und einem Einzelunternehmen ihre Rechte und Ansprüche aus Verträgen mit Bauherren an die Bank ab.

(2) Die Bewertung der Vorgänge durch den BGH

Nach Ansicht des BGH verbleibt es beim Einzelausgleich, soweit zwar die "TBB" aufgrund der vertraglichen Haftungsübernahme für fremde Verbindlichkeiten in Anspruch genommen worden ist, jedoch die ungerechtfertigten Belastungen mit fremden Schulden in den Büchern vollständig erfaßt worden sind, weil sie dadurch jeweils einem Einzelausgleich zugänglich gemacht worden sind. Weiter führt der Senat aus, daß unabhängig von der tatsächlichen Heranziehung für fremde Schulden bereits infolge der Haftungsübernahme eine durch Einzelausgleich nicht mehr zu kompensierende Beeinträchtigung der Interessen der "TBB" vorliegen könne, nämlich dann, wenn die durch die Übernahme begründeten Risiken so groß gewesen seien, daß sie sich unmittelbar auf den Vermögensstand des von der Gefahr einer Inanspruchnahme betroffenen Unternehmens ausgewirkt hätten. Sei dies Risiko nicht durch entsprechende Rückstellung in der Bilanz der "TBB" abgesichert worden, so hätte der geschaffene Haftungsverbund zu einer Unübersichtlichkeit der das Vermögen der "TBB" berührenden Einwirkungen geführt, was die Anwendung der §§ 302, 303 AktG rechtfertige[329].

---

329 BGHZ 122, 123, 131 f.

bb) Beurteilung der Aussagen im Schrifttum

(1) Die Argumentation *Hommelhoffs:* Interessenumbruch als Haftungsvoraussetzung - Indizwirkung: Einzelausgleichsunfähigkeit

Hommelhoff bezweifelt, daß die Maßnahmen einem Einzelausgleich nicht zugänglich waren. Gesamtschuldübernahme, Übereignung von Büromöbeln und Übertragung der Bauherrenansprüche seien durch actus contrarii rückabwickelbar gewesen, unterlassene Rückstellungen kein wesentliches Hindernis für den Einzelausgleich. Bei einer Gesamtschau hätte es nur darauf ankommen können, in welcher Höhe der "TBB" Bankdarlehen zugute gekommen seien und in welchem Umfang die Sicherheiten ihren Kreditanteil überschritten hätten[330]. Deshalb gelangt er zu dem Schluß, daß Einzelausgleichsunfähigkeit nicht als Merkmal der Haftungsformel verstanden werden dürfe. Entscheidend sei der vollständige Interessenumbruch in der abhängigen GmbH; die Unmöglichkeit des Einzelausgleichs bilde nur ein Indiz dafür, daß der Umbruch stattgefunden habe, das Eigeninteresse der GmbH nicht länger feststellbar sei[331]. Das Niveau, auf dem ein Umbruch angenommen werden könne, sei erreicht, wenn eine völlige Indienstnahme oder gar Ausbeutung für Konzernbelange stattgefunden habe. Auf dieser Basis könne der Argumentation des BGH gefolgt werden, weil die Handlungen, die das herrschende Unternehmen als Geschäftsführer der "TBB" vorgenommen habe, gerade Ausdruck für eine Behandlung der GmbH als Funktionsstelle innerhalb des Konzerns ohne jede eigene Interessenausrichtung gewesen seien. So gewendet paßten die unterlassenen Rückstellungen ins Gesamtbild, nämlich als starkes Indiz für die Nichtbeachtung des Eigeninteresses, wie umgekehrt eine ordnungsgemäße Bilanzierung ein gegenläufiges Indiz darstelle[332].

(2) Die Gegenposition: Einzelausgleichsunfähigkeit als Haftungsvoraussetzung

Überwiegend ist die Aussage des BGH, der Globalausgleich komme in Betracht, wenn sich der insgesamt zugefügte Nachteil nicht durch Einzelausgleichsmaßnahmen kompensieren lasse, als weitere Haftungsvoraussetzung, und nicht als bloßes Indiz für das Vorliegen eines anderen Elements verstanden worden. Geteilt werden indes weithin die Bedenken *Hommelhoffs*, ob in der TBB-Situation überhaupt ein Versagen der Einzelausgleichskonzepte vorgelegen habe. Aus diesen Zweifeln wird der Schluß

330 *Hommelhoff* ZGR 1994, 395, 406 f.

331 *Hommelhoff* ZGR 1994, 395, 408 ff.

332 *Hommelhoff* ZGR 1994, 395, 411 f.

gezogen, daß aus Sicht des BGH für eine Unmöglichkeit des Einzelausgleichs bereits die Erschwerung von Ansprüchen infolge des Verstoßes gegen Aufzeichnungs- oder Buchführungspflichten genüge, wenn ihre Einhaltung die Durchsetzung des Einzelausgleichs zumindest erleichtere[333]. Hier setzt auch die Kritik an, wenn betont wird, daß es nicht genügen könne, aufgrund einer an sich gebotenen, aber unterlassenen Rückstellung zum Verlustausgleich verpflichtet zu sein, weil die Unterlassung noch nicht zur Unübersichtlichkeit der Vermögensverhältnisse führe[334].

cc) Einbeziehung des Urteils vom 27.3.1995

In dieser Entscheidung[335] trat die GmbH Werklohnansprüche an die Unternehmensgesellschafter als Mitglieder einer Architektengemeinschaft zur Sicherung von Honorarforderungen ab. Die Werklohnforderungen überstiegen die Honoraransprüche um das Zwanzigfache. Der BGH ließ die Übersicherung nicht genügen, um die Einzelausgleichsfähigkeit in Zweifel zu ziehen, da im einzelnen feststehende Forderungen abgetreten worden seien, und Rückübertragungs- und Bereicherungsansprüche ausreichten, um einen bleibenden Rechtsnachteil der Gesellschaft nicht erst entstehen zu lassen. Eine abweichende Beurteilung sei erst dann angezeigt, wenn Umstände die Annahme nahelegten, daß der GmbH Nachteile zugefügt worden seien, die sich in dem zeitweiligen Entzug der abgetretenen Forderungen nicht erschöpften.

dd) Stellungnahme

Hommelhoff hat seine Umbruchthese auf eine Passage im TBB-Urteil gestützt, in der es heißt, es müßten Umstände vorliegen, die die Annahme zumindest nahelegten, daß bei der Unternehmensführung im Hinblick auf das Konzerninteresse eigene Belange der GmbH über bestimmte, konkret ausgleichsfähige Einzeleingriffe hinaus beeinträchtigt worden seien[336]. Die Aussage ist auch im Urteil vom 27.3.1995[337] enthalten. Damit ist aber nur die Situation angesprochen, daß ein Nachteil durch Einzelausgleichsansprüche nicht ausgeglichen werden kann. Entscheidend ist also nicht ein Interessenumbruch, sondern das Vorliegen eines Sachverhalts,

333 *Buchner/Weigl* DNotZ 1994, 580, 594; *Drygala* GmbHR 1993, 317, 320 re.Sp.; *Weigl* Haftung, 1996, S. 119, 121, 126; wohl auch *Schulze-Osterloh* ZIP 1993, 1838, 1840 ff.

334 *Kowalski* GmbHR 1993, 253, 258; *Krieger* ZGR 1994, 375, 385.

335 BGH NJW 1995, 1544, 1545.

336 *Hommelhoff* ZGR 1994, 395, 410; vgl. zu der Aussage S. 96 ff.

337 Nachw. in Fn. 335.

bei dem die Rechtsfolgen der Einzelausgleichsansprüche nicht weiterhelfen. Gegen die Umbruchthese *Hommelhoffs* spricht zudem, daß sie nicht praxistauglich ist, weil unklar bleibt, unter welchen Voraussetzungen ein Umbruch angenommen werden darf. *Hommelhoff* nennt als gewichtigstes Indiz für einen Interessenumbruch die Unmöglichkeit zum Einzelausgleich. Er stuft sodann die unterlassene Rückstellung als lediglich unwesentliches Hindernis für den Einzelausgleich ein, so daß man annehmen könnte, die unterbliebene Rückstellung führe nicht zu § 302 AktG, weil keine Indizien für einen Umbruch vorliegen. Sodann wertet er jedoch eine Rückstellung als ein Indiz dafür, daß das Interesse gewahrt worden ist, und gelangt damit bei unterbliebener Rückstellung zum Globalausgleich[338]. Das paßt nicht zusammen, weil die unterlassene Bildung eines Passivpostens zunächst im Hinblick auf die Interessenwahrung als unwesentlich und sodann als beachtlich eingestuft wird.

Offen ist noch, ob eine zum Verlustausgleich führende Unmöglichkeit der Einzelkompensation aus Sicht des BGH auch gegeben sein kann, wenn Schadensersatzansprüche daran scheitern, daß ein Verstoß gegen Gesellschafterpflichten tatsächlich nicht ermittelbar ist. Eine Stelle in der TBB-Entscheidung deutet darauf hin, daß es auch dann zum Verlustausgleich kommen kann, wenn schon eine pflichtwidrige und schädigende Handlung nicht festzustellen ist, weil der BGH ausführt, einzelne schädigende Eingriffe ließen sich nicht mehr isolieren, wenn infolge der Dichte der Einflußnahme die Verhältnisse unübersichtlich geworden seien[339]. Das könnte dafür sprechen, daß schon deshalb der Übergang vom Einzel- zum Verlustausgleich in Betracht kommt, weil das herrschende Unternehmen zugleich als Geschäftsführer tätig gewesen ist, deshalb infolge intensiver Leitungsdichte einzelne pflichtwidrige und schädliche Eingriffe nicht mehr zu erkennen sind, letztlich also eine Benachteiligung keiner pflichtwidrigen Handlung des Gesellschafters kausal zuzuordnen ist und daher Einzelausgleich nicht gelingt. In diese Richtung geht auch die Interpretation *Ulmers*, der das Scheitern des Einzelausgleichs aus "tatsächlichen (Nachweis)Gründen" als genügend einstuft. Andererseits nimmt er die Fälle aus, in denen das herrschende Unternehmen deshalb keiner Pflicht zum Einzelausgleich unterliegt, weil es nicht gegen seine Gesellschafterpflichten verstoßen hat[340]. Letzteres spricht dafür, daß jedenfalls in der mehrgliedrigen GmbH der Nachweis zumindest einer pflichtwidrigen und schädigenden Einwirkung unerläßlich ist. In der Haftungsformel kommt das allerdings nur versteckt zum Ausdruck, aber immerhin verlangt der BGH einen "zugefüg-

338 *Hommelhoff* ZGR 1994, 395, 411 i.V.m. 407 i.V.m. 412.

339 BGHZ 122, 123, 127; vgl. auch ebenda S. 132.

340 *Ulmer*, in: Hachenburg GmbHG Anh. § 77 Rn 141; zustimmend *Emmerich/Habersack* Aktienkonzernrecht Vor. § 311 Rn. 25.

ten" Nachteil. Die Zufügung erfolgt durch mangelnde Rücksichtnahme auf das Gesellschaftsinteresse und ist folglich pflichtwidrig. Damit ist zugleich die kausale Verknüpfung hergestellt. Zum Verlustausgleich kann es - bei der mehrgliedrigen GmbH - nur kommen, wenn überhaupt eine Benachteiligung der GmbH feststellbar ist und dieser Nachteil auf die Verletzung des Rücksichtnahmegebots zurückzuführen ist[341], also das herrschende Unternehmen gegen seine Gesellschafterpflichten verstoßen hat und der Verstoß für die Benachteiligung ursächlich gewesen ist. Ist hingegen schon ein Schadenseintritt als Folge mangelnder Rücksicht nicht zu belegen, so daß Schadensersatzansprüche wegen Verletzung mitgliedschaftlicher Treubindungen aus diesem Grund ausscheiden, dann kommt es auch nicht zum Verlustausgleich. Die noch so intensive Leitungsdichte kann ohne Hinzutreten der Verletzung einer Gesellschafterpflicht nicht ausreichen[342], weil die Leitungsstruktur selbst nicht als Zufügung eines Nachteils angesehen werden kann.

Eine hiervon zu unterscheidende Detailfrage ist, weshalb eine pflichtwidrige und schädliche Einflußnahme zu einem Nachteil führen soll, der nicht durch Einzelausgleich kompensiert werden kann, wenn eine gebotene Rückstellung unterblieben ist. Selbst wenn zusätzliche Buchführungsfehler hinzutreten, kann doch unter Hinzuziehung weiterer Unterlagen der Schaden ermittelt werden. Die Schadenshöhe kann notfalls nach § 287 ZPO geschätzt werden. Die Überlegungen deuten darauf hin, daß der BGH auf die Ermittlung des Schadensumfangs zugunsten des Globalausgleichs vorschnell verzichtet. Indes ist bei dieser Einschätzung zu berücksichtigen, daß die TBB-GmbH keine abweichende Minderheit hatte, also wirtschaftlich eine Einmann-Gesellschaft war. Daß der BGH bereits bei einer nicht vorgenommenen Rückstellung eine Unübersichtlichkeit der Vermögensverhältnisse annehmen will, könnte durch die Sonderstellung der Einmann-GmbH[343] in seiner Rechtsprechung zu erklären sein, was zur Folge hätte, daß die Aussagen nicht ohne weiteres auf die mehrgliedrige GmbH übertragen werden könnten. Hierauf wird im Zusammenhang mit der Bedeutung der Haftungsformel für die eingliedrige GmbH zurückzukommen sein[344].

---

341 Deutlich *Goette* DStR 1994, 1818, 1819 li.Sp.; *ders.* DStR 1995, 991 re.Sp.; *ders.* § 9 Rn 21; *Henze* Hdb. GmbH Rn. 1516 (Thesen 1, 2, 8).

342 Ebenso *Ulmer,* in: Hachenburg GmbHG Anh. § 77 Rn. 129 i.V.m. Rn. 150; zum "Versagen" des Einzelausgleichs bei eingliedriger GmbH vgl. unten S. 94 ff.

343 Vgl. bereits oben S. 54 ff.

344 Vgl. dazu unten S. 93 ff., 101 f.

c) Die Erkennbarkeit nachteiliger Einwirkung

Das herrschende Unternehmen nimmt bei Ausübung der Konzernleitungsmacht keine angemessene Rücksicht auf das Gesellschaftsinteresse der GmbH, wenn die Einflußnahme dem Konzerninteresse dient und überdies die GmbH benachteiligt, wobei der Nachteil im Zeitpunkt der Einwirkung erkennbar gewesen sein muß[345]. Ohne diese Erkennbarkeit läßt sich die objektive Pflichtwidrigkeit nicht begründen. Offen ist jedoch, welche Anforderungen daran zu stellen sind. Teilweise wird ausdrücklich darauf abgehoben, ob die Schädigung bei Anwendung der Sorgfalt eines ordentlichen Geschäftsmanns voraussehbar war[346]. Dagegen wird eingewandt, für die Rechtswidrigkeit geschäftsführungserheblichen Verhaltens des Gesellschafters, insbesondere also bei Weisungen an den Geschäftsführer, könne nicht ohne weiteres auf die Kategorien des § 43 GmbHG zurückgegriffen werden. Da es um zweckbezogene Entscheidungen gehe, ergebe sich die Rechtswidrigkeit erst aus der Beeinträchtigung des Gesellschaftszwecks, die feststehen müsse[347]. Die letztgenannte Ansicht verdient in ihrer Grundannahme[348] Zustimmung, daß nämlich der Gesellschafter einen Ermessensspielraum bei der Verwirklichung des Gesellschaftsinteresses hat und in den Grenzen der Gesellschaftsbelange eigene Interessen verfolgen darf[349]. Das braucht aber nicht der Auffassung zu widersprechen, daß anerkannte kaufmännische Grundsätze zu beachten sind, wenn auf die Geschäftsführung eingewirkt wird. Da mit dieser Einwirkung kaufmännische Entscheidungen getroffen werden, kann die Beurteilung der Folgen dieser Handlung für das Gesellschaftsinteresse nicht ohne Rückgriff auf kaufmännische Bewertungskriterien auskommen. Insofern ist es sachgerecht, vom Gesellschafter die Einhaltung kaufmännischer Sorgfalt zu fordern, ohne daß ihm damit die Verfolgung eigener Interessen abgeschnitten würde. Er kann sie aber nur im Rahmen des eingeräumten Ermessens verwirklichen.

---

345 Vgl. S. 75 ff.

346 *Winter* Treuebindungen, 1988, S. 109; in der ITT-Entscheidung hat der BGH den Maßstab des § 43 Abs. 1 GmbHG zur Ermittlung des Gesellschafterverschuldens zugrunde gelegt (vgl. NJW 1976, 191, 192 unter 3. der Urteilsgründe [insoweit nicht in BGHZ 65, 15]) und dies in BGHZ 93, 146, 150 bestätigt, weil es sich im ITT-Urteil um ein "Unternehmen mit kaufmännisch organisiertem Geschäftsbetrieb" gehandelt habe.

347 *Rowedder/Koppensteiner* GmbHG § 47 Rn. 110 i.V.m. § 43 Rn. 58.

348 Vgl. Nachw. in Fn. 347.

349 Vgl. dazu bereits S. 76.

Die Pflichtwidrigkeit wird infolgedessen verbotsbezogen und nicht erfolgsbezogen[350] ermittelt, weil nicht schon der Eintritt des schädigenden Erfolgs rechtswidrigkeitsbegründend wirkt, sondern zusätzlich die Übertretung einer Verhaltensnorm - des Rücksichtnahmegebots - notwendig ist. Bei der verbotsbezogenen Rechtswidrigkeit können Sorgfaltsmaßstäbe auf zwei Ebenen Bedeutung erlangen, einmal bei der Prüfung, ob die Verhaltensnorm übertreten worden ist, und zum zweiten auf der Schuldstufe. Hängt die Einhaltung einer Verhaltensnorm - wie hier die Wahrung angemessener Rücksicht - von der Beachtung einer Sorgfaltspflicht ab, dann geht der Sorgfaltsmaßstab bereits in diese Frage ein, zählt also nicht erst zur Schuldstufe[351].

d) Objektiver Mißbrauch

Nach der Haftungsformel aus dem TBB-Urteil hat das herrschende Unternehmen für objektiven Mißbrauch einzustehen. Damit wird auf schuldhaftes Verhalten verzichtet[352].

4. Die Rücksichtnahmeformel für die eingliedrige GmbH

a) Gesellschaftsinteresse: Deckung der Verbindlichkeiten

Der BGH hat im TBB-Urteil speziell für die Einmann-GmbH betont, angemessene Rücksicht fehle, wenn die Gesellschaft infolge der im Konzerninteresse ausgeübten Einwirkungen ihren Verbindlichkeiten nicht nachkommen könne[353]. In einer späteren Entscheidung wird das leicht variiert dahin formuliert, die GmbH müsse so geführt werden, daß sie ihren Verbindlichkeiten nachkommen könne, solange keine unvorhergesehenen Entwicklungen einträten. Als Bezugspunkt der so umschriebenen Rücksichtnahmeformel werden die Eigenbelange nachgereicht[354]. Die mehrgliedrige Gesellschaft wird vom BGH diesbezüglich der eingliedrigen GmbH gleichgestellt, wenn alle Gesellschafter einvernehmenlich handeln[355]. Da die

350 Zu dieser Differenzierung s. *Hanau*, in: MünchKomm BGB § 276 Rn. 31 f. m.w.N. in Fn. 63; *Winter* Treuebindungen, 1988, S. 108.

351 *Hanau*, in: MünchKomm BGB § 276 Rn. 31.

352 *Baumbach/Hueck/Zöllner* GmbHG Anh. Konzernrecht Rn. 86; *Ulmer*, in: Hachenburg GmbHG Anh. § 77 Rn. 131 a.E.; *Altmeppen* Haftung, 1998, S. 94.

353 BGHZ 122, 123, 130.

354 BGH NJW 1994, 3288, 3290 re.Sp. letzter Abs.; in BGHZ 122, 123, 130 fehlte der Bezugspunkt noch.

355 Vgl. BGH NJW 1994, 3288.

Begriffe Eigenbelange, Eigeninteresse oder Interesse bzw. Belange der GmbH funktional austauschbare Umschreibungen für das zu berücksichtigende Gesellschaftsinteresse sind, drücken die Formulierungen die Anerkennung eines vom Gesellschaftergesamtinteresse zu unterscheidenden Gesellschaftsinteresses aus[356]. Was das im einzelnen bedeutet, wird im folgenden zu untersuchen sein.

b) Deckung der Verbindlichkeiten - Bedeutung und Reichweite der Formel

aa) Meinungsbild

Nach Ansicht von *Schulze-Osterloh* besteht zwischen eingliedriger und mehrgliedriger Gesellschaft hinsichtlich der haftungsauslösenden Voraussetzungen kein Unterschied, da es allein auf die Zufügung von Nachteilen ankomme, die nicht durch Einzelmaßnahmen ausgeglichen würden bzw. solche Maßnahmen nicht möglich seien. Ob speziell die Einmann-GmbH noch ihre Verbindlichkeiten erfüllen könne, sei nicht entscheidend[357]. *Henze* führt aus, daß die Haftungsformel auch auf die Einmann-GmbH anzuwenden sei, ohne daß den Ausführungen Einschränkungen gegenüber der mehrgliedrigen GmbH zu entnehmen sind[358]. *Kowalski* interpretiert die Passage des TBB-Urteils dahin, daß der Gesellschafter innerhalb der Grenzen der §§ 30, 31 GmbHG zwar über das Vermögen verfügen könne, aber bei seinen Eingriffen auf die Alt- und vorhersehbaren Neugläubiger Rücksicht nehmen und der GmbH die zur Begleichung ihrer Verbindlichkeiten nötigen Mittel belassen müsse[359]. *Kropff* weist darauf hin, daß eine mangelnde Rücksicht, die darin bestehen soll, daß die GmbH infolge der im Konzerninteresse ausgeübten Einwirkungen ihren Verbindlichkeiten nicht nachkommen kann, vom Wortsinn her über eine Verhaltenshaftung hinausgehe in Richtung Erfolgshaftung, da auch wohlmeinende, aber zur Zahlungsunfähigkeit führende Maßnahmen einbezogen werden müßten. Da dies nicht so gemeint sein könne, dürfe die Zahlungsunfähigkeit lediglich als Indiz für eine Gläubigerschädigung gewertet werden[360]. *Kleindiek*

356 Übereinstimmend insoweit *Gätsch* Gläubigerschutz, 1997, S. 173 f., der die Anerkennung eines Gesellschaftsinteresses aber automatisch mit der Anerkennung einer Treubindung gleichsetzt.

357 *Schulze-Osterloh* ZIP 1993, 1838, 1840 li.Sp.

358 *Henze* Hdb. GmbH Rn. 1516 (These 9).

359 *Kowalski* GmbHR 1993, 253, 256, 259; tendenziell ebenso *Drygala* GmbHR 1993, 317, 325 re.Sp.

360 *Kropff* AG 1993, 485, 490; gegen die Annahme einer Indizwirkung *Limmer* DStR 1993, 765, 767.

neigt dazu, die unter Verstoß gegen § 30 GmbHG herbeigeführte Zahlungsunfähigkeit als haftungsauslösend einzustufen, zweifelt aber gleichwohl, ob allein dies aus der Sicht des BGH genüge, weil den Gläubigerinteressen mit dem Anspruch aus § 31 Abs. 1 GmbHG doch durchaus gedient sei[361]. Nach *Burgard* soll demgegenüber entscheidend darauf abzustellen sein, ob der GmbH jegliche finanzielle Bewegungsfreiheit unabhängig von den Grenzen der §§ 30 ff. GmbHG genommen werde[362]. *Buchner/Weigl* gehen davon aus, daß der für die eingliedrige GmbH formulierten Passage keine selbständige Bedeutung für den Haftungstatbestand zukomme, sondern sich ihre Bedeutung darin erschöpfe, die Art der Nachteilszufügungen näher zu konkretisieren, die zum Verlustausgleich führten. Ihnen müsse die Eignung zur Herbeiführung der Vermögenslosigkeit[363] oder Zahlungsunfähigkeit[364] zukommen.

Im Gegensatz zu diesen Stimmen hebt *Ulmer* ausdrücklich hervor, daß nach der Aussage des BGH bei der Einmann-GmbH höhere Anforderungen an das Eingreifen einer Konzernhaftung gestellt werden müßten. Allerdings decke sich die Lösung des BGH im Ansatz mit der Überlegung, daß auch dem Alleingesellschafter eine abgeschwächte Treupflicht gegenüber der GmbH obliege, nämlich darauf gerichtet, bestandsgefährdende Eingriffe zu unterlassen[365]. Insbesondere gebiete ihm das Bestandsschutzinteresse der GmbH, Einwirkungen zu unterlassen, die vorhersehbar die Überschuldung oder Zahlungsunfähigkeit herbeiführen[366].

bb) Gesellschaftsinteresse der Einmann-GmbH und Treupflicht des Alleingesellschafters in der Rechtsprechung des BGH nach "Autokran"

Die These *Ulmers*[367] wird auf den ersten Blick durch die Aussage des BGH gestützt, Eigenbelange der Einmann-GmbH seien nicht genügend berücksichtigt worden, wenn die GmbH infolge der Einwirkungen im Konzerninteresse ihren Verbindlichkeiten nicht nachkommen könne; damit wird dem Alleingesellschafter nämlich scheinbar ein zu berücksichtigendes

---

361 *Kleindiek* DZWir 1993, 177, 181.

362 *Burgard* WM 1993, 925, 929 li.Sp.

363 *Buchner/Weigl* DNotZ 1994, 580, 596 f.

364 *Weigl* Haftung, 1996, S. 106 ff., 109 f.

365 *Ulmer*, in: Hachenburg GmbHG Anh. § 77 Rn. 135.

366 *Ulmer*, in: Hachenburg GmbHG Anh. § 77 Rn. 87.

367 Vgl. zuvor unter aa.

Gesellschaftsinteresse vorgegeben. Gleichwohl wäre es unzutreffend, daraus ableiten zu wollen, daß der BGH damit eine - wenn auch nur abgeschwächte - Treupflicht anerkannt hätte. Richtig ist das Gegenteil: Den Alleingesellschafter trifft nach Ansicht des II. Zivilsenats gegenüber der Gesellschaft keine Treupflicht[368]. Im TBB-Urteil klingt das deutlich an: "Soweit sich einzelne ... Schmälerungen des Gesellschaftsvermögens feststellen lassen sollten, würden sich daraus ... keine Schadensersatzansprüche der T. gegen den Beklagten als deren ... wirtschaftlichem Alleingesellschafter ergeben"[369].

Im Vorfeld dieses Urteils kommt die Zurückhaltung gegenüber einer Treupflichtlösung in folgender Passage zum Ausdruck: "Die Gesellschaft konnte mithin ... im Ergebnis nicht anders als bei einer Einpersonen-GmbH ... keinen von demjenigen des Beklagten abweichenden Willen haben"[370]. Weiter heißt es[371]: "Angesichts der Stellung des Beklagten als ... Alleingesellschafter der GmbH ... kommt die Verletzung einer Treuepflicht gegenüber der Gesellschaft und Mitgesellschaftern nicht in Betracht. Jedenfalls außerhalb der Gefährdung von Gläubigerinteressen ist ein von der Gesamtheit der Gesellschafterinteressen unabhängiges Gesellschaftsinteresse, dem eine Treuepflicht des Gesellschafters gegenüber der Gesellschaft Rechnung zu tragen hätte, grundsätzlich nicht anzuerkennen".

Im Anschluß an die TBB-Entscheidung hat der BGH diese Linie erneut bekräftigt[372]: "Der alleinige Gesellschafter einer GmbH schuldet dieser ... weder wegen Treuepflichtverletzung noch unter dem Gesichtspunkt der unerlaubten Handlung Schadensersatz, wenn er der Gesellschaft Vermögen entzieht, das zur Deckung des Stammkapitals nicht benötigt wird ... Ob das anders ist, wenn eine bestimmte Maßnahme die Gesellschaft in ihrer Existenz gefährdet ..., ist hier nicht zu entscheiden".

Stellt man die Einzelaussagen in Relation zueinander, so ergibt sich folgendes Gesamtbild: Die Gläubiger der GmbH haben im Grundsatz nicht mehr als die Erhaltung des Stammkapitals zu erwarten. Insoweit hat der Einmann-Gesellschafter Eingriffsgrenzen zum Schutz der Gläubiger zu wahren. Jenseits der Kapitalaufbringungs- und Kapitalerhaltungsnormen haftet der Gesellschafter der GmbH nicht, wenn er sie schuldhaft schä-

---

368 *Henze* Hdb. GmbH Rn. 830.

369 BGHZ 122, 123, 129.

370 BGHZ 119, 257, 259; ebenso bereits BGHZ 56, 97, 101; 75, 358, 360.

371 BGHZ 119, 257, 262.

372 BGHZ 122, 333, 336.

digt[373]. Der Alleingesellschafter ist somit rechtlich ohne weiteres in der Lage, nicht nur die Gewinne, sondern auch das übrige Vermögen der GmbH auf sich zu übertragen, wenn er nicht zum Nachteil der Gläubiger gegen Kapitalerhaltungsvorschriften verstößt[374]. Infolge der Kapitalbindung besteht aber zumindest in diesen Grenzen ein schutzwürdiges Interesse, allerdings nur, weil es um die Beachtung zwingender Gläubigerschutznormen geht. Weil keine Mitgesellschafter betroffen sind, leitet der BGH aus diesem Gläubigerinteresse jedoch gerade keine Treupflicht ab. Folglich wird das Gläubigerinteresse nur durch die §§ 30, 31 GmbHG geschützt. Ob aus der Kapitalbindung aber die Verpflichtung folgt, die Gesellschaft so zu führen, daß sie ihren Verbindlichkeiten nachkommen kann, hängt davon ab, was die §§ 30, 31 GmbHG zu leisten imstande sind.

cc) Reichweite der §§ 30, 31 GmbHG

(1) Entstehung oder Vertiefung einer Unterbilanz

§ 30 Abs. 1 GmbHG erfaßt das zur Erhaltung des Stammkapitals erforderliche Vermögen, das nicht an die Gesellschafter ausgezahlt werden darf. Geschützt wird nicht das Stammkapital, das nur eine Rechengröße der Bilanz (§ 266 Abs. 3 A I HGB) darstellt, sondern rechnerisch der Wert des Gesellschaftsvermögens, der dem im Handelsregister eingetragenen Nennkapital entspricht. Ob die Stammkapitalziffer gedeckt ist, ist anhand eines Vermögensvergleichs zu ermitteln. Stellt sich die Vermögenssituation so dar, daß das Aktivvermögen die Summe der Verbindlichkeiten einschließlich der Rückstellungen für ungewisse Verbindlichkeiten zuzüglich des Stammkapitals abdeckt, dann ist die Kapitalbindung des § 30 GmbHG gewahrt[375]. Eine Unterbilanz tritt ein, wenn bei der so ermittelten Vermögenssituation das Aktivvermögen die Summe aus Verbindlichkeiten und Stammkapital nicht erreicht[376].

Nicht einheitlich wird die Frage beantwortet, welche Bewertungsansätze bei der Erstellung der Vermögenssituation zugrunde zu legen sind. Nach ganz überwiegender Auffassung gelten die gleichen Grundsätze, nach

---

373 So *Baumbach/Hueck/Zöllner* GmbHG, 15. Aufl. 1988, Schlußanh. I Rn. 35, auf den BGHZ 119, 257, 262 maßgeblich Bezug nimmt.

374 BGH NJW 1984, 1037 re.Sp.; BGHZ 93, 146, 148; BGH NJW 1974, 1088, 1089 re.Sp.

375 *Baumbach/Hueck* GmbHG § 30 Rn. 4 f.; *Goerdeler/Müller*, in: Hachenburg GmbHG § 30 Rn. 28; *Scholz/H. P. Westermann* GmbHG § 30 Rn. 13.

376 *Baumbach/Hueck* GmbHG § 30 Rn. 7; *Rowedder* GmbHG § 30 Rn. 6.

denen auch die Jahresbilanz aufzustellen ist, so daß danach auf der Grundlage des Konzepts des going concern gem. § 252 Abs. 1 Nr. 2 HGB auf den Entnahmezeitpunkt zu fortgeführten Buchwerten bilanziert wird[377]. Die Ansicht hat insbesondere zur Folge, daß Vermögensgegenstände höchstens mit dem Wert angesetzt werden, der sich unter Einbeziehung von Abschreibungen aus den Herstellungs- oder Anschaffungskosten herleiten läßt[378], und stille Reserven grundsätzlich nicht aufgelöst werden dürfen[379], es sei denn, ihre Berücksichtigung ist ausnahmsweise auch im Jahresabschluß zulässig[380]. Die Gegenmeinung hält demgegenüber einen abweichenden Ansatz für geboten, wenn eine Auszahlung zur Bestandsgefährdung der GmbH führt, die jedoch bei einer Orientierung an fortgeführten Buchwerten keine Unterbilanz erzeugt. Dann sei die Kapitaldeckungsrechnung anhand von Liquidationswerten zu erstellen, falls eine Fortbestehensprognose negativ ausfalle[381].

Diese differenzierende Betrachtung erschwert die Handhabung der Kapitalerhaltungsregeln nicht unerheblich. Erstens wird mit der Notwendigkeit einer positiv oder negativ ausfallenden Zukunftsprognose ein Unsicherheitsfaktor in die Unterbilanzfeststellung vorverlagert, der sich sonst frühestens auf der nächsten Stufe, der Prüfung einer Überschuldung[382], realisieren kann. Der zweite Unsicherheitsfaktor wird durch die Ansetzung von Liquidationswerten bei negativer Prognose erzeugt, weil dabei stille Reserven aufzulösen sind[383], jedoch gerade die Unsicherheiten und Unwägbarkeiten im Zusammenhang mit der Bewertung stiller Reserven bei Ermittlung der Unterbilanz grundsätzlich vermieden werden sollen[384]. Entscheidend kommt hinzu, daß mit Hilfe der Bilanzierungstechnik eine drohende Illiquidität sanktioniert werden soll[385], denn darauf läuft es hinaus, wenn Auszahlungen erfaßt werden sollen, die - bei Ansatz von Buchwer-

---

377 *Baumbach/Hueck* GmbHG § 30 Rn. 6; *Goette* § 3 Rn. 10 ff.; *Henze* Hdb. GmbH Rn. 432 m.w.N. in Fn. 210.

378 *Henze* Hdb. GmbH Rn. 433.

379 *Baumbach/Hueck* GmbHG § 30 Rn. 6.

380 Dazu *Hüffer*, in: Hachenburg GmbHG § 49 Rn. 26.

381 *Ulmer* FS Pfeiffer, 1988, S. 853, 868 ff.; zustimmend *Scholz/H. P. Westermann* GmbHG § 30 Rn. 16; *Beinert* Konzernhaftung, 1995, S. 86 f.

382 Dazu S. 90.

383 *Baumbach/Hueck/Schulze-Osterloh* GmbHG § 63 Rn. 20.

384 BGHZ 109, 334, 337/338.

385 Vgl. *Ulmer* FS Pfeiffer, 1988, S. 853, 868 sowie 856 f.

ten - schon keine Unterbilanz erzeugen, also erst recht nicht in die Überschuldung einmünden. Das führt zu einer Überfrachtung der Unterbilanzermittlung. Die Unterbilanz ist daher in allen Fällen anhand einer Bilanz zu fortgeführten Buchwerten zu bestimmen.

(2) Entstehung oder Vertiefung einer Überschuldung

In Abgrenzung zu der Situation, daß die Auszahlung eine Unterbilanz erzeugt, liegt eine Überschuldung vor, wenn die Leistung zu Lasten der Fremdmittel erfolgt, also das Stammkapital bereits aufgebraucht ist und eine Auszahlung nun bewirkt, daß die Verbindlichkeiten das Aktivvermögen übersteigen. Auch diese Konstellation wird durch die §§ 30, 31 GmbHG unmittelbar[386] erfaßt. Die Frage, ob eine Auszahlung eine Überschuldung hervorruft oder vertieft, ist anhand eines Vermögensstatus mit Bilanzansätzen zu Verkehrs- oder Liquidationswerten zu klären[387]. Ergibt sich dabei, daß unter Auflösung stiller Reserven das Vermögen nicht die Verbindlichkeiten deckt, so liegt eine rechnerische Überschuldung vor. Fraglich ist, ob dies bereits für die Anwendung von § 31 GmbHG genügt oder zusätzlich eine negative Fortbestehensprognose erforderlich ist[388], die ihrerseits voraussetzt, daß die Ertragsfähigkeit für absehbare Zeit weder gewährleistet noch mittelfristig wiederhergestellt werden kann. Das Hinzutreten der negativen Überlebensprognose ist im Rahmen der §§ 63, 64 GmbHG als notwendige Voraussetzung anerkannt[389] und erscheint dort auch sinnvoll, weil die Frage zu beantworten ist, ob die werbende Tätigkeit der Gesellschaft beendet werden soll. Hingegen ist mit Hilfe der §§ 30, 31 GmbHG zu klären, ob der Gesellschafter zur Rückzahlung verpflichtet ist; das kann aber nur von der rechnerischen Überschuldung abhängen[390].

---

386 BGH NJW 1990, 1730, 1731 f.; *Scholz/H. P. Westermann* GmbHG § 30 Rn. 18; die ältere Rechtsprechung hatte die §§ 30, 31 GmbHG lediglich entsprechend herangezogen; s. noch BGHZ 60, 324, 331. Die Unterscheidung ist bedeutsam im Hinblick auf die Geltung des § 31 Abs. 3 GmbHG.

387 *Baumbach/Hueck* GmbHG § 30 Rn. 9; *Goette* § 3 Rn. 16.

388 Bejahend *Goette* § 3 Rn. 17; *ders.* DStR 1997, 1495, 1497.

389 BGHZ 119, 201, 213 f.; 129, 136, 154; *Baumbach/Hueck/Schulze-Osterloh* GmbHG § 63 Rn. 8; *Hüffer* AktG § 92 Rn. 12 mit Meinungsübersicht; kritisch zur Fortbestehensprognose *Gätsch* Gläubigerschutz, 1997, S. 100 f., 109 f.

390 *Rowedder* GmbHG § 30 Rn. 11 a.E.; Beck GmbH-Hdb./*Hense/Gandenberger* § 8 Rn. 6; unscharf *Mayer/Vollrath*, in: MünchHdb GmbH § 52 Rn. 23.

(3) Auszahlung i.S.v. § 30 GmbHG

Der Kapitalbindungstatbestand schützt nicht schlechthin vor dem Verbrauch des gebundenen Gesellschaftsvermögens, sondern verbietet lediglich die Auskehrung dieses Vermögens an den Gesellschafter oder ihm gleichgestellte Personen. Ein Verstoß gegen § 30 Abs. 1 GmbHG mit der Folge einer Erstattungspflicht nach § 31 Abs. 1 GmbHG setzt also voraus, daß die Auszahlung zu einer Unterbilanz oder Überschuldung führt und auf der Seite des Empfängers eine faßbare Vermögensmehrung eintritt. Eine Zuwendung an Dritte kann genügen, wenn sie dem Gesellschafter zumindest mittelbar zugute kommt. Unter diesem Gesichtspunkt kann die Leistung an ein Konzernunternehmen als Auszahlung an den Unternehmensgesellschafter zu bewerten sein, sofern ein Vermögenszufluß bei ihm überhaupt faßbar ist[391].

(4) Auszahlungsverbot bei Entzug existenzwichtiger Mittel?

Fleck[392] ist dafür eingetreten, in den Tatbestand des § 30 GmbHG die Leistungen einzuschließen, durch die der GmbH das betriebsnotwendige Vermögen entzogen wird mit der Folge, daß sie dadurch so stark gefährdet wird, daß in naher Zukunft ihre Insolvenz zu erwarten ist, auch wenn zum Entnahmezeitpunkt noch keine Unterbilanz oder gar Überschuldung vorliegt. Er bezeichnet die Vorgehensweise selbst als eine den § 30 GmbHG erweiternde Rechtsanwendung. Bei Licht besehen ist es Rechtsfortbildung, die aber aus einer Anlehnung an § 30 GmbHG nicht zu gewinnen ist, weil gerade kein zur Stammkapitalerhaltung benötigtes Vermögen ausgekehrt wird[393]. Das Konzept richtet sich also auf einen über § 30 GmbHG hinausgehenden nicht disponiblen Bestandsschutz der GmbH, ohne daß der Kapitalbindungstatbestand hierfür eine Ableitungsbasis bieten könnte.

dd) Den Verbindlichkeiten nachkommen - ein die Kapitalbindung übersteigendes Gesellschaftsinteresse

Fehlt bei Einflußnahmen des Alleingesellschafters im Konzerninteresse die angemessene Rücksicht, weil die GmbH infolge der Einwirkung ihren Verbindlichkeiten nicht nachkommen kann, so erfaßt das vom Wortsinn her sowohl die Überschuldungssituation als auch die Zahlungsunfähigkeit. Zahlungsunfähigkeit liegt vor, wenn die GmbH voraussichtlich dauerhaft

---

391 Zu Einzelheiten vgl. *Goerdeler/Müller*, in: Hachenburg GmbHG § 30 Rn. 47 ff., 52.

392 FS 100 Jahre GmbHG, 1992, S. 391, 398 f.; vgl. bereits *Fleck* ZGR 1990, 31, 38, 43, 49.

393 *Beinert* Konzernhaftung, 1995, S. 85 f.

nicht in der Lage ist, ihre fälligen und eingeforderten auf Geld gerichteten Verbindlichkeiten zu begleichen[394]. Sie ist i.d.R. nach § 17 Abs. 2 S. 2 InsO anzunehmen, wenn Zahlungseinstellung erfolgt ist. Da der II. Zivilsenat in einer Entscheidung vom 25.11.1996 die Formulierung "den Verbindlichkeiten nachkommen" nicht gebraucht und stattdessen formuliert hat, daß es darauf ankomme, ob die GmbH in der Lage sei, ihre Verbindlichkeiten zu erfüllen[395], muß davon ausgegangen werden, daß beides, die Überschuldung und selbständig daneben die Zahlungsunfähigkeit erfaßt werden. Einwirkungen im Konzerninteresse sind danach nur solange haftungsunschädlich, als die Verbindlichkeiten durch Vermögenswerte gedeckt sind und der GmbH genügend liquide Mittel zur Begleichung fälliger Schulden erhalten bleiben.

Damit enthält die Rücksichtnahmeformel für die Einmann-GmbH ein Schutzpotential, daß dasjenige des Kapitalbindungstatbestands übersteigt. § 30 GmbHG sanktioniert die Weggabe von Finanzmitteln nämlich nur bei Eintritt oder Vertiefung einer Überschuldungs- bzw. Unterbilanzsituation und begnügt sich auch nicht mit einer Einwirkung des Gesellschafters, sondern verlangt zusätzlich einen faßbaren Mittelzufluß bei ihm oder einem verbundenen Unternehmen[396].

Ein Gesellschaftsinteresse, daß sich aus fehlender Rücksicht ergibt, wobei diese aus einem unausgeglichenen Vermögensstatus oder einem Mangel an baren Zahlungsmitteln folgt, kann durchaus, wie *Ulmer* angedeutet hat, als Bestandsinteresse interpretiert werden[397]. Es ist aber durch den BGH als solches nur unvollkommen anerkannt, weil es erst in der Insolvenzsituation für den Unternehmensgesellschafter folgenreich wird[398]. Das liegt daran, daß der BGH bislang offengelassen hat, ob der Alleingesellschafter einer Treubindung unterliegt, soweit es um existenzgefährdende Eingriffe geht[399]. Die Anerkennung einer diesbezüglichen Treupflicht ist das fehlende Bindeglied, um der Bestandsgefährdung mit einem Unterlassungsanspruch begegnen zu können[400] und einen Schutz auf das zeitliche Vorfeld

---

394 BGH NJW 1984, 1953; *Baumbach/Hueck/Schulze-Osterloh* GmbHG § 63 Rn. 3 m.w.N.

395 BGH NJW 1997, 943, 944 li.Sp.

396 Vgl. dazu S. 91.

397 Vgl. oben S. 86.

398 Ebenso wohl *Ulmer*, in: Hachenburg GmbHG Anh. § 77 Rn. 136.

399 Vgl. dazu S. 87.

400 Zur Unterlassung treuwidriger Einflußnahme vgl. bereits S. 45.

der Insolvenz zu erstrecken. Auf die damit angesprochenen Fragen ist namentlich im dritten Kapitel zurückzukommen.

5. Verlustausgleich und Konzernaußenhaftung in der Einmann-GmbH

a) Einzelausgleichsansprüche gegen den Alleingesellschafter und Akzeptanz des klassischen Haftungsdurchgriffs in der Rechtsprechung des II. Zivilsenats

Nach dem bislang erreichten Stand der Judikatur sind dem Verhalten des Gesellschafters in der eingliedrigen GmbH im wesentlichen nur durch die Kapitalbindung Grenzen gezogen. Als Anspruchsgrundlage steht damit grundsätzlich nur § 31 GmbHG zur Verfügung. So ist es, weil sich anderen Lösungen bislang nicht durchgesetzt haben oder keine hinreichende Anwendungsbreite aufweisen.

Schadensersatz wegen Verletzung mitgliedschaftlicher Treubindung scheidet aus, weil der BGH eine Treupflicht insoweit bislang nicht anerkannt hat[401]. Anwendbar bleiben zwar als Grundlage von Schadensersatzansprüchen die Vorschriften über die unerlaubten Handlungen, jedoch hat die Ablehnung einer Treubindung erhebliche Auswirkungen auf eine deliktsrechtliche Beurteilung des Gesellschafterverhaltens. Es ist auf dieser Basis im Regelfall als rechtmäßig einzustufen, wenn die Kapitalbindung beachtet wird. Rechtmäßiges Verhalten genügt im Deliktsrecht nur unter den umqualifizierenden Voraussetzungen des § 826 BGB für die Begründung eines Schadensersatzanspruchs; denn unter Hinzutreten der Sittenwidrigkeit wird das im übrigen rechtmäßige Verhalten pflichtwidrig[402]. Darüber hinaus sind die deliktsrechtlichen Vorschriften nur noch in Sonderlagen weiterführend. Der Alleingesellschafter kann ausnahmsweise nach § 823 Abs. 2 BGB[403] oder über § 830 Abs. 2 BGB[404] zum Schadensersatz verpflichtet sein. Die §§ 823 Abs. 2, 830 BGB helfen aber nicht, soweit es schlichtweg nur um den Schutz des GmbH-Vermögens außerhalb von § 31 GmbHG geht. Insoweit wäre zwar an § 266 StGB zu

---

401 Vgl. S. 86 ff.; noch nicht endgültig festgelegt hat sich der BGH allerdings zu der Frage, ob Schadensersatz eventuell dann in Betracht kommt, wenn der Gesellschafter bestandsgefährdende Eingriffe vornimmt; vgl. dazu BGHZ 122, 333, 336; BGH ZIP 1994, 872, 874 li.Sp.; *Henze* Hdb. GmbH Rn. 831.

402 *Mertens*, in: MünchKomm BGB § 826 Rn. 5; allgM.

403 S. BGH ZIP 1994, 872, 874: § 823 Abs. 2 BGB i.V.m. § 1 GSB.

404 Dazu *Baumbach/Hueck/Schulze-Osterloh* GmbHG § 64 Rn. 36: Hinderung des Geschäftsführers an der Stellung des Insolvenzantrags.

denken, der Schutzgesetz i.S.v. § 823 Abs. 2 BGB ist[405]. Es liegt jedoch in der Konsequenz der Rechtsprechung der Zivilsenate, daß ein Verhalten, das rechtmäßig ist, solange die Kapitalbindung beachtet wird, nicht als Untreue einzustufen ist, so daß weder der Alleingesellschafter über die §§ 823 Abs. 2, 830 Abs. 2 BGB i.V.m. § 266 StGB schadensersatzpflichtig ist noch der Geschäftsführer bei einvernehmlichem Handeln[406].

Eine untergeordnete Rolle spielt schließlich in der BGH-Rechtsprechung sowohl in der ein- als auch mehrgliedrigen GmbH der Haftungsdurchgriff auf den Gesellschafter. Es geht dabei um die Frage, unter welchen Voraussetzungen der Gesellschafter persönlich für die Forderungen der Gesellschaftsgläubiger in Abweichung von § 13 Abs. 2 GmbHG einstehen muß, wenn in seiner Person kein besonderer Verpflichtungsgrund[407] vorliegt. Für die Praxis steht insoweit nicht die dogmatische Herleitung[408] im Vordergrund, sondern die Herausbildung von Fallgruppen. Diesbezüglich wird neben der Vermögensvermischung durch Verschleierung der Vermögensbewegungen und Vermögensabgrenzung zwischen GmbH und Gesellschafter noch die (qualifizierte) materielle Unterkapitalisierung diskutiert. Dieser letztgenannten Gruppe steht der II. Zivilsenat des BGH kritisch bis ablehnend gegenüber, erkennt hingegen die Vermögensvermischung als zum Haftungsdurchgriff führend an, ist aber in der Annahme der Anwendungsvoraussetzugen äußerst reserviert[409].

b) §§ 303, 302 AktG analog - Kompensation des Fehlens von Schadensersatzansprüchen aus Treupflichtverletzung

Bei der mehrgliedrigen GmbH sind die Rechtsfolgen analog §§ 302 f. AktG nicht anwendbar, wenn die Einzelkompensation deshalb mißlingt, weil eine pflichtwidrige und schädigende Handlung bzw. ein Verstoß gegen Gesellschafterpflichten, der kausal für die Schädigung gewesen ist, nicht

---

405 BGHZ 100, 190, 192.

406 Hiervon zu unterscheiden ist die Rechtsprechung der Strafsenate des BGH, die auch bei einvernehmlichen Handeln unabhängig von einem Verstoß gegen die Kapitalbindung eine Strafbarkeit wegen Untreue zum Nachteil der GmbH gem. § 266 StGB annimmt; vgl. BGHSt 34, 379, 384 ff.; 35, 333, 337 f.; BGH GmbHR 1996, 925, 927. Vor dem Hintergrund der Einheit der Rechtsordnung kritisch zu der Divergenz von Zivil- und Strafrechtsprechung *Winter* Treuebindungen, 1988, S. 210; *ders.* ZGR 1994, 570, 576 f.

407 Dazu *Hüffer* AktG § 1 Rn. 22.

408 Zu den Durchgriffslehren s. *Scholz/Emmerich* GmbHG § 13 Rn. 79 ff.

409 S. nur *Henze* Hdb. GmbH Rn. 892 und 898 sowie oben S. 21.

festzustellen ist[410]. Sie gelten nur subsidiär[411] und können daher nicht eingesetzt werden, wenn der Einzelausgleich daran scheitert, daß die tatbestandlichen Voraussetzungen des einzelnen Anspruchs erwiesenermaßen nicht gegeben sind, nicht dargelegt oder bewiesen werden können oder der Anspruch aus rechtlichen Gründen ausscheidet.

Nach der Rechtsprechung des BGH läßt sich der Subsidiaritätsgedanke auf die eingliedrige GmbH nicht übertragen. Das liegt daran, daß ohne Anerkennung einer Treubindung Schadensersatzansprüche weithin ausscheiden, also als Einzelkompensationsanspruch im wesentlichen nur § 31 Abs. 1 GmbHG übrigbleibt[412]. Dieser Anspruch wird zwar nicht daran scheitern, daß die Gesamthöhe des auszugleichenden Nachteils nicht ermittelbar ist, scheitert aber regelmäßig deshalb, weil sich der faßbare Vermögenszuwachs auf der Gesellschafterseite nicht feststellen läßt. Das Betätigungsfeld für die analoge Anwendung der §§ 302 f. AktG sind nach der Rechtsprechung des BGH bei der Einmann-Gesellschaft gerade die Fälle, in denen diese weitere Voraussetzung des § 31 Abs. 1 GmbHG nicht dargelegt oder bewiesen werden kann oder sogar feststeht, daß gegen § 30 Abs. 1 GmbHG nicht verstoßen worden ist. Es ist weder erforderlich noch regelmäßig gegeben, daß den im Konzerninteresse veranlaßten Nachteilen ein faßbarer Vermögensvorteil auf seiten des herrschenden Unternehmens gegenübersteht[413]. Fehlt der Vermögenszuwachs, scheidet § 31 GmbHG aber aus[414]. Für diese Situation ist die Haftungsformel des BGH geradezu wie geschaffen: Die Einwirkung führt zum Nachteil, der sich nicht durch Einzelausgleich kompensieren läßt. Durch Einzelausgleich läßt er sich dann nicht kompensieren, wenn der Vermögenszufluß nicht feststellbar ist[415] oder der Zuwachs erwiesenermaßen nicht vorliegt.

---

410 Vgl. oben S. 80 ff.

411 *Ulmer*, in: Hachenburg GmbHG Anh. § 77 Rn. 140.

412 Vgl. oben S. 93 f.

413 *Ulmer*, in: Hachenburg GmbHG Anh. § 77 Rn. 84 mit Fn. 124; *Winter* Treuebindungen, 1988, S. 203 mit Fn. 71; Anschauungsmaterial enthält BGH ZIP 1994, 872, 874; widersinnig *Weigl* Haftung, 1996, S. 131, der davon ausgeht, bei näherer Hinsicht werde freilich regelmäßig zumindest dem Grunde nach ein Ausgleichsanspruch nach § 31 GmbHG bestehen, und sofort im Anschluß an diese Aussage in Fn. 383 davon ausgeht, daß genau das nicht der Fall ist.

414 Vgl. S. 91.

415 Vgl. BGHZ 122, 123, 129 f.: "Soweit sich einzelne auf diese Weise bewirkte Schmälerungen des Gesellschaftsvermögens feststellen lassen sollten, ... hätte der Beklagte aber der Gesellschaft gegenüber nach § 31 Abs. 1 GmbHG auszugleichen ...".

An dieser Stelle wäre eine Leistungsklage eigentlich abweisungsreif. Nach dem TBB-Urteil war die Prüfung an dieser Stelle gleichwohl nicht beendet. Auch wenn die Belastungen mit fremden Schulden in den Büchern vollständig dokumentiert sind - was für die Ermittlung eines Verstoßes gegen § 31 GmbHG genügend wäre - oder sogar unabhängig von der Heranziehung für fremde Schulden kommt die Konzernhaftung nach Meinung des BGH in Betracht[416]. Dazu bedient sich der Senat einer Hilfsbegründung[417]: Der Unübersichtlichkeit der das Vermögen berührenden Einwirkungen aufgrund einer unterbliebenen Rückstellung. Daß diese Begründung kritisiert wird[418], überrascht nicht, denn daß eine unterlassene Passivierung zu der vom BGH angenommenen Unübersichtlichkeit führen soll, ist nicht anzunehmen. Die Anforderungen, die der BGH an eine Unübersichtlichkeit stellt, sind zu gering[419]. Vor diesem Hintergrund dienen die §§ 302, 303 AktG lediglich dazu, den Ausfall zu kompensieren, der aus der Ablehnung der Treupflichtlösung resultiert. Im Urteil vom 19.9.1994[420] tritt dieses Verständnis auch deutlicher hervor: "Ein Anspruch der Kl. (sc.: analog § 303 AktG) wäre dann auch nicht ... ohne weiteres unter dem Gesichtspunkt ausgeschlossen gewesen, daß in Höhe der von ihr dargelegten Verluste aus einzelnen Bauvorhaben jeweils ein Einzelausgleichsanspruch der GmbH gegen die Bekl. bestanden hätte. Solche Ausgleichsansprüche der GmbH ließen sich weder auf die §§ 30, 31 GmbHG noch, da die Bekl. die alleinigen Gesellschafter waren, auf eine Verletzung der Treuepflicht stützen". Die §§ 302 f. AktG werden herangezogen, wenn ansonsten keine Anspruchsgrundlage ersichtlich ist, um ein Verhalten des Unternehmensgesellschafters zu erfassen, das bei Vorhandensein einer Minderheit als treupflichtwidrig zu qualifizieren wäre und Schadensersatzansprüche auslösen würde. Das hat zur Folge, daß der Alleingesellschafter für ein Verhalten zur Rechenschaft gezogen wird, für das er weder Schadensersatz noch ansonsten Einzelausgleich schuldet. Er schuldet Verlustausgleich für ein Verhalten, das zwar ausgleichsfähig, aber nicht anderweitig ausgleichspflichtig wäre. Im TBB-Urteil klingt das in der folgenden Passage an, die in der literarischen Diskussion bislang eine ganz andere Rolle gespielt hat. Vom Kläger sei zu verlangen, so führt der BGH aus, daß er Umstände darlege und beweise, die die Annahme zumindest nahelegten, daß bei der Unternehmensführung im Hinblick auf das Konzerninteresse die eigenen Belange der GmbH über bestimmte, konkret

416 Vgl. BGHZ 122, 123, 131 f. unter cc) der Urteilsgründe.

417 Zur Wortwahl vgl. *Henze* Hdb. GmbH Rn. 1513 f.

418 Vgl. S. 80.

419 S. dazu S. 101 f.

420 BGH NJW 1994, 3288, 3291 li.Sp.

ausgleichsfähige Einzeleingriffe hinaus beeinträchtigt worden seien[421]. Der Aussage wird eine prozeßrechtliche Bedeutung beigemessen[422], was angesichts der Formulierung nicht überrascht[423]. Die bisherige Diskussion dreht sich im Kern um die Frage, ob dem Satz eine zweite, über die allgemeine Erleichterung der Darlegungslast[424] hinausgehende Erleichterung der Behauptungs- und sogar Beweislast entnommen werden kann[425]. Die Bedeutung der Aussage wird mit dieser prozeßrechtlichen Fragestellung nicht erfaßt. Trotz der prozessualen Einkleidung geht es nicht um die Einräumung von Erleichterungen bei der Darlegungs- und Beweislast, sondern um die materiellen Voraussetzungen des Eingreifens der Konzernhaftung bei der Einmann-GmbH. Es bedarf eines Einzeleingriffs, der ausgleichs*fähig* ist und zu einem Schaden geführt hat[426]. Was der BGH dagegen nicht verlangt, ist, daß der Einzeleingriff ausgleichs*pflichtig* ist. Dadurch kommt zum Ausdruck, daß die Haftung wegen qualifizierter Konzernierung dazu dient, den fehlenden Schadensersatzanspruch aus Treupflichtverletzung zu kompensieren. Angesichts des Kompensationsgedankens leuchtet auch ein, daß der BGH nur deshalb so schnell zu der Annahme einer Unübersichtlichkeit der das Vermögen berührenden Einwirkungen neigt, weil es um die Sanktionierung eines Verhaltens geht, das durchaus dem Einzelausgleich zugänglich wäre, wenn er nicht aus Rechtsgründen ausschiede. Daher genügt dem BGH eine nicht gebildete Rückstellung oder - abstrakt ausgedrückt - es genügen Umstände, die die Annahme zumindest nahelegen, daß es zu Beeinträchtigungen von eigenen Belangen der Einmann-GmbH gekommen ist, die über den konkreten Einzeleingriff hinausreichen. Die Unübersichtlichkeit bzw. die über den Einzeleingriff hinausreichende Beeinträchtigung der Eigenbelange, die wegen fehlender Treubindung nicht einzelausgleichspflichtig ist, wird vorgeschoben, um zu rechtfertigen, daß der ausgleichsfähige, aber nicht einzelausgleichspflichtige Eingriff mit Verlustausgleich oder Konzernaußenhaftung sanktioniert wird.

421 BGHZ 122, 123, 131.

422 Vgl. *Krieger* ZGR 1994, 375, 387; *Kropff* AG 1993, 485, 494 re.Sp.; *Versteegen* DB 1993, 1225, 1230 re.Sp.

423 Diese Einschätzung wird auch durch den Verweis des BGH auf *Kleindiek* GmbHR 1992, 574, 578 f. genährt, der sich a.a.O. mit der Verteilung der Darlegungs- und Beweislast auseinandersetzt. Er geht insbesondere (a.a.O. S. 579) der Frage nach, ob eine Umkehr der Beweislast hinsichtlich der objektiven Pflichtwidrigkeit in Betracht kommt. Allerdings: Der Aussage in BGHZ 122, 123, 131 ist gerade nicht zu entnehmen, daß der BGH eine solche Beweislastumkehr in Betracht zieht; vgl. auch S. 103 und S. 163 ff.

424 Vgl. dazu S. 68 ff.

425 Ausführlich dazu *Weigl* Haftung, 1996, S. 145 ff.

426 Erforderlich ist daher der Ursachenzusammenhang zwischen Eingriff und Schaden; vgl. BGHZ 122, 123, 131: "einzelner schädigender Eingriffe".

Damit die Rechtfertigung gelingen kann, dürfen an die Unübersichtlichkeit bzw. an die hinausreichende Beeinträchtigung der Eigenbelange keine besonderen Anforderungen gestellt werden. Das meint der BGH, wenn er nur nach Umständen sucht, die lediglich eine Annahme nahelegen sollen, und sich damit begnügt.

Besonders klar wird das Kompensationsverständnis in einer Entscheidung des LG Münster herausgestellt. Das Gericht verneinte Ansprüche aus § 31 GmbHG, § 826 BGB und § 823 Abs. 2 BGB i.V.m. § 64 Abs. 1 GmbHG, weil es die tatbestandlichen Voraussetzungen als nicht erfüllt ansah. Ein Anspruch aus Verletzung der mitgliedschaftlichen Treubindung kam mangels Minderheit nicht in Betracht. Das LG Münster gelangte zu dem Ergebnis, daß die Kompensation der Schäden durch Einzelausgleich nicht möglich sei und verurteilte den Beklagten zur Zahlung analog § 303 AktG[427].

Daß es im Rahmen der Konzernhaftung in der Einmann-Gesellschaft darum geht, eine Anspruchsgrundlage zu schaffen, weil Schadensersatz wegen Treupflichtverletzung aus rechtlichen Gründen ausscheidet und sonstige Anspruchsnormen nicht erfüllt sind, zeigt auch die Entscheidung des BGH vom 12.2.1996. Der II. Zivilsenat nahm darin an, daß eine Haftung analog §§ 302 f. AktG in Betracht komme, wenn die GmbH durch Abzug aller Ressourcen in eine masselose Insolvenz geführt werde. Darin liege eine Verletzung des Bestandsinteresses, die schon wegen der Auflösung nach § 1 LöschungsG (seit 1.1.1999: § 60 Abs. 1 Nr. 5 GmbHG) nicht mehr durch Einzelmaßnahmen beseitigt werden könne[428]. Nach Ansicht von *Goette* soll die Aussage dahin zu verstehen sein, daß Einzelausgleich zwar möglich sei, aber nicht genügend im Hinblick auf die Erfassung des vollständigen Schadens. Der BGH folge einer in der Literatur entwickelten Auffassung, die für den Fall des existenzvernichtenden Eingriffs zumindest einen vollständigen Einzelausgleich für unmöglich und deshalb den Übergang zur Konzernhaftung für unerläßlich hält[429]. Mit der Literaturansicht sind *Drygala* und *Kowalski* angesprochen, auf die sich der BGH bezieht[430]. Während *Kowalski*[431] keine Begründung dafür liefert, weshalb das "Auslaufenlassen" der GmbH außerhalb einer geordneten Liquidation

427 LG Münster AG 1997, 474, 475; soweit es um die Ablehnung von § 826 BGB geht, vgl. den Abdruck in WM 1997, 672, 675 (insoweit nicht in AG 1997, 474).

428 BGH NJW 1996, 1283, 1284.

429 *Goette* DStR 1996, 840 re.Sp.

430 Vgl. BGH NJW 1996, 1283, 1284 li.Sp.

431 GmbHR 1993, 253, 257.

durch Einzelausgleich nicht erfaßbar sein soll, hält *Drygala*[432] für ausschlaggebend, daß die Folgenbeseitigung im Wege des Schadensersatzes aufgrund des ungewissen Umfangs des Zerschlagungsverlustes nur schwer möglich und deshalb der Übergang zur Konzernhaftung notwendig sei. Vor diesem Hintergrund scheint also in der Bewertung des Zerschlagungsschadens der Grund für die Unmöglichkeit des Einzelausgleichs zu liegen. Ein anderes Bild bietet sich, wenn man die Entscheidungsgründe daraufhin auswertet, ob überhaupt die Voraussetzungen für einen auf Einzelausgleich gerichteten Anspruch erfüllt waren. Das war von der Vorinstanz noch bejaht worden, denn das OLG Köln hatte das Verhalten des Unternehmensgesellschafters als sittenwidrige Schädigung gewürdigt. Der BGH lehnte den Anspruch aus § 826 BGB ab, weil die Einstellung des Geschäftsbetriebs, auch verbunden mit der Weiterführung in einer neugegründeten GmbH, kein Sittenverstoß sei[433]. Weitere Anspruchsgrundlagen spielten in der Revisionsentscheidung abgesehen von §§ 302 f. AktG anscheinend keine Rolle[434]. Das spricht eindeutig dagegen, daß Einzelausgleich infolge einer zerschlagungsbedingten Bewertungsunsicherheit unmöglich war, und dafür, daß er unmöglich war aufgrund fehlender Anspruchsgrundlage. Eine andere Einschätzung wäre allenfalls möglich, wenn das Vorliegen eines Anspruchs derart offensichtlich wäre, daß eine entsprechende Herleitung als überflüssig angesehen werden könnte. Gerade das ist nach dem mitgeteilten Sachverhalt jedoch nicht realistisch[435].

Nicht anders verhält es sich mit einer Entscheidung des OLG Bamberg, der ein Sachverhalt zugrunde lag, der demjenigen aus der vorstehend skizzierten BGH-Entscheidung vergleichbar ist. Der Unternehmensalleingesellschafter führte die GmbH in eine masselose Insolvenz, nachdem ein Gesellschaftsgläubiger eine Schadensersatzklage gegen die GmbH erhoben hatte wegen Schlechterfüllung eines Werkvertrags. Das OLG verurteilte den daraufhin verklagten Gesellschafter zur Zahlung an den Gesellschaftsgläubiger analog § 303 AktG, ohne darauf einzugehen, ob das Vorgehen des Alleingesellschafters überhaupt geeignet war, eine Schadensersatz-

---

432 GmbHR 1993, 317, 321; vgl. dazu noch *Zeidler* GmbHR 1997, 881, 882 li.Sp.

433 BGH NJW 1996, 1283 re.Sp.

434 Ansprüche aus Treupflichtverletzung wurden ersichtlich deshalb nicht geprüft, weil die abweichende Minderheit fehlte.

435 Vgl. die Sachverhaltsdarstellung von OLG Köln AG 1997, 379, 380 und BGH NJW 1996, 1283. Falls über § 31 Abs. 1 GmbHG oder § 32a GmbHG ein Anspruch hätte hergeleitet werden können, wäre zu erwarten gewesen, daß der BGH positive Feststellungen getroffen hätte.

pflicht wenigstens dem Grunde nach auszulösen[436]. Allerdings wertet das Gericht das Vorgehen offensichtlich als pflichtwidriges Verhalten, weil es ausführt, daß der Gesellschafter das Eigeninteresse der GmbH in dem Kernbereich verletzt habe, indem er die GmbH habe auslaufen lassen. Dies sei auch nicht durch die unternehmerische Entscheidungsfreiheit zu rechtfertigen. Das Gericht übersieht dabei, daß ohne Anerkennung einer Treubindung des Alleingesellschafters ein Interesse am Bestand der GmbH nicht geschützt wird und der Gesellschafter daher, indem auf die Bestandsgefährdung oder Bestandsvernichtung abgestellt wird, für ein Verhalten zur Rechenschaft gezogen wird, das keine Schadensersatzpflicht auslöst.

Das geschilderte Kompensationsverständnis liegt der Rechtsprechung bereits seit "Autokran" zugrunde. Der BGH hat dort den qualifizierten Konzern entwickelt, um ein entstandenes Schutzdefizit auszugleichen, das aus der reservierten Haltung gegenüber der Treubindungskonzeption resultierte. Diese Vorgehensweise liefert seither den Ansatz für die Kritik, die dahin formuliert wird, daß der BGH einen Ausfall kompensiere, den es nach seiner Lösung überhaupt nicht geben könne[437]. Wenn mangels Treupflicht keine rechtlich relevanten Verhaltenspflichten des Alleingesellschafters außerhalb der Kapitalbindungsnormen existierten, dann könne sein Verhalten, das nicht nachweislich gegen die Kapitalbindung verstoße, auch nicht in einer Haftung analog §§ 302, 303 AktG seinen Niederschlag finden, weil das Verhalten des Gesellschafters mangels Verletzung einer Verhaltenspflicht keine Schadensersatzpflicht begründe[438]. Speziell zugeschnitten auf die TBB-Haftungsformel: Wenn der Gesellschafter im Vorfeld der Insolvenz keine Rücksichtnahme schulde, könne ihm auch nicht fehlende Rücksicht nach deren Eintritt vorgehalten werden.

---

436 OLG Bamberg NJW-RR 1997, 1190 f. Der BGH hat die Revision nicht angenommen, vgl. NJW-RR 1997, 1191 li.Sp. a.E.

437 *Winter* Treuebindungen, 1988, S. 209 mit Fn. 96; *ders.* ZGR 1994, 570, 589 f.; vorschnell *Jansen* Konzernbildungskontrolle, 1993, S. 60, die annimmt, es existiere keine Treupflicht ohne abweichende Minderheit, und zugleich ausführt, es habe schon früh Einigkeit darüber bestanden, daß angesichts dieser Problemkonstellation das Haftungskonzept in globalen Verlustausgleich umschlagen müsse. Wie die Ausführungen *Winters*, jeweils a.a.O. verdeutlichen, bestand bzw. besteht diese Einigkeit nicht.

438 *Gätsch* Gläubigerschutz, 1997, S. 173 f. i.V.m. S. 178 übersieht die Differenzierung des BGH zwischen Anerkennung eines Gesellschaftsinteresses und Ablehnung einer korrelierenden Treubindung. Indem der BGH die Bindung verneint, fehlt das Teilstück, um die Nichtbeachtung des Interesses als ersatzpflichtiges Verhalten zu werten.

6. Die TBB-Situation: Rückschlüsse für die mehrgliedrige GmbH

Wenn an der TBB-GmbH ein abwehrbereiter Minderheitsgesellschafter beteiligt gewesen wäre, hätte es keine Probleme bereitet, aktive Einflußnahmen des herrschenden Unternehmens auf den Geschäftsführer als Verletzungen der mitgliedschaftlichen Treubindungen einzuordnen. Einwirkungen des herrschenden Unternehmens, die ursächlich sind für das Zustandekommen einer gesamtschuldnerischen Haftung für Verbindlichkeiten Dritter, eine Ermächtigung zur Verrechnung der Kontenstände vor Saldenaufnahme herbeiführen oder die Übereignung der Büromöbel und Übertragung der Bauherrenansprüche bewirken, sind Einflußnahmen, die mit dem aus der Treupflicht resultierenden Rücksichtnahmegebot nicht zu vereinbaren sind, wenn der GmbH nicht im Gegenzug werthaltige Ausgleichsansprüche eingeräumt werden, und lösen Schadensersatzansprüche der Gesellschaft aus. Die Schadensermittlung wird durch eine unterbliebene Bildung einer Rückstellung nicht vereitelt[439]. Von einem undurchführbaren Einzelausgleich kann auch dann nicht ausgegangen werden, wenn Belastungen durch unkorrekte Verbuchung zusätzlich nicht vollständig erfaßt werden. Zunächst können andere Unterlagen ausgewertet werden und sodann die Möglichkeiten der Schadensschätzung nach § 287 ZPO genutzt werden. Die Einzelheiten können etwa unter Auswertung der Geschäftsunterlagen aller verbundenen Unternehmen rekonstruiert werden[440]. Wenn das noch nicht ausreicht, müßten sich anhand der Spiegelbuchungen der gesicherten Bank die Haftungsanteile erschließen lassen[441]. Nichts anderes gilt bei den sog. Waschkorbfällen. Diese Konstellationen sollen dadurch gekennzeichnet sein, daß anstelle geordneter Buchführung einige Waschkörbe voll ungeordneter Belege[442] vorhanden sind. Das ändert aber nichts daran, daß die Schadensermittlung möglich bleibt, weil die Vorgänge rekonstruierbar bleiben, solange die Belege existieren und auffindbar und zugänglich sind, so daß ein undurchführbarer Einzelausgleich nicht anzunehmen ist. Da der Gesellschafter bei Nachteilszufügung Schadensersatz aus Treupflichtverletzung schuldet, dürfte der restriktive Umgang mit den §§ 302 f. AktG in der mehrgliedrigen Gesellschaft der Handhabung durch den II. Zivilsenat entsprechen. Dafür spricht auch die Reichweite von § 287 ZPO. Die Norm kann nämlich nach der Rechtsprechung bereits dann anzuwenden sein, wenn der Träger des

---

439 Vgl. bereits S. 79.

440 *Henze* Hdb. GmbH Rn. 1514 f.

441 *Greiffenhagen* WPg 1993, 525, 530 li.Sp.

442 *Drygala* GmbHR 1993, 317, 320.

Rechtsguts derart von einem Verhalten betroffen wurde, daß nachteilige Folgen für ihn eintreten konnten[443].

Wenn hingegen aktive Einflußnahmen des herrschenden Unternehmens auf den Geschäftsführer nicht feststellbar sind mit der Folge, daß Nachteilszufügungen lediglich auf Handlungen des Geschäftsführers zurückgeführt werden können[444], erübrigen sich Überlegungen zur Konzernhaftung von vornherein, weil Verlustausgleich und Konzernaußenhaftung nicht die Sanktion für die Verletzung von Geschäftsführerpflichten sind, sondern die Ausübung mitgliedschaftlich begründeter Einflußnahmemöglichkeiten erfordern. In diesem Fall wären die rechtsgeschäftlichen Handlungen des Geschäftsführers, die zur Übereignung des Inventars, zur Übertragung von Ansprüchen und zur Haftung für Verbindlichkeiten Dritter führen sowie zur Verrechnung der Kontenstände vor Saldenaufnahme ermächtigen, geeignet, zumindest eine Schadensersatzhaftung nach § 43 Abs. 2 GmbHG wegen Verletzung der organschaftlichen Treubindungen[445] zu begründen.

V. Abkehr vom Zustandsmodell zugunsten einer gespaltenen Verhaltenshaftung

Mit der TBB-Entscheidung hat der BGH die modifizierte Zustandsumschreibung aufgegeben. Die Rechtsprechung ist Ausdruck einer Verhaltenshaftung. In der mehrgliedrigen Gesellschaft hat der Gesellschafter für rechtswidriges, eine Schadensersatzpflicht begründendes Verhalten einzustehen, weil ihn die Treubindung zur Rücksichtnahme auf das Gesellschaftsinteresse verpflichtet und er schädigende Einwirkungen zu unterlassen hat. In der eingliedrigen sowie mehrgliedrigen GmbH ohne abweichende Minderheit[446] sieht das anders aus. Der Gesellschafter schuldet nach Auffassung des BGH auch bei existenzgefährdenden Eingriffen keine Rücksicht, weil ihm keine Treubindung obliegt. Realisiert sich jedoch infolge der Einwirkung die Gefährdung, dann hat er für den "Erfolg" einzu-

443 BGH NJW 1993, 3073, 3076 li.Sp.; BGH NJW 1987, 705, 706 li.Sp.; BGH NJW 1983, 998, 999 li.Sp.

444 Das könnte insbesondere der Fall sein, wenn das herrschende Unternehmen - wie im TBB-Urteil - Alleingeschäftsführer ist, weil es dann keiner aktiven Einflußnahme auf den Geschäftsführer bedarf. Sie wird aufgrund der geschaffenen Organisationsstruktur überflüssig. Das spricht jedoch wiederum dafür, in dieser Situation eine unwiderlegbare Einwirkungsvermutung anzunehmen, zumal nach h.M. bei durchaus vergleichbarer Sachlage im Rahmen von § 311 AktG eine Veranlassungsvermutung eingreift; vgl. *Hüffer* AktG § 311 Rn. 22 m.w.N.

445 Zu den Treubindungen des Geschäftsführers vgl. *Baumbach/Hueck/Zöllner* GmbHG § 35 Rn. 20.

446 Vgl. S. 84 a.E.

stehen[447]. Er haftet für ein Verhalten, das nicht schadensersatzpflichtig macht. Der Umstand, daß der BGH auf einen Buchführungsfehler als "Rechtfertigung" der Konzernhaftung abstellt, ohne daß er darauf Wert legt, ob der Fehler auf einer Einflußnahme des herrschenden Unternehmens in seiner Eigenschaft als herrschendes Unternehmen beruht, ändert an der Einordnung als Verhaltenshaftung nichts, weil die Annahme der Unübersichtlichkeit infolge nicht gebildeter Rückstellung als Auslöser nur vorgeschoben ist[448].

VI. Der Unterschied zu "Autokran"

Damit unterscheidet sich die TBB-Haftungsformel in einem Punkt von der Autokran-Konzeption, weil das Autokran-Urteil noch nicht die gespaltene Verhaltenshaftung enthielt. Stattdessen wurde die pflichtwidrige und schadensersatzbegründende Einflußnahme in der eingliedrigen GmbH vermutet[449]. Zu dieser Vermutung ist der BGH in der TBB-Entscheidung nicht zurückgekehrt, wie schon daraus zu ersehen ist, daß er die Entlastung in Anlehnung an § 317 Abs. 2 AktG nicht wieder aufgegriffen hat.

VII. Die Entscheidung des BGH vom 25.11.1996

Eine jüngere Entscheidung des BGH zum qualifizierten Konzern enthält die Aussage, daß der Alleingesellschafter nicht für den eingetretenen Zustand der Vermögenslosigkeit oder Zahlungsunfähigkeit einzustehen hat, sondern für die Einwirkungen, die die Situation verursacht haben. Überraschend ist dabei, daß der BGH die Einwirkungen als pflichtwidrig bezeichnet[450]. Die Kategorisierung ist nur sinnvoll, wenn zu dem Gesellschaftsinteresse in der Einmann-Gesellschaft auch die Treupflicht hinzugedacht wird. Der Entscheidung ist aber nicht zu entnehmen, daß die Anerkennung einer Gesellschafterpflicht zur Unterlassung bestandsgefährdender Einflußnahme beabsichtigt gewesen ist. Daher bleibt abzuwarten, ob das Urteil eine Singularität bleibt. Es kann zumindest dahin gewertet werden, daß es dem BGH schwerfällt, die Vorstellung durchzuhalten, der Gesellschafter habe für ein Verhalten einzustehen, für das er weder Schadensersatz oder sonstigen Einzelausgleich schuldet. Das ist angesichts der Haftungsformel auch nicht verwunderlich. Sie ist auf die Sanktionierung pflichtwidrigen Verhaltens zugeschnitten, da sie die Voraussetzung enthält, daß der GmbH durch nicht angemessene Rücksicht ein Nachteil zu-

447 S.a. *Kropff* AG 1993, 485, 490 re.Sp.

448 Vgl. S. 97.

449 Vgl. S. 25 sowie S. 54 ff.

450 BGH NJW 1997, 943, 944 re.Sp.

gefügt wurde. Das bringt zum Ausdruck, daß der Gesellschafter eine Handlung begangen hat, zu deren Unterlassung er verpflichtet ist. Gerade das paßt nicht zu der weiteren Ausgestaltung der Haftungsformel für die eingliedrige GmbH. Wenn der Gesellschafter außerhalb von § 30 GmbHG nicht verpflichtet ist, bestandsgefährdende Maßnahmen zu unterlassen, dann muß er auch nicht dafür sorgen, daß die GmbH ihren Verbindlichkeiten nachkommen kann. Solange er die Kapitalbindung beachtet, kann er der GmbH auf dieser Basis keinen Nachteil zufügen, wenn er ihr Vermögen entzieht. Das Vermögen wird rechtlich zwar allein der GmbH, wirtschaftlich aber dem Alleingesellschafter zugeordnet mit der Folge, daß sie in ihrem Vermögensbestand nicht geschützt wird[451]. Hier liegt der logische Widerspruch in der Haftungsformel: Wird ein Bestandsinteresse nicht geschützt, dann liegt im Liquiditätsentzug keine Nachteilszufügung.

VIII. Erledigung der Verfassungsdiskussion nach "Video"

Durch die Umgestaltung der Haftung hat sich die Verfassungsdiskussion, die im Anschluß an das Video-Urteil geführt worden ist[452], erledigt, weil in der Konkretisierung des Merkmals dauernder und umfassender Leitung i.V.m. der unwiderlegbar ausgestalteten Vermutung der Einbindung im Konzerninteresse[453] die besondere Brisanz lag. Mit der Rückbesinnung auf die Normentheorie[454] ist das überwunden. Zu klären bleibt die generelle Frage, ob eine Anlehnung an Haftungsnormen des Vertragskonzernrechts überhaupt ein überzeugendes Rechtsfortbildungskonzept darstellt.

451 OLG Brandenburg GmbHR 1997, 1147.

452 Vgl. S. 62.

453 Dazu S. 57 ff.

454 Vgl. S. 68 ff.

Drittes Kapitel

Die Pflicht zur Rücksichtnahme auf das Bestandsinteresse der GmbH

§ 8. Voraussetzungen einer Rechtsfortbildung in Anlehnung an Normen des Vertragskonzernrechts

I. Zulässigkeit und Grenzen von Rechtsfortbildung

1. Die Befugnis zur Fortbildung des Rechts

Die Notwendigkeit zu rechtsfortbildender juristischer Tätigkeit folgt schon daraus, daß die Lückenlosigkeit einer positiven staatlichen Rechtsordnung ein praktisch unerreichbarer Zustand ist[1]. Die grundsätzliche Befugnis zur Fortbildung des Rechts ist daher auch allgemein anerkannt und verstößt nicht gegen Art. 20 Abs. 3 GG[2]. Die Aufgabe der Rechtsfortbildung obliegt der gesamten Rechtsorganisation und damit neben Rechtsprechung und Verwaltung auch der Rechtswissenschaft[3].

2. Voraussetzungen

Aus dem Vorstehenden erschließt sich bereits, daß eine Fortbildung dann nicht in Betracht kommt, wenn schon die gängigen Auslegungsmethoden[4] zu einer direkten Anwendung des Gesetzes führen. Stellt sich hingegen heraus, daß ein Sachverhalt vom Wortlaut der gegebenen Norm nicht erfaßt wird, so ist das allein noch nicht gleichbedeutend mit einer Lückenhaftigkeit des Gesetzes, die geschlossen werden darf. Erforderlich ist vielmehr, daß eine planwidrige im Gegensatz zur planmäßigen Lücke vorliegt. Planmäßig ist die Lücke dann, wenn das Schweigen des Gesetzes "beredt" ist. Dann scheidet eine Fortbildung aus[5]. Ein beredtes Schweigen kann darin zu sehen sein, daß die Rechtsordnung einen bestimmten Bereich ungeregelt läßt, weil ein Rechtsinstitut nicht zugelassen werden soll,

1 BVerfGE 34, 269, 287; 69, 315, 371 a.E.; 82, 6, 12.

2 BGH NJW 1998, 3771 re.Sp.; *v. Becker* Methodologische Probleme, 1994, S. 33 f.

3 *Pawlowski* Methodenlehre Rn. 454.

4 Vgl. dazu S. 60 a.E.; zur teleologischen Reduktion und Extension s. S. 106 f.

5 *Canaris* Feststellung von Lücken S. 39 f.; *Larenz/Canaris* Methodenlehre S. 191 ff.

ein Komplex als nicht regelungsbedürftig angesehen wird. Dann fällt die Frage in einen rechtsfreien Raum, der keiner Ausfüllung bedarf. Entscheidend ist, ob die Unvollständigkeit dem Plan des Gesetzes, der nicht mit dem Plan des Gesetzgebers übereinstimmen muß[6], entspricht. Sie ist daher planwidrig, wenn die Ergänzung nach dem gesetzlichen Plan erforderlich ist. Maßstab zur Ermittlung einer Lückenhaftigkeit ist die Gesamtrechtsordnung[7].

3. Vorgehen bei der Schließung einer Lücke

Wenn eine planwidrige Lücke vorliegt, darf sie im Wege gesetzesimmanenter Rechtsfortbildung geschlossen werden. Als deren Mittel kommen vor allem die Methoden der Einzel- oder Gesamtanalogie, der Rückführung auf ein im Gesetz angelegtes Prinzip, der teleologischen Reduktion oder Extension und schließlich der teleologisch begründeten Gesetzeskorrektur in Betracht[8]. Die Ausfüllung erfolgt vor allem durch die Analogiebildung. Das bedeutet, daß eine Regel, die für einen oder mehrere untereinander ähnliche Tatbestände vom Gesetz aufgestellt worden ist, auf einen anderen gesetzlich nicht erfaßten Tatbestand übertragen wird, wenn der normierte und der ungeregelte Tatbestand sich ähnlich sind. Sie sind dann gleich zu bewerten und diese Gleichartigkeit rechtfertigt erst die Übertragung der Rechtsfolgen. Die Ähnlichkeit liegt vor, wenn die Sachverhalte in den für die rechtliche Bewertung maßgeblichen Gesichtspunkten übereinstimmen. Entscheidend ist also, ob der ungeregelte Sachverhalt gerade die Eigenschaft der Fälle teilt, die zu der Normierung geführt haben. Um zu klären, welche Kriterien des normierten Tatbestands für die Bewertung ausschlaggebend sind, muß die Ratio der Norm zugrunde gelegt werden[9]. Von der Analogie zu unterscheiden ist die teleologische Extension. Hierbei wird nicht ein zweiter - ungeregelter - Tatbestand gleichgestellt, sondern die Norm, deren Wortlaut zu eng gefaßt ist, erweitert, damit sie in ihrem direkten Anwendungsbereich ihren Zweck erfüllen kann. Die Vorgehensweise bei der Reduktion ist umgekehrt. Dabei wird die Norm in ihrem unmittelbaren Anwendungsbereich eingeschränkt, weil die aus dem Wortlaut abzuleitende Regel über die Ratio hinausgeht, ihre Anwendung also in Teilen zweckwidrig wäre[10]. Hingegen zeichnet sich der Rückgang auf ein

6 Zugrundezulegen ist damit eine objektive Lückentheorie; dazu *Canaris* Feststellung von Lücken S. 39 mit Fn. 100.

7 *Bydlinski* Juristische Methodenlehre S. 473.

8 *Larenz/Canaris* Methodenlehre S. 202 ff., 210 ff., 216 ff.

9 *Bydlinski* Juristische Methodenlehre S. 475 ff.; *Larenz/Canaris* Methodenlehre S. 202 f.; *v. Becker* Methodologische Probleme, 1994, S. 42 f.

10 Anschaulich *Canaris* Feststellung von Lücken S. 88 ff.

gesetzesimmanentes Prinzip dadurch aus, daß eine Regel auf den nicht normierten Sachverhalt zutrifft und die Entscheidung, das Prinzip nicht zu übertragen, willkürlich wäre[11]. Eine teleologisch begründete Gesetzeskorrektur ist möglich, um einen in sich widerspruchsvollen Normtext an den Normzweck anzupassen, wenn nur so ein schwerwiegender Wertungswiderspruch, eine offenbare Ungerechtigkeit oder eine teilweise Zweckverfehlung vermieden werden kann[12].

Ausnahmsweise kann eine Frage durch gesetzesübersteigende Rechtsfortbildung geklärt werden. Voraussetzung dafür ist, daß sie mit Hilfe gesetzesimmanenter Fortbildung nicht beantwortet werden kann, weil die Ergänzung vom Plan des Gesetzes nicht gefordert wird, aber gleichwohl nach rechtlicher Klärung verlangt im Hinblick auf ein unabweisbares Bedürfnis des Rechtsverkehrs[13]. In diesem Fall bedarf die Ausfüllungsbedürftigkeit positiver Begründung anhand rechtlicher, spezifisch juristischer Erwägungen[14]. Die Rechtsfortbildung hat zu unterbleiben, wenn sie nicht durch die spezifisch juristische Argumentation begründet werden kann, denn dann wäre es eine solche gegen das Gesetz ("contra legem"), die unzulässig ist, weil sie nicht mehr mit rechtlichen Erwägungen begründbar ist, sondern politische, soziale, ethische oder ähnliche Gründe Eingang finden. Damit ist aber nicht mehr der Normanwender, sondern der Gesetzgeber angesprochen. Eine Fortbildung würde hier unzulässigerweise in die Gestaltungsfreiheit der Legislative eingreifen[15]. Eine Ausnahme wird nur dann zugelassen, wenn ein Rechtsnotstand oder ein unsittliches Gesetz vorliegt[16].

II. Die GmbH-Novelle 1980 und das GmbH-Konzernhaftungsrecht

Die Anfang der siebziger Jahre geplante große GmbH-Reform sah die umfassende Regelung eines GmbH-Konzernrechts in weitgehender Anlehnung an das Aktienkonzernrecht vor[17]. Aus dem Scheitern der Reform und dem Fehlen konzernrechtlicher Vorschriften in der GmbH-Novelle 1980 ist ver-

11 *Larenz/Canaris* Methodenlehre S. 202.

12 *Larenz/Canaris* Methodenlehre S. 216 ff., 220.

13 *Larenz/Canaris* Methodenlehre S. 232, 245.

14 *Larenz/Canaris* Methodenlehre S. 232 f.; 246 f.

15 So zutreffend *Altmeppen* Abschied, 1991, S. 58; s.a. BVerfGE 87, 273, 280; 20, 162, 218 f.; BGH NJW 1998, 3771 re.Sp.

16 *Wank* Grenzen richterlicher Rechtsfortbildung S. 71.

17 Vgl. BT-Drucks. VI/3088 sowie BT-Drucks. 7/253, jeweils S. 63 ff.

einzelt der Schluß gezogen worden, der Gesetzgeber habe auf Regelungen verzichtet, weil er sie nicht gewollt habe[18]. Damit wird dem Normgeber ein "beredtes" Schweigen unterstellt, was zum Ergebnis hätte, daß spezielle Haftungsregeln für den faktischen GmbH-Konzern abzulehnen wären.

Der damit zutage tretende Vorwurf unzulässiger Rechtsfortbildung trifft indes nicht zu. Die generelle Notwendigkeit zur Bildung konzernrechtlicher Regelungen kann schon aufgrund der konzerntypischen Gefährdungslage[19] nicht in Abrede gestellt werden und wird durch die Bemühungen im Rahmen der großen GmbH-Reform bestätigt. In den Regierungsentwürfen wurden Vorschriften über ein GmbH-Konzernrecht als ebenso notwendig wie im Aktienrecht eingestuft[20]. Das Scheitern dieser Reform beruht nicht etwa auf einem Sinneswandel des Gesetzgebers, sondern in erster Linie darauf, daß der mitberatende Ausschuß für Arbeit und Sozialordnung beschloß, Beratungen über die Gesetzesvorlage erst nach Abschluß der Beratungen über das Mitbestimmungsgesetz wieder aufzunehmen. Entscheidend war also die ungeklärte Mitbestimmungsproblematik[21]. In der 8. Legislaturperiode wurde dann eine kleine Reform mit der Novelle 1980 durchgeführt, um zumindest einige vordringlichere Maßnahmen alsbald verwirklichen zu können[22]. Die Novelle erhebt also keinen Vollständigkeitsanspruch. Von einem "beredten" Schweigen kann daher keine Rede sein[23]. Das GmbH-Recht ist der Rechtsfortbildung zur Erarbeitung von Regelungen im Bereich verbundener Unternehmen zugänglich. Eine gesetzesimmanente Rechtsfortbildung, die durch Analogiebildung gewonnen wird, ist also nicht zu beanstanden. Zu prüfen bleibt, ob Haftungsgrundsätze im qualifizierten Konzern durch einen Analogieschluß zu allgemeinen bürgerlich-rechtlichen Vorschriften erschlossen werden können oder § 302 AktG die Basis bildet.

---

18 *Kleinert* FS Helmrich, 1994, S. 667, 674 f.

19 Vgl. S. 4 ff.

20 BT-Drucks. VI/3088 sowie BT-Drucks. 7/253, jeweils S. 209 re.Sp.

21 *Boujong* FS Brandner, 1996, S. 23, 25; s.a. BGHZ 105, 324, 340/341.

22 BT-Drucks. 8/1347 S. 27; zu Unrecht zweifelnd *Gätsch* Gläubigerschutz, 1997, S. 70.

23 *Ulmer*, in: Hachenburg GmbHG Anh. § 77 Rn. 12 f.; *Henze* Hdb. GmbH Rn. 1380; *v. Becker* Methodologische Probleme, 1994, S. 68 f.

III. Das Alternativkonzept: Einstandspflicht des Gesellschafters nach dem G.o.A.-Prinzip

1. Der Aufwendungsersatzgedanke

Die Fortbildung des GmbH-Rechts durch Anleihen an das Vertragskonzernrecht hält *Altmeppen* für verfassungsrechtlich bedenklich. Da die Haftung auf die Analogie zum Beherrschungsvertrag gestützt werde, habe der Gesellschafter garantieähnlich für erlaubtes Verhalten einzustehen. Eine so weitgehende Einstandspflicht, die sich nicht an pflichtwidriger Einflußnahme orientiere, könne auch nicht mit hinreichender Notwendigkeit durch schutzwürdige Gläubigerinteressen gerechtfertigt werden[24]. Zwar bestehe die Möglichkeit, daß Gesellschaftsgläubigern oder dem Insolvenzverwalter das Bestehen von Ersatzansprüchen gegen den Gesellschafter aufgrund geschickter Manipulationen der Rechnungslegung verborgen bleibe. Das sei indes keine Besonderheit, die nur im Unternehmensverbund vorkomme. Daher könne kein rechtlicher Notstand darin gesehen werden, daß die Gläubiger nach dem Gesetz das Risiko zu tragen hätten, vom Gesellschafter erfolgreich über das Bestehen von Ersatzansprüchen getäuscht zu werden[25].

Wenngleich *Altmeppen* die Analogie zu § 302 AktG wegen eines fehlenden rechtlichen Notstands ablehnt, hält er doch eine Rechtsfortbildung grundsätzlich für notwendig, weil der Gefahr begegnet werden müsse, daß Gläubiger durch unkorrekte Buchführung getäuscht würden. An die Stelle des Verlustausgleichs analog § 302 AktG soll der Aufwendungsersatzgedanke treten, der aus einer Analogie zu den §§ 667, 670 BGB[26] i.V.m. § 683 S. 1 BGB[27] abzuleiten sei. Danach habe die GmbH Anspruch auf Ausgleich der aufwendungsähnlichen Verluste, die von ihr als Geschäftsführerin im Fremdinteresse des Gesellschafters erlitten worden seien. Ein Handeln im Fremdinteresse könne namentlich bei unwirtschaftlichem Leistungsaustausch angenommen werden. Zugunsten der Gläubiger verschiebe sich die Darlegungslast, wenn die Grundsätze ordentlicher Buchführung nicht beachtet worden seien[28].

---

24 *Altmeppen* Abschied, 1991, S. 70 a.E. i.V.m. S. 51 f., 53, 57 f., S. 120 f.

25 *Altmeppen* Abschied, 1991, S. 69 f.

26 *Altmeppen* Abschied, 1991, S. 71, 73 ff., 121.

27 *Roth/Altmeppen* GmbHG Anh. § 13 Rn. 183; *Wilhelm* DB 1986, 2113, 2116 li.Sp.

28 *Altmeppen* Abschied, 1991, S. 121 f. i.V.m. S. 76 ff. i.V.m. S. 68 f.

2. Einwände

Gegen die Analogie zu den §§ 683, 670 BGB wird geltend gemacht, daß eine Einordnung der eingetretenen Verluste als Aufwendungen der GmbH zumindest zweifelhaft bleibe. Zudem seien die Vorschriften für eine periodische Ermittlung der Höhe des Aufwands ungeeignet. Über § 670 BGB lasse sich nicht begründen, welche Verluste ausgeglichen werden müßten. Anknüpfungspunkt könnten diesbezüglich entweder der Bilanzverlust, der Jahresfehlbetrag, der nicht durch Entnahmen aus anderen Rücklagen ausgeglichen werden könne, jeglicher Jahresfehlbetrag oder - darüber hinausgehend - der Fehlbetrag unter Einbeziehung von Verlusten sein, die nur durch Auflösung stiller Reserven aufgefangen werden könnten. In jedem Fall bleibe die Rechtsfolge zufällig und daher angreifbar[29]. Im übrigen stehe der Gedanke, der Gesellschafter schulde Aufwendungsersatz bei unwirtschaftlichem Leistungsaustausch, im Widerspruch zu § 31 GmbHG, der für den Fall der Auszahlung des Stammkapitals lediglich die Erstattung des zuviel Geleisteten vorsehe[30]. Der Analogieschluß sei auch deshalb nicht angebracht, weil der Sachverhalt, den die §§ 683, 670 BGB erfaßten, nicht mit der Einflußnahme auf die GmbH vergleichbar sei, weil diese kein Eigeninteresse habe. Wenn sich das Interesse der GmbH als "Geschäftsführerin" vollständig durch das des Gesellschafters definiere, sei das Interesse des Gesellschafters für die GmbH nicht Fremdinteresse und das, was die GmbH unternehme, kein Fremdgeschäft. Die GmbH tue das, was einzig ihre Existenz rechtfertige, und diese Situation werde von den §§ 683, 670 BGB nicht erfaßt[31].

3. Stellungnahme

Eine Analogie zu den §§ 683, 670 BGB ist nicht überzeugend begründbar, führt in der Sache nicht weiter und muß deshalb als Rechtsfortbildungskonzept ausscheiden.

Das Geschäftsherrenmodell überzeugt nicht, weil es konturenlos neben das Organhaftungsmodell gesetzt wird. Die Organhaftungskonzeption, die ebenfalls von denjenigen vertreten wird, die auch die Geschäftsherrenhaftung vorschlagen, will den bestimmenden Gesellschafter der Organhaftung nach § 43 GmbHG unterwerfen[32], weil jede fremdbezogene Machtaus-

29 *Möhring* Schutz der Gläubiger, 1992, S. 165.

30 *Versteegen* Konzernverantwortlichkeit, 1993, S. 112.

31 *Versteegen* a.a.O. (Fn. 30).

32 *Wilhelm* Rechtsform und Haftung, 1981, S. 336 ff.; *ders.* DB 1986, 2113, 2117; *Altmeppen* Abschied, 1991, S. 60 mit Fn. 45, S. 121; im Ansatz ebenso *Flume* Die juristische Person, S. 89 f.; für die AG auch *Würdinger* DB 1973, 45, 47 f. unter Anlehnung

übung pflichtgebunden sei. Die Organhaftungstheorie will nicht nur die objektive Pflichtwidrigkeit bei unternehmerischer Einflußnahme mit Hilfe eines Rückgriffs auf die Sorgfalt des ordentlichen Geschäftsmanns ermitteln[33], sondern § 43 GmbHG als Haftungsgrundlage einsetzen. Konsequenz dieses Modells ist, daß dem Gesellschafter umfassende Tätigkeits- und Überwachungspflichten auferlegt werden, wie sie für den Geschäftsführer anerkannt sind, und das bedeutet namentlich, daß die Verantwortlichkeit auf unterlassene Einwirkungen ausgedehnt werden soll, wenn der Gesellschafter über eine genügend einflußstarke Position sowie ausreichende Übersicht verfügt[34]. *Wilhelm* hält es für möglich, daß eine Organhaftung analog § 43 GmbHG und eine Geschäftsherrenhaftung analog §§ 683, 670 BGB zugleich gegeben sein können[35]. Das paßt nicht zusammen, denn die GmbH soll gerade keine eigenen Geschäfte mehr führen, sofern es um die Geschäftsherrenhaftung geht[36]. Tätigt sie aber ausschließlich fremde Geschäfte, kann die Geschäftsführerhaftung nicht aufgehen, weil der GmbH danach die Geschäfte als eigene zugeordnet werden. *Altmeppen* geht davon aus, daß die Geschäftsherrenhaftung Auffangfunktion hat[37], also vorrangig eine Geschäftsführerhaftung greift, wenn der Gesellschafter die Geschicke der GmbH lenkt[38]. Auch hier ist unklar, wie sich die Umqualifizierung zum "Geschäftsherrn" vollziehen soll[39].

Nicht weiterführend ist der Gedanke an Aufwendungsersatz, weil der damit verfolgte Grundgedanke eines Ersatzanspruchs bei fremdnütziger Tätigkeit keinen Schutz bietet, der über eine Treupflichtlösung hinausgeht. Es trifft nicht zu, daß die Haftung aus G.o.A. gerade in der eingliedrigen GmbH eine besondere Rolle spiele, wie *Altmeppen*[40] annimmt, weil dort

---

an die US-amerikanische Rechtsprechung: "A director is a fiduciary; so is a dominant or controlling stockholder or group of stockholders".

33 Dazu S. 83.

34 *Wilhelm* Rechtsform und Haftung, 1981, S. 355 f.; *ders.* DB 1986, 2113, 2118.

35 *Wilhelm* DB 1986, 2113, 2117 li.Sp.; *ders.* Kapitalgesellschaftsrecht Rn. 563 ff., 568 f.

36 *Wilhelm* DB 1986, 2113, 2116 li.Sp.

37 *Altmeppen* Abschied, 1991, S. 75.

38 *Altmeppen* Abschied, 1991, S. 60.

39 Zudem wird nicht aufgelöst, welche Rolle der im Gefolge des § 670 BGB mitgelieferte § 667 BGB (vgl. *Altmeppen* Abschied, 1991, S. 74, 75, 82 [später fehlt die Norm, vgl. ebenda S. 93, 100, 121]) einnehmen soll.

40 Abschied, 1991, S. 60 mit Fn. 46.

der Gedanke der Treupflichtverletzung nicht passe. Falls keine Treubindung in der Einmann-Gesellschaft existieren sollte[41], müßten auch die §§ 683, 670 BGB schon deshalb ins Leere gehen, weil keine Bindung an ein vom Gesellschafterinteresse abweichendes Gesellschaftsinteresse in Betracht käme. Darauf hat *Versteegen* zu Recht hingewiesen[42]. Sollte das Gesellschaftsinteresse ausschließlich durch das Gesellschaftergesamtinteresse zu definieren sein, so würde die GmbH stets ihr eigenes Interesse verwirklichen, sie würde also nicht in der vorausgesetzten Weise im Fremdinteresse eingesetzt. Wenn dagegen eingewandt wird, das sei in der Zone der Unterdeckung falsch[43], so wird jedenfalls beiseite gelassen, daß die Unterdeckung unter den Voraussetzungen des § 30 GmbHG zum Erstattungsanspruch des § 31 GmbHG führt, aber nicht zur Anwendung der G.o.A.-Regeln.

Mit der Anknüpfung an §§ 683, 670 BGB wird schließlich auch das nicht vermieden, was nach *Altmeppen* vermieden werden soll, nämlich eine garantieähnliche Einstandspflicht für die nachteiligen Folgen erlaubten Verhaltens[44]. Indem *Altmeppen* den Gesellschafter unabhängig von einer Treubindung der Pflicht zum Aufwendungsersatz aussetzt[45], läßt er den Gesellschafter für erlaubtes Verhalten einstehen, so daß sich keine grundsätzliche Abweichung gegenüber der Anwendung des § 302 AktG in der Ausformung durch die Rechtsprechung ergibt. Eine abweichende Beurteilung wäre zwar auf der Basis der Organhaftungsthesen möglich, weil danach pflichtwidriges Verhalten unabhängig von einer Treubindung darstellbar ist, jedoch ist eine Organhaftung von Gesellschaftern analog § 43 GmbHG mit dem GmbH-Recht nicht zu vereinbaren[46]. Indem das Gesetz den Gesellschaftern die Erteilung von Weisungen in Geschäftsführungsangelegenheiten ermöglicht, ohne die Organhaftung auf sie zu erstrecken, kommt nämlich zum Ausdruck, daß sie dieser Haftung nicht unterliegen.

Nach allem bieten die §§ 683, 670 BGB keine überzeugende Alternative zu einer von § 302 AktG ausgehenden Rechtsfortbildung. Ob diese gerechtfertigt ist, hängt von Sinn und Zweck der mit dem Beherrschungsvertrag

---

41 Vgl. vorerst S. 54 ff., 86 ff.

42 Vgl. oben S. 110.

43 *Roth/Altmeppen* GmbHG Anh. § 13 Rn. 184 a.E.

44 Vgl. S. 109.

45 *Altmeppen* Abschied, 1991, S. 60 mit Fn. 46.

46 *Ulmer* ZHR 148 (1984), 391, 414; *ders.* ZGR 1985, 598, 608; *Drüke* Haftung der Muttergesellschaft, 1990, S. 47.

verknüpften Verlustausgleichspflicht ab; zu untersuchen ist also der Normzweck des § 302 AktG.

IV. Ausstrahlung der Verlustausgleichspflicht auf die Erfassung qualifizierter Konzernierung

1. Der Normzweck des § 302 AktG im Vertragskonzern

a) Meinungsstand

aa) Verlustausgleich als Aufwendungsersatz

Diejenigen Autoren, die eine Rechtsfortbildung analog §§ 667, 670, 683 BGB befürworten, sehen den Regelungsgrund des § 302 AktG darin, daß die Gesellschaft in die Dienste des herrschenden Unternehmens gestellt werde und ihr als Geschäftsführerin im Fremdinteresse dafür Ersatz ihrer Verluste zustehe[47]. Die Verluste müßten als Aufwendungen angesehen werden.

bb) Herrschaft und Haftung

Die Legitimation für den Verlustausgleich wird zum Teil in einem Gleichlauf von Haftung und Herrschaft gesehen[48]. Das geht zurück auf eine Aussage in den Gesetzesmaterialien[49], wonach derjenige, der die Geschicke der Gesellschaft bestimmen könne, auch für Verluste einstehen müsse.

cc) Kapitalerhaltungsschutz

Überwiegend wird angenommen, daß der Regelungsgrund darin liegt, die Aufhebung der Vermögensbindung nach § 291 Abs. 3 AktG auszugleichen. Die Verlustausgleichspflicht bildet nach dieser Auffassung das Gegengewicht zu der Möglichkeit, in die Vermögenssubstanz der AG einzugreifen[50].

---

47 Vgl. bereits S. 109 sowie dort Nachw. in Fn. 26, 27.

48 *Timm* GmbHR 1987, 8, 12.

49 RegBegr. bei *Kropff* S. 391.

50 BGHZ 103, 1, 10; 107, 7, 18; 115, 187, 197; *Emmerich/Habersack* Aktienkonzernrecht § 302 Rn. 17; *Hüffer* AktG § 302 Rn. 3 m.w.N.; *Emmerich/Sonnenschein* Konzernrecht § 16 VI 1; *Ulmer* AG 1986, 123, 126; *ders.* Heidelberger Konzernrechtstage S. 65, 72.

dd) Ausrichtung auf das Konzerninteresse

Durch den Abschluß des Beherrschungsvertrags erhält das herrschende Unternehmen nach § 308 AktG die Möglichkeit, im Konzerninteresse liegende Weisungen zu erteilen, die für das Gesellschaftsinteresse der AG nachteilig sind. Hieraus wird gefolgert, daß die Verlustübernahmepflicht das Gegenstück zu den Einflußmöglichkeiten ist[51], wobei mitunter dieser Gedanke mit der Aufhebung der Kapitalbindung verknüpft wird und aus beiden Überlegungen der Regelungsgrund für § 302 AktG hergeleitet wird[52].

ee) Einbruch in die Zuständigkeitsordnung der AG

Angenommen wird auch, die Weisungsbefugnis nach § 308 AktG und ihre Ausgestaltung führten zu einer strukturellen Unselbständigkeit der AG und hieraus erschließe sich die Wertung des § 302 AktG: Indem der Vorstand rechtlich verbindlich externen Weisungen unterworfen werde, entscheide er der Idee nach, also unabhängig von der tatsächlichen Inanspruchnahme des Weisungsrechts, nicht mehr eigenverantwortlich. Das führe zur Unselbständigkeit der AG, weil sie an fremden Wirtschaftsinteressen ausgerichtet werde, so daß die Möglichkeit zu einer autonomen Entscheidungsfindung aus der Gesellschaft heraus aufgegeben werde. Aus dem Autonomieverlust resultiere die Gefahr der völligen Ausbeutung. § 302 AktG garantiere die vermögensmäßige Substanz, um hiervor zu schützen[53].

b) Einbeziehung von Gewinnabführung und Betriebspacht

Ebenso wie der Abschluß des Beherrschungsvertrags löst die Gewinnabführungsabrede die Verlustübernahmepflicht nach § 302 Abs. 1 AktG aus. Das wird in den Gesetzesmaterialien damit erklärt, daß derjenige, der den ganzen Gewinn der AG erhalte, auch für ihre Verluste einstehen müsse[54]. Nach *Koppensteiner* hängt das damit zusammen, daß ein Verteilungsprin-

---

51 BGHZ 95, 330, 343; *Kleindiek* Strukturvielfalt, 1991, S. 143; *Limmer* Haftungsverfassung, 1992, S. 299; *W. Müller* FS Rowedder, 1994, S. 277, 280; *Stimpel* ZGR 1991, 144, 151 f.; im Grundsatz auch *Koppensteiner,* in: Kölner Komm. § 302 Rn. 4: "Abs. 1 ist ... ganz offensichtlich nicht von tatsächlich ausgeübter Leitungsgewalt, sondern von deren ... Möglichkeit motiviert"; s. bereits BGH NJW 1980, 231, 232; *v. Godin/Wilhelmi* § 302 Anm. 2.

52 BGHZ 103, 1, 10; *Stimpel* ZGR 1991, 144, 152; *Gätsch* Gläubigerschutz, 1997, S. 161 ff.

53 *v. Becker* Methodologische Probleme, 1994, S. 90 ff i.V.m. S. 84 ff.; ähnlich *Kort* Abschluß von Beherrschungs- und Gewinnabführungsverträgen, 1986, S. 146.

54 RegBegr. bei *Kropff* S. 391.

zip in höchstem Maße unbillig wäre, wonach dem herrschenden Unternehmen die Chancen der AG zugeordnet wären und es zugleich keinen Risiken ausgesetzt wäre[55]. *Kleindiek* begründet die Verlustübernahmepflicht damit, daß die Fortexistenz der Gesellschaft, die der Pflicht zur Gewinnabführung unterliegt, in ernste Gefahr geraten kann. Indem freie Gewinnrücklagen regelmäßig nicht mehr gebildet würden und daher spätere Verluste möglicherweise nur auf Kosten der Vermögenssubstanz neutralisierbar wären, bedürfe es des Verlustausgleichs als Instrument zum Schutz der Existenz der AG[56].

Der Gedanke des Existenzschutzes begegnet erneut bei der Frage nach dem Regelungsgrund des § 302 Abs. 2 AktG. Die abhängige Gesellschaft hat danach auch beim Betriebspachtvertrag einen Anspruch auf Verlustausgleich, wenn das vereinbarte Entgelt nicht angemessen ist. Es ist namentlich dann nicht angemessen, wenn es nicht ausreicht, um die Substanz des verpachteten Unternehmens zu erhalten[57]. In der Erhaltung der Substanz der abhängigen Gesellschaft liegt das Hauptmotiv für den gesetzlichen Schutz[58].

c) Das Zusammenspiel der §§ 18 Abs. 1 S. 2, 291 Abs. 3, 308 AktG

aa) §§ 662 ff. BGB - historische und aktuelle Bedeutung

Die vorgestellten Thesen zum Normzweck des § 302 AktG erweisen sich als unterschiedlich überzeugungskräftig. Soweit es zunächst um den Gedanken an einen vertraglichen Aufwendungsersatz geht, erklärt sich dieser aus der historischen Entwicklung des Konzernrechts.

Der Ursprung des Aufwendungsersatzgedankens liegt in der schon unter Geltung des HGB entwickelten steuerlichen Organschaft. Das AktG 1937 enthielt keine dem § 302 Abs. 1 AktG auch nur annähernd vergleichbare Regelung. Vor 1937 war das nicht anders. Weder die §§ 178 ff. HGB noch davor die Artikel 207 ff. ADHGB sahen einen Verlustausgleich vor. Erst durch das Aktiengesetz 1965 entstand eine geschlossene Normierung des Rechts der verbundenen Unternehmen. § 256 AktG 1937 sah lediglich vor, daß die Vereinbarung einer Gewinngemeinschaft, Gewinnabführung, Betriebspacht, Betriebsüberlassung oder Betriebsführung zu ihrer Wirksamkeit der Zustimmung der Hauptversammlung bedurfte. Zugleich be-

55 *Koppensteiner,* in: Kölner Komm. § 302, Rn. 4.

56 *Kleindiek* Strukturvielfalt, 1991, S. 145.

57 RegBegr. bei *Kropff* S. 391.

58 *v. Godin/Wilhelmi* § 302 Anm. 4 a.E.

stand über dieses aktienrechtliche Wirksamkeitserfordernis hinaus das Bedürfnis nach einem rechtlichen Rahmen, der die Befugnisse und Rechtsfolgen regelte, und zwar namentlich im Hinblick auf die steuerrechtliche Organschaft. Sie ist dadurch gekennzeichnet, daß die Organgesellschaft nur noch als unselbständige Betriebsabteilung des Organträgers erscheint. Das setzt eine finanzielle, wirtschaftliche und organisatorische Eingliederung voraus[59]. Aktienrechtlich wurde die Organschaft in der Praxis entweder als Kombination aus Gewinnabführung nach § 256 Abs. 1 AktG 1937 und Betriebsführung nach § 256 Abs. 2 AktG 1937[60] oder als reiner Betriebsführungsvertrag[61] angesehen. Ein zivilrechtlicher Rahmen für die Organschaft wurde aus allgemeinen Erwägungen hergeleitet. Da sich die AG durch die Betriebsführungsvereinbarung verpflichtete, ihr Unternehmen für Rechnung eines anderen zu führen, wurde die Vertragsbeziehung als Auftrag (§ 662 BGB) oder bei Entgeltlichkeit als Geschäftsbesorgung (§ 675 BGB) gewertet[62]. Die Organgesellschaft war demgemäß verpflichtet, Weisungen des Organträgers zu befolgen (§ 665 BGB), Auskunft zu erteilen und Rechenschaft abzulegen (§ 666 BGB) sowie die Geschäftsergebnisse herauszugeben (§ 667 BGB). Der Organträger war im Gegenzug verpflichtet, der Organgesellschaft alle Mittel zur Verfügung zu stellen, die sie zur Durchführung der Aufgaben benötigte (§§ 669, 670 BGB). Das schloß die Pflicht zur Deckung etwaiger Verluste ein[63]. Insofern konnte der Gesetzgeber des Aktiengesetzes 1965 erstens davon ausgehen, daß die Verlustausgleichspflicht keine vollständige Neuerung darstellte, und zweitens annehmen, daß der Beherrschungsvertrag, den § 256 AktG 1937 nicht vorgesehen hatte, insoweit nicht neu war, als diese Vertragsart der Sache nach Bestandteil des bisherigen Organschaftsvertrags war[64]. Diese Situationsbeschreibung führt aber nicht dazu, daß die Wertung des § 302 Abs. 1 AktG mit dem Aufwendungsersatzgedanken des § 670 BGB befriedigend erklärt werden kann. Schon vor 1965 wurde nämlich darauf hingewiesen, daß der Auftrag oder Geschäftsbesorgungsvertrag in den entscheidenden Punkten der Organschaft nicht gerecht werde. So betreffe des Organverhältnis nicht einzelne Geschäftsbesorgungen oder sonstige Dienstleistungen der abhängigen für die herrschende

---

59 RFHE 22, 183, 187; 20, 302 f.; 20, 46, 49; *Hamburger* Konzerngesellschaften, 1932, S. 10.

60 *Rasch* Deutsches Konzernrecht, 2. Aufl. 1955, S. 82 f.

61 *Hueck* DB 1959, 223, 224 li.Sp.

62 *Rasch* a.a.O. (Fn. 60) S. 85; *Kronstein* S. 104.

63 *Rasch* a.a.O. (Fn. 60) S. 85 f.

64 RegBegr. bei *Kropff* S. 390 sowie S. 376.

Gesellschaft[65]. Damit ist der entscheidende Unterschied herausgestellt. Die abhängige AG besorgt gerade nicht, wie es Auftrag und Geschäftsbesorgung voraussetzen, einzelne Geschäfte des herrschenden Unternehmens für dieses, sondern übt auch im Vertragskonzern ihre eigene Geschäftstätigkeit aus, nunmehr aber - soweit vom Weisungsrecht nach § 308 AktG Gebrauch gemacht wird - nach dem Willen des anderen Vertragsteils[66]. Damit scheidet der Auftragsgedanke als Regelungsgrund für die Verlustausgleichspflicht aus. Die Anwendung von § 670 BGB auf die alten Organschaftsverträge beruhte darauf, daß ein anderes Instrumentarium nicht zur Verfügung stand, war also nur eine pragmatische Notlösung.

bb) Die Gleichlaufthese

Die Ableitung der Verlustausgleichspflicht aus einem Gleichlauf von Herrschaft und Haftung wird verbreitet deshalb abgelehnt, weil es einen solchen Gleichlaufgrundsatz im deutschen Recht nicht gebe, wobei die Ablehnung vielfach unter Hinweis auf die Rektor-Entscheidung[67] erfolgt[68]. Im Rektor-Fall ging es um die Frage, ob ein Kommanditist, der seine Einlage erbracht hatte, entgegen § 171 Abs. 1 Halbs. 2 HGB in Anspruch genommen werden konnte und sogar unbeschränkt einzustehen hatte, weil er im Innenverhältnis alle Befugnisse für sich in Anspruch nahm und die eingesetzte Komplementärin mittellos war. Der BGH verneinte das, weil das Personengesellschaftsrecht der Parteidisposition in weitem Umfang freie Hand lasse und die Gesellschafter insbesondere berechtige, den "dispositiv zugrunde gelegten Zusammenhang zwischen Handlungsbefugnis und Haftung in mehr oder weniger starkem Umfang aufzulösen"[69]. Ausschlaggebend war also, daß die Ausgestaltung der Beziehungen der Gesellschafter einer Personengesellschaft zu deren Disposition steht. Für eine Ablehnung des Gleichlaufs von Herrschaft und Haftung im Kapitalgesellschaftsrecht ist mit dem bloßen Hinweis auf die Rektor-Entscheidung aber noch nichts gewonnen, weil das Urteil weder die AG noch GmbH betraf. Aus ihm läßt sich jedoch die verallgemeinerungsfähige Aussage ableiten, daß den GmbH-Gesellschafter oder Aktionär nicht schon die bloße Ausübung seiner Verwaltungsrechte zur Haftung verpflichtet. Die Bewer-

---

65 *Ballerstedt* DB 1956, 813, 815 li.Sp.

66 *Kleindiek* Strukturvielfalt, 1991, S. 131 f.; ähnlich *Koppensteiner,* in: Kölner Komm. § 302 Rn. 4 a.E.; *ders.* ZHR-Beiheft 62, S. 87, 97.

67 BGHZ 45, 204.

68 *v. Becker* Methodologische Probleme, 1994, S. 77 mit Fn. 33; *Lutter* ZGR 1982, 244, 266, 256 mit Fn. 39.

69 BGHZ 45, 204, 206.

tung läßt noch unberücksichtigt, daß der Gesetzgeber mit § 302 AktG den Zusammenhang zwischen Herrschaft und Haftung für das Konzernrecht hätte herstellen können. Das ist jedoch nicht geschehen. Mit der Aussage, wer die Geschicke der Gesellschaft bestimmen könne oder ihren ganzen Gewinn erhalte, müsse auch für Verluste einstehen[70], wird keine Begründung für den Anspruch auf Verlustausgleich gegeben, sondern lediglich der Inhalt von § 302 Abs. 1 AktG durch eine prägnante Kurzformel erläutert. Das läßt sich noch dadurch verdeutlichen, daß die in der Aussage auch enthaltene Verknüpfung von Gewinnbezug und Haftung ersichtlich nicht als Begründungselement dienlich ist, weil ein Prinzip des Gleichlaufs von Gewinnbezug und Haftung weder im Ansatz noch im Ergebnis zutreffen kann[71]. Der Regelungsgrund des § 302 AktG liegt daher nicht in einem Gleichlauf von Haftung und Herrschaft.

cc) Die Bedeutung der Lockerung der Vermögensbindung im aktienrechtlichen Vertragskonzern

Der Regelungszweck muß mit den verbleibenden Auffassungen bestimmt werden. Dabei ist zu berücksichtigen, daß der Einbruch in die Zuständigkeitsordnung der Gesellschaft lediglich das Gegenstück zu der Einräumung der Konzernleitungsmacht und der darauf aufbauenden Einflußnahme im Konzerninteresse bildet und die Lockerung der Vermögensbindung ihren Zweck nicht in sich trägt. Die Lockerung der Vermögensbindung durch § 291 Abs. 3 AktG liefert deshalb noch nicht die Begründung dafür, daß das Vermögen der AG angetastet wird. Mit Hilfe dieser Regelung läßt sich nur nachvollziehbar erklären, daß die Entstehung eines Jahresfehlbetrags ermöglicht wird. Indem mit § 291 Abs. 3 AktG auf den strengen Vermögensschutz der §§ 57, 58 Abs. 4 AktG verzichtet wird, wird erst der nötige Freiraum geschaffen, um den Beherrschungsvertrag sinnvoll praktizieren zu können. Das Wesensmerkmal des Vertragskonzerns liegt in der Unterstellung unter fremde Leitung in der Weise, daß der andere Vertragsteil im Konfliktfall seinen Willen gegenüber dem Vorstand durchsetzen kann. Das wird durch § 308 AktG sichergestellt. Die Weisungsbefugnis wäre jedoch weitgehend folgenlos, wenn der Grundsatz der Vermögensbindung im Vertragskonzern beachtet werden müßte. Der Vorstand könnte die Durchführung nachteiliger Weisungen unter Hinweis auf § 93 Abs. 3 Ziff. 1 und 5 AktG ablehnen. Das herrschende Unternehmen wäre bei Umsetzung der Weisung dem Rückzahlungsanspruch nach § 62 AktG ausgesetzt. Hiergegen läßt sich nicht einwenden, daß Verlustausgleich auch dann geschuldet wird, wenn es nicht zu einer Auszahlung i.S.v. § 57 AktG kommt, das herrschende Unternehmen von der Konzernleitungsmacht kei-

70 RegBegr. bei *Kropff* S. 391.

71 *Pentz* Rechtsstellung der Enkel-AG, 1994, S. 36 f.

nen Gebrauch macht oder zumindest die Erteilung nachteiliger Weisungen ausgeschlossen ist. Das Gesetz knüpft an den Abschluß des Beherrschungsvertrags die unwiderlegliche Vermutung, daß die Konzernunternehmen unter einheitlicher Leitung zusammengefaßt sind (§ 18 Abs. 1 S. 2 AktG). Der Gesetzgeber ließ sich dabei von der Vorstellung leiten und durfte bei lebensnaher Betrachtung auch davon ausgehen, daß das herrschende Unternehmen von der Rechtsmacht, die § 308 AktG vermittelt, auch tatsächlich Gebrauch macht[72], weil es bewußt und absichtlich die Voraussetzungen hierzu geschaffen hat; denn es hat den Unternehmensvertrag abgeschlossen, der darauf abzielt, die Leitung der AG dem herrschenden Unternehmen zu unterstellen. Infolgedessen können die denkbaren Fallkonstellationen, daß überhaupt keine nachteiligen Weisungen erteilt werden oder die Konzernleitungsmacht ungenutzt bleibt, vernachlässigt werden, weil sie dem Regelungsplan nicht entsprechen und auch tatsächlich fernliegend sind[73]. Vor diesem Hintergrund wird deutlich, daß die Lockerung der Vermögensbindung nur das Mittel ist, das die Ausübung der Konzernleitungsmacht ermöglicht. Es verwundert daher auch nicht, daß nach der Rechtsprechung des BGH beide Aspekte, die Lockerung der Vermögensbindung und die Konzernleitungsmacht, zur Erklärung der Verlustausgleichspflicht herangezogen werden[74]. Sie stehen aber nicht gleichgeordnet nebeneinander, sondern bauen i.S.d. beschriebenen Mittel-Zweck-Relation aufeinander auf. § 291 Abs. 3 AktG dient dazu, dem § 308 AktG seinen Anwendungunsbereich zu eröffnen[75]. Die Lockerung der Vermögensbindung gewährleistet insbesondere, daß die Konzernleitungsmacht auch zum Nachteil der Gesellschaft, ihrer Aktionäre und ihrer Gläubiger eingesetzt werden kann. Dadurch ergab sich für den Gesetzgeber aber die Frage, wie ein Regelungskonzept ausgestaltet sein sollte, das vor den nachteiligen Folgen schützt. An diesem Punkt ergeben sich gedanklich zwei Lösungsalternativen, nämlich entweder die konkrete ex post-Sicherung oder der pauschale ex ante-Schutz: Entweder wird jede Konzernleitungsmaßnahme im nachhinein daraufhin überprüft, ob sie nachteilig gewesen ist und sodann bejahendenfalls der Nachteil durch Einzelausgleich beseitigt, oder aber es wird auf den Einzelnachweis nachteiliger Einflußnahme verzichtet und eine pauschale Vorab-Sicherung normiert. Der Gesetzgeber hat sich mit der Ausgestaltung des § 302 AktG für die zweite Alternative entschieden. Die Norm verzichtet auf den Nachweis der Einflußnahme und des Ursachenzusammenhangs zwischen eingetretenen

72 Vgl. oben S. 71.

73 Vgl. RegBegr. bei *Kropff* S. 33.

74 Vgl. BGHZ 103, 1, 10 sowie S. 56 f.

75 Das deutet auch *W. Müller* FS Rowedder, 1994, S. 277, 282 an, ohne sich jedoch festzulegen.

Verlusten und konkreten Handlungen des anderen Vertragsteils und ist damit Ausdruck des Prinzips der Vorab-Sicherung: Leitmotiv des Gesetzgebers war die Absicherung gegen die nachteiligen Wirkungen von Eingriffen, noch bevor die Eingriffe überhaupt erfolgt sind[76]. Den Weg einer Vorab-Sicherung konnte der Gesetzgeber deshalb beschreiten, weil bei lebensnaher Betrachtung davon ausgegangen werden darf, daß das herrschende Unternehmen die Rechtsmacht, die es durch Abschluß des Beherrschungsvertrags erhält, auch dann ausüben wird, wenn der AG daraus im Einzelfall Nachteile erwachsen. Infolgedessen können die Verluste der AG von vornherein als auf der ausgeübten Rechtsmacht beruhend eingestuft werden, so daß die Verlustdeckung als Ausgleich für ein erwartbares Verhalten geschuldet wird. Der stattdessen vereinzelt vertretenen Auffassung, es müsse auf den Einbruch in die Zuständigkeitsordnung der beherrschungsvertraglich gebundenen AG und nicht auf die Einräumung der Konzernleitungsmacht abgestellt werden[77], kommt daneben keine eigenständige Bedeutung zu. Die Überlagerung des § 76 AktG ist nur das Gegenstück zu § 308 AktG. Richtig ist an dieser Ansicht jedoch, daß sie den Grund für die Einräumung des Verlustausgleichs letztlich in der Substanzerhaltung sieht. Den Gesetzesmaterialien ist eindeutig zu entnehmen, daß der Anspruch aus § 302 Abs. 1 AktG sicherstellen soll, daß die Substanz der Gesellschaft erhalten bleibt[78]: "Damit soll der Gesellschaft ihre bilanzmäßige Substanz beim Abschluß des Vertrags und darüber hinaus - im Interesse größerer Krisenfestigkeit - auch die später gebildete gesetzliche Rücklage erhalten bleiben". Der Gedanke der Substanzerhaltung ist ebenfalls ausschlaggebend für die Anordnung der Ausgleichspflicht nach § 302 Abs. 2 AktG bei Bestehen eines Betriebspachtvertrags[79]. § 302 Abs. 1 und Abs. 2 AktG liegt mithin eine übereinstimmende Wertung zugrunde. Verlustausgleich wird geschuldet, weil ansonsten die Gefahr der Aushöhlung der Gesellschaftssubstanz bestünde. Unterschiedlich sind lediglich die Ursachen, die die Gefährdung herbeiführen. Bei der Betriebspacht wird die Substanz durch ein unangemessen niedriges Entgelt beeinträchtigt, bei der Gewinnabführung durch die diesbezügliche Vertragspflicht der AG und im Vertragskonzern durch die Ausübung der Konzernleitungsmacht. Aufgrund der auf Substanzerhaltung gerichteten Leitvorstellung des Gesetzgebers ist es naheliegend, daß die Verlustausgleichspflicht im Vertragskonzern den Bestand der Gesellschaft schützen soll, § 302 Abs. 1 folglich der Ge-

76 Vgl. *Dettling* Entstehungsgeschichte des Konzernrechts, 1997, S. 217 f.; *Schäffer* BB 1958, 1253, 1259; vgl. auch *Kropff* NJW 1959, 173, 178.

77 Dazu S. 114.

78 RegBegr. bei *Kropff* S. 391.

79 S. 114 f.

fahr entgegenwirken soll, daß die Existenz der Gesellschaft vernichtet wird.

d) Sicherung des Fortbestands

aa) Reichweite des Anspruchs auf periodischen Verlustausgleich - Absicherung gegen Überschuldung

§ 302 Abs. 1 AktG gewährt der Gesellschaft den Anspruch auf Verlustausgleich für den Zeitraum der Vertragsdauer. Der Anspruch auf Verlustübernahme wird damit durch den Beginn und die Beendigung des Unternehmensvertrags begrenzt. Maßgeblich für den Beginn ist das Wirksamwerden des Vertrags, so daß beim Beherrschungsvertrag die Wirksamkeit frühestens mit dem Datum der Handelsregistereintragung (§ 294 Abs. 2 AktG) zusammenfallen kann. Eine Rückwirkung von Beherrschungsverträgen ist demgegenüber gesellschaftsrechtlich ausgeschlossen[80]. Die Verlustübernahme endet, wenn der Vertrag, namentlich durch Aufhebung (§ 296 AktG) oder Kündigung (§ 297 AktG) außer Kraft tritt[81]. Auszugleichen ist während der Vertragsdauer jeder sonst entstehende Jahresfehlbetrag, es sei denn, der Fehlbetrag kann durch Entnahme aus anderen Gewinnrücklagen ausgeglichen werden, die während der Vertragslaufzeit gebildet worden sind. Ein Jahresfehlbetrag liegt vor, wenn die Aufwendungen, die im Verlauf des Geschäftsjahres getätigt worden sind, die Erträge übersteigen[82]. Er wird durch Aufstellung der GuV nach § 275 Abs. 2 oder Abs. 3 HGB ermittelt. Der Betrag, der als negativer Saldo nach § 275 Abs. 2 Nr. 20 oder Abs. 3 Nr. 19 HGB auszuweisen wäre, stellt den "sonst entstehenden Jahresfehlbetrag" i.S.v. § 302 Abs. 1 AktG dar. In Höhe dieses Saldos steht der AG ein Zahlungsanspruch gegen das herrschende Unternehmen zu. Der Anspruch ist in der GuV gesondert auszuweisen (§ 277 Abs. 3 S. 2 HGB).

Dadurch wird erreicht, daß die Vermögenssubstanz bilanzmäßig erhalten bleibt; eine Überschuldung kann also nicht eintreten[83]. Gleichwohl ist fraglich, ob § 302 AktG Ausdruck eines Bestandsschutzes ist, ob also durch die Norm der Bestand der Gesellschaft geschützt werden soll. Das ist deshalb in Zweifel zu ziehen, weil eine Konzeption, die dem Bestandsschutz dienen soll, neben der Überschuldung auch die Zahlungsunfähigkeit berücksichtigen muß. Diese zweite Komponente wird von § 302 Abs. 1

---

80 *Hüffer* AktG § 294 Rn. 18 f. m.w.N.

81 *Hüffer* AktG § 302 Rn. 13.

82 *A/D/S* § 275 HGB Rn. 206; *Förschle,* in: BeckBil-Komm. § 275 Rn. 261.

83 *Geßler,* in: Geßler/Hefermehl § 302 Rn. 2; *Koppensteiner,* in: Kölner Komm. § 302 Rn. 8.

AktG aber vernachlässigt. Indem die Norm den Ausgleich des sonst entstehenden Jahresfehlbetrags anordnet, gewährt sie einen Zahlungsanspruch, der jeweils zu einem bestimmten Stichtag entsteht. Stichtag ist gewöhnlich[84] der Ablauf des Geschäftsjahrs, so daß der Anspruch nur periodisch - im Regelfall einmal jährlich - entstehen kann. Fällig wird der Anspruch nach wohl überwiegender Ansicht mit der Feststellung des Jahresabschlusses[85], so daß der Anspruch aus § 302 Abs. 1 AktG danach in zeitlicher Nähe zur Feststellung nur bedingt geeignet ist, zur Erhaltung der Zahlungsfähigkeit beizutragen.

bb) Liquiditätssicherung im aktienrechtlichen Vertragskonzern

(1) Existenzgefährdende Weisungen - Abzug von Liquidität

(a) Die Auffassungen von *Koppensteiner* und *Neuhaus*

Aus der begrenzten Reichweite von § 302 Abs. 1 AktG wird vereinzelt gefolgert, daß ein Bestandsschutz gesetzlich nicht beabsichtigt sei. Ein solcher Schutz könne nicht angestrebt worden sein, weil Normen zur Aufrechterhaltung zureichender Liquidität fehlten[86]. Infolgedessen sei das herrschende Unternehmen auch nicht gehindert, der AG die verfügbaren Zahlungsmittel zu entziehen. Sogar die existenznotwendige Liquidität dürfe vom herrschenden Unternehmen abgesaugt werden[87]. Der Liquiditätsentzug könne insbesondere durch die Erteilung von Weisungen erfolgen, weil § 308 AktG einschränkungslos Weisungen zulasse. Damit seien auch solche Weisungen rechtmäßig, deren Befolgung die Existenz der Gesellschaft in Frage stellen könnte oder gar positiv ausschließen würde. Das könne aus dem Schweigen des Gesetzgebers abgeleitet werden, da sich in § 308 AktG ohne weiteres die Absicht hätte verwirklichen lassen, der AG Bestandsschutz zu gewähren, was aber nicht geschehen sei. In dieses Gesamtbild passe, daß sich auch den §§ 300 f. AktG keine Verpflichtung zur Erhaltung ausreichender liquider Mittel entnehmen lasse. Gleichzeitig sei dem Gesetzgeber jedoch die Problematik bekannt gewesen, weil die Regierungsbegründung an zwei Stellen die Aussage enthalte, es könne die Sorge begründet sein, daß die AG bei Beendigung des Ver-

---

84 Zu Sonderlagen vgl. *Hüffer* AktG § 302 Rn. 13.

85 *Koppensteiner,* in: Kölner Komm. § 302 Rn. 27; *Lwowski/Groeschke* WM 1994, 613, 614 re.Sp.; dagegen *Hüffer* AktG § 302 Rn. 15.

86 *Koppensteiner,* in: Kölner Komm. § 308 Rn. 32.

87 *Koppensteiner,* in: Kölner Komm. § 302 Rn. 8 i.V.m. § 308 Rn. 33.

trags nicht mehr fähig sei, auf eigenen Füßen zu stehen[88]. Ein weiterer Beleg für ein auf seiten des Gesetzgebers vorhandenes Problembewußtsein sei der Bericht der Studienkommission des DJT zur Reform des Konzernrechts. Die Studienkommission habe die Notwendigkeit erörtert, das Wahlrecht der außenstehenden Aktionäre, gegen eine Ausgleichszahlung in der Gesellschaft zu verbleiben oder mit einer Barabfindung auszuscheiden, zu ersetzen. An seine Stelle hätte das Recht des herrschenden Unternehmens treten sollen, eine Substanzkoppelung zu vereinbaren. Dadurch hätten die Vermögensrechte der außenstehenden Aktionäre der abhängigen AG den Rechten der Gesellschafter des herrschenden Unternehmens angeglichen werden können. Weiter sei vorgeschlagen worden, der Gefahr der wirtschaftlichen Aushöhlung während der Laufzeit des Beherrschungsvertrags dadurch zu begegnen, daß man den anderen Vertragsteil verpflichte, den außenstehenden Aktionären nach Vertragsende nochmals die Übernahme ihrer Aktien gegen angemessene Abfindung anzubieten. Da der Gesetzgeber die Vorschläge nicht aufgegriffen habe, könne davon ausgegangen werden, daß die AG uneingeschränkt im Konzerninteresse eingesetzt werden dürfe und bei der Erteilung von Weisungen auf die Liquidität und Lebensfähigkeit der Gesellschaft keine Rücksicht genommen werden müsse[89].

(b) Die Gegenansicht

Die ganz überwiegende Auffassung hält bestandsbedrohende oder bestandsvernichtende Weisungen für rechtswidrig. Es sei dem herrschenden Unternehmen nicht erlaubt, von der Konzernleitungsmacht in einer Weise Gebrauch zu machen, die die Existenz der AG gefährde oder gar vernichte, weil durch den Beherrschungsvertrag die Leitung der Gesellschaft dem herrschenden Unternehmen unterstellt werde. Damit werde an § 76 Abs. 1 AktG angeknüpft und das schließe die Pflicht zur Fortführung der Gesellschaft ein, da Leitung die Bestandserhaltung voraussetze[90]. Weiterhin müsse den Vorschriften zur Sicherung der in der AG verbleibenden Aktionäre und der Gläubiger die Wertung entnommen werden, daß das Gesetz von der Fortexistenz der Gesellschaft ausgehe[91]. Insbesondere aus der Gleichwertigkeit von Ausgleich (§ 304 AktG) und Abfindung (§ 305 AktG)

---

88 *Koppensteiner,* in: Kölner Komm. § 308 Rn. 32 unter Hinweis auf RegBegr. bei *Kropff* S. 393, 397.

89 *Neuhaus* Organhaftung, 1969, S. 94 f. unter Hinweis auf DJT-Konzernrecht Tz. 553, wo sich die Studienkommission a.a.O. sowie in Tz. 536 allerdings gegen eine Substanzkoppelung sowie ein erneutes Abfindungsangebot ausgesprochen hat.

90 *Kleindiek* Strukturvielfalt, 1991, S. 141; *Schatz* Sicherung des Gesellschaftsvermögens, 1980, S. 24; *Geßler* ZHR 140 (1976), 433, 439.

91 *Immenga* ZHR 140 (1976), 301, 307.

sei zu ersehen, daß bestandsgefährdende Weisungen verboten seien; denn das Angebot des Ausgleichs setze die Verpflichtung zur Bestandssicherung voraus. Keinem Aktionär könne zugemutet werden, statt einer Abfindung den Ausgleich zu wählen, wenn er befürchten müsse, der andere Vertragsteil werde die abhängige Gesellschaft in die Insolvenz treiben, um möglicherweise einer kostspieligen Ausgleichspflicht zu entgehen. Dies zeige, welcher Stellenwert der Bestandserhaltung gerade dort zukomme, wo außenstehende Gesellschafter in der AG verbleiben[92]. Gegen die Zulässigkeit bestandsberührender Weisungen spreche zudem, daß dadurch die Vertragsrechte der beherrschten Gesellschaft, namentlich das Recht zur Kündigung aus wichtigem Grund nach § 297 AktG, entwertet würden[93]. Aus der Regierungsbegründung könne nichts Gegenteiliges hergeleitet werden, denn sie nehme nicht in dem Sinne Stellung, daß Weisungen rechtmäßig seien, die die Lebensfähigkeit nach Vertragsende tangierten[94].

(c) Rückschlüsse aus der gesetzlichen Gesamtkonzeption

(aa) Unzulässigkeit bestandsgefährdender Weisungen

Die Überlegungen *Koppensteiners* scheinen auf den ersten Blick schlüssig zu sein. § 302 AktG trifft zwar Vorsorge gegen den Eintritt einer Überschuldung, verpflichtet das herrschende Unternehmen aber nicht, die Gesellschaft darüber hinaus mit notwendiger Liquidität zu versorgen. Folglich scheint die Sicherung des Bestands der AG in den §§ 291 ff. AktG keine Rolle zu spielen, so daß der Weg in die existenzvernichtende Weisung eröffnet sein könnte. Erste Zweifel ergeben sich jedoch, wenn man sich die Frage stellt, warum der Gesetzgeber dann überhaupt erstens die Verlustübernahme geregelt und zweitens die Einstellung in die gesetzliche Rücklage nach § 300 Ziff. 3 AktG zwingend[95] angeordnet hat. Beides ist nämlich nur erfolgt, um die Substanz zu erhalten, die für das Leben als Kapitalgesellschaft erforderlich ist. Die Sicherung der Existenz ist das eigentliche Ziel der §§ 300-303 AktG[96]. § 300 AktG trifft Vorsorge für die Überlebensfähigkeit der Gesellschaft nach Beendigung des Unternehmens-

---

92 *Kleindiek* Strukturvielfalt, 1991, S. 169.

93 *Immenga* ZHR 140 (1976), 301, 308.

94 *Geßler,* in: Geßler/Hefermehl § 308 Rn. 55 unter Bezugnahme auf RegBegr. bei *Kropff* S. 393, 397.

95 *A/D/S* § 300 AktG Rn. 5; *Hüffer* AktG § 300 Rn. 1.

96 RegBegr. bei *Kropff* S. 388; *Priester* ZIP 1989, 1301, 1303.

vertrags[97] und § 302 AktG soll zur Sicherung der Existenzfähigkeit während der Vertragsdauer beitragen. Angesichts dieser Leitvorstellung ist die Annahme nicht haltbar, dem Gesetzgeber sei es auf die Bestandssicherung, insbesondere für die Zeit nach Vertragsende, nicht angekommen. Zwar klingt in der Regierungsbegründung zu § 303 AktG die Befürchtung an, es möge sogar zweifelhaft sein, ob die AG nach Vertragsablauf auf sich gestellt noch lebensfähig sei. Das wird im Rahmen der Regierungsbegründung zu § 305 AktG wiederholt[98]: "Nach den Umständen kann auch die Sorge begründet sein, daß die Gesellschaft bei Beendigung des Vertrags nicht mehr fähig ist, auf eigenen Füßen zu stehen". Welche Umstände die Sorge begründen, wird zwar nicht mitgeteilt, den Passagen läßt sich jedoch die Einschätzung des Gesetzgebers entnehmen, daß die AG aufgrund der §§ 300 ff. AktG jedenfalls im Regelfall in die Lage versetzt wird, nach Ablauf des Vertrags zu überleben, selbst wenn das in vielen Fällen nur unter großen Anfangsschwierigkeiten gelingen wird[99].

Aus diesem Befund ist erstens der Schluß zu ziehen, daß der Gesetzgeber der Gefahr einer Existenzbeeinträchtigung durch die §§ 300 ff. AktG i.S. eines vorsorgenden Existenzschutzes entgegensteuern wollte, und zweitens abzuleiten, daß Weisungen, die die Überlebensfähigkeit in Frage stellen, nicht von § 308 AktG gedeckt sind. Das kommt im Wortlaut von § 308 Abs. 2 S. 1 AktG entgegen der Ansicht von *Koppensteiner* auch zum Ausdruck. Es ist dem herrschenden Unternehmen nur gestattet, Weisungen hinsichtlich der Leitung der Gesellschaft zu erteilen. Der Leitungsbegriff ist bewußt aus § 76 Abs. 1 AktG übernommen worden[100]. Das Weisungsrecht umfaßt damit zwar den gesamten Bereich, in dem der Vorstand nach § 76 AktG die AG leitet. Zugleich wird damit jedoch auch die Grenze für die Erteilung von Weisungen vorgegeben. Maßnahmen, die nicht mehr als zulässige Leitungsentscheidungen des Vorstands angesehen werden können, sind auch nicht durch § 308 AktG gedeckt. Daß der Vorstand die Gesellschaft zu leiten hat, heißt aber positiv, daß er zumindest darauf bedacht sein muß, für ihren Bestand zu sorgen, insbesondere also keine Entscheidungen treffen darf, die dem zuwiderlaufen[101]. Das bedeutet, daß § 308 AktG das herrschende Unternehmen nicht dazu legitimiert, Weisungen zu erteilen, die den Bestand der AG in Frage stellen

---

97 *A/D/S* § 300 AktG Rn. 4 a.E.

98 RegBegr. bei *Kropff* S. 393, 397.

99 Vgl. RegBegr. bei *Kropff* S. 393.

100 RegBegr. bei *Kropff* S. 403; *Hüffer* AktG § 308 Rn. 12.

101 OLG Hamm AG 1995, 512, 514; *Hüffer* AktG § 76 Rn. 13; *Mertens,* in: Kölner Komm. § 76 Rn. 17; *Semler* Leitung und Überwachung, Rn. 48 mit Fn. 82.

können. Derartige Weisungen sind unzulässig und vom Vorstand der Gesellschaft nicht zu befolgen. In zeitlicher Hinsicht kommt es nicht darauf an, ob die Gefährdung der Lebensfähigkeit während der Vertragsdauer eintritt oder das bestandsgefährdende Potential einer Weisung erst nach Vertragsende zutage tritt. Ein Beispiel für die erste Gruppe wäre eine Weisung, die darauf gerichtet ist, der Gesellschaft die Mittel zu nehmen, die sie für die reibungslose und unverzügliche Bedienung ihrer fälligen Verbindlichkeiten braucht. In die zweite Gruppe fiele hingegen eine Weisung zur Stillegung eines Funktionsbereichs, der für die Existenzfähigkeit nach Beendigung der Konzernintegration als unverzichtbar einzustufen ist. Eine solche Weisung wäre ohne Vorsorge für die Finanzierung zum Wiederaufbau des Bereichs nach Wegfall der Konzernintegration nicht von § 308 AktG gedeckt[102].

(bb) Schadensersatz bei Abzug existenznotwendiger Mittel

Entzieht das herrschende Unternehmen der AG pflichtwidrig Liquidität, die sie zur Fortführung ihres Unternehmens benötigt, so stellt sich die Frage nach einer Ersatzpflicht für diesen bestandsgefährdenden Eingriff. Das Gesetz sieht eine Haftung in § 309 Abs. 2 AktG für die gesetzlichen Vertreter des herrschenden Unternehmens vor, die bei der Erteilung von Weisungen an die AG die Sorgfalt des ordentlichen und gewissenhaften Geschäftsleiters verletzen. Die Erteilung einer Weisung, die auf die Abführung von Mitteln gerichtet ist, die für eine Fortexistenz wesentlich sind, ist vom Weisungsrecht des § 308 AktG nicht gedeckt und ein Verstoß gegen den Sorgfaltsstandard ordnungsgemäßer Geschäftsführung. Da das Tatbestandsmerkmal der Weisung weit ausgelegt wird, ist jede Art der Einflußnahme auf den Vorstand der abhängigen AG in Gestalt einer Direktive, Anregung oder eines Ratschlags einzubeziehen. Das heißt, daß jede Äußerung des gesetzlichen Vertreters, die darauf gerichtet ist, der Gesellschaft die Mittel zu nehmen, die sie zum Überlegen braucht, gegen § 309 Abs. 1 AktG verstößt und zum Schadensersatz verpflichtet. Die Mitglieder des Vorstands und des Aufsichtsrats haften daneben nach Maßgabe von § 310 Abs. 1 AktG als Gesamtschuldner. Was in den §§ 309, 310 AktG fehlt, ist eine die Haftung des herrschenden Unternehmens betreffende Anordnung. Der Gesetzgeber hielt eine besondere aktienrechtliche Regelung nicht für erforderlich, da das herrschende Unternehmen nach allgemeinen Rechtsgrundsätzen aufgrund des Vertrags hafte[103]. Seither ist die Rechtsgrundlage der Haftung umstritten. Zwar besteht Einigkeit, daß die Anspruchsgrundlage jedenfalls nicht in einer ungeschriebenen Organhaf-

102 *Kleindiek* Strukturvielfalt, 1991, S. 208 f.

103 RegBegr. bei *Kropff* S. 404 f.

tung zu suchen ist[104], weil dafür kein Bedürfnis besteht[105]. Kontrovers diskutiert wird aber, ob das herrschende Unternehmen für rechtswidrige Weisungen nach § 309 Abs. 2 AktG, § 31 BGB einstehen muß oder wegen Verletzung des Beherrschungsvertrags einer pVV-Haftung ausgesetzt ist[106].

Angesichts der Entstehungsgeschichte des § 309 AktG ist es nahezu offensichtlich, daß der Gesetzgeber von einer Haftung des herrschenden Unternehmens wegen Vertragsverletzung ausgegangen ist, weil er annahm, es hafte aufgrund des Vertrags. Das spricht dafür, daß die pVV des Beherrschungsvertrags als Anspruchsgrundlage in Betracht kommt. Der organisationsrechtliche Charakter des Beherrschungsvertrags steht dem auch nicht entgegen, weil diese Qualifikation nicht ausschließt, daß aus dem Vertrag auch schuldrechtliche Pflichten resultieren, bei deren Verletzung das herrschende Unternehmen nach schuldrechtlichen Grundsätzen haftet[107]. Für die Vertragshaftung spricht zudem ein unabweisbares Bedürfnis. Das folgt daraus, daß eine Haftung von der Rechtsform des herrschenden Unternehmens abhängen würde, wenn das herrschende Unternehmen ausschließlich im Wege der Organhaftung einstandspflichtig wäre. Die natürliche Person als Konzernspitze müßte keine Inanspruchnahme fürchten, wenn sie die rechtswidrige Weisung erteilen würde, weil § 31 BGB hier nicht hilft und § 309 AktG die Haftung des herrschenden Unternehmens nicht regelt. Hingegen wäre die juristische Person als Konzernspitze einstandspflichtig. Da eine Differenzierung anhand der Rechtsform mit der rechtsformneutralen Ausgestaltung des konzernrechtlichen Unternehmensbegriffs nicht zu vereinbaren ist, kann eine Exklusivität der Organhaftung nicht angenommen werden. Das herrschende Unternehmen ist daher einem Anspruch aus pVV des Beherrschungsvertrags ausgesetzt, wenn es veranlaßt, daß der Gesellschaft die existenzwichtigen Mittel entzogen werden. Für seine Erfüllungsgehilfen muß es über § 278 BGB einstehen. Das braucht aber nicht der Annahme zu widersprechen, daß das herrschende Unternehmen auch nach § 309 Abs. 2 AktG, § 31 BGB für rechtswidrige Weisungen seines gesetzlichen Vertreters haftbar ist, weil ein Ausschluß der Organhaftung durch den Anspruch aus pVV ebenfalls nicht anzunehmen ist. Ein Schadensersatzanspruch der Gesellschaft kann

104 Dafür wohl noch *Würdinger,* in: Großkomm. AktG § 309 Anm. 6.

105 *Hüffer* AktG § 309 Rn. 27.

106 Für eine pVV-Lösung *Baumbach/Hueck* § 309 Rn. 1; *Geßler,* in: Geßler/Hefermehl § 309 Rn. 47 ff.; *Koppensteiner,* in: Kölner Komm. § 309 Rn. 25; dagegen *Beuthien* DB 1969, 1781 f.; 1784 re.Sp. a.E.; *Hüffer* AktG § 309 Rn. 27; *Möhring* FS Schilling, 1973, S. 253, 257; für Nebeneinander *Mertens* AcP 168 (1968), 225, 228 f.; wohl auch *Kleindiek* Strukturvielfalt, 1991, S. 184 f.

107 *Hüffer* AktG § 291 Rn. 17 f.; *Kleindiek* Strukturvielfalt, 1991, S. 170.

somit aus pVV des Beherrschungsvertrags und daneben aus § 31 BGB i.V.m. § 309 Abs. 2 AktG begründet sein.

(2) Zusätzliche Zufuhr von Liquidität

Die bisherigen Untersuchungen haben ergeben, daß das herrschende Unternehmen liquiditätsabschöpfende Leitungsmaßnahmen zu unterlassen hat, wenn der Entzug geeignet ist, die Existenz der AG zu gefährden. Abgezogene bestandsnotwendige Liquidität muß es der Gesellschaft im Wege des Schadensersatzes wieder zuführen. Zu untersuchen bleibt, ob das herrschende Unternehmen im Vertragskonzern darüber hinaus verpflichtet ist, der Gesellschaft etwa benötigte finanzielle Mittel zuzuführen.

Das ist nachdrücklich von *Kleindiek* bejaht worden. Das herrschende Unternehmen treffe eine umfassende Liquiditätsverantwortung gegenüber der AG sowohl im zentral als auch im dezentral finanzierten Vertragskonzern. Die Verantwortung resultiere daraus, daß der AG die eigenverantwortliche Liquiditätsvorsorge entweder - so im zentral finanzierten Konzern - genommen oder - so im dezentral finanzierten Konzern - zumindest stark erschwert werde. Ohne eine eigenverantwortliche Liquiditätsplanung könne der AG nicht das Existenzrisiko belassen werden, weil ihr der Spielraum zur Sicherung der Überlebensfähigkeit genommen worden sei. Dem herrschenden Unternehmen obliege eine Liquiditätsausstattungspflicht, die an die drohende Zahlungsunfähigkeit geknüpft sei: Es müsse die AG bei Bedarf unverzüglich mit jener Liquidität versorgen, die sie benötige, um ihre fälligen Verbindlichkeiten begleichen zu können. Auf die Ursache eines Liquiditätsengpasses komme es nicht an, weil die Ausstattungspflicht nicht davon abhänge, ob ein Engpaß auf die Ausübung von Konzernleitungsmacht zurückzuführen sei. Die Pflicht folge unmittelbar aus dem Beherrschungsvertrag als Ausprägung der dem herrschenden Unternehmen kraft des Vertrags obliegenden Erhaltungs- und Schutzpflichten[108]. Bei Verletzung der Pflicht schulde das herrschende Unternehmen Schadensersatz aus pVV[109].

Der Alimentierungsgedanke müßte, um im geltenden Recht Beachtung finden zu können, mit dem Schutzsystem der §§ 300 ff. AktG zumindest vereinbar sein. Diese Vereinbarkeit herzustellen, fällt aber schon auf den ersten Blick schwer. § 302 AktG normiert den periodischen Zahlungsanspruch auf Ausgleich des sonst entstehenden Jahresfehlbetrags und

---

108 *Kleindiek* Strukturvielfalt, 1991, S. 173 ff., 178 ff., 191 f., 195, 319 f.; ablehnend OLG Hamburg AG 1988, 22, 24 re.Sp.; *Lwowski/Groeschke* WM 1994, 613, 615; *Möhring* Schutz der Gläubiger, 1992, S. 158 f.

109 *Kleindiek* Strukturvielfalt, 1991, S. 193.

§ 309 Abs. 2 AktG knüpft eine Ersatzpflicht an die Ausübung der Leitungsmacht, weil die Sorgfalt des ordentlichen und gewissenhaften Geschäftsleiters nach § 309 Abs. 1 AktG nicht schlechterdings, sondern nur bei der Erteilung von Weisungen geschuldet wird. Das deutet von vornherein darauf hin, daß eine von Konzernleitungsmaßnahmen unabhängige Liquiditätszuführung an die AG nur im Rahmen von § 302 AktG geschuldet wird.

Auch hiergegen wendet sich *Kleindiek*. § 309 AktG spreche nicht gegen eine Liquiditätsausstattungspflicht. Da die Norm nicht die Einstandspflicht des herrschenden Unternehmens regele, sondern nur diejenige der gesetzlichen Vertreter[110], könne aus ihr nicht hergeleitet werden, daß die Verantwortlichkeit nur auf die sorgfaltswidrige Ausübung des Weisungsrechts beschränkt sei[111]. § 302 AktG stehe einer Alimentierungspflicht nicht entgegen, da der Gesetzgeber offenbar davon ausgegangen sei, mit Hilfe des Verlustausgleichs auch die Zahlungsfähigkeit der Gesellschaft erhalten zu können. Da dies nicht zuverlässig gelinge, bestehe eine planwidrige Regelungslücke. Diese könne durch die Liquiditätszuführungspflicht geschlossen werden. Dafür spreche auch der gesetzgeberische Wille zur Kontinuität: § 302 AktG falle hinter das Schutzniveau des alten Rechts zurück. Aus dessen Instrumentarien, nämlich der Vorschußpflicht nach § 669 BGB und dem Aufwendungsersatz gem. § 670 BGB, hätte sich eine kontinuierliche Alimentierungspflicht ergeben, die von der Ausübung der Konzernleitungsmacht unabhängig gewesen sei. Da den Materialien zum Aktiengesetz 1965 zu entnehmen sei, daß ein Zurückbleiben hinter dem bisherigen Schutzniveau nicht angestrebt worden sei, müsse die Lücke durch einen Zahlungsanspruch, gerichtet auf Zuführung bedarfsdeckender Mittel, geschlossen werden[112].

Diese Argumentation vernachlässigt, daß § 670 BGB nicht dazu dient, das allgemeine Lebensrisiko abzusichern[113]. Damit läßt sich aus der Norm keine Alimentierungspflicht herleiten. Da der Vorschuß nach § 669 BGB lediglich eine Vorauszahlung auf den Anspruch auf Aufwendungsersatz ist[114], findet der Alimentierungsgedanke auch in dieser Vorschrift keine Stütze. Der historische Kontext, in den *Kleindiek* die kontinuierliche

---

110 Vgl. S. 126.

111 *Kleindiek* Strukturvielfalt, 1991, S. 184 f.

112 *Kleindiek* Strukturvielfalt, 1991, S. 185 ff., 191.

113 *Seiler,* in: MünchKomm. BGB § 670 Rn. 14; *v. Becker* Methodologische Probleme, 1994, S. 79 m.w.N. in Fn. 39; *Pentz* Rechtsstellung der Enkel-AG, 1994, S. 41.

114 *Seiler,* in: MünchKomm. BGB § 669 Rn. 8 m.w.N. in Fn. 20.

Liquiditätsausstattungspflicht einzustellen versucht, liegt daher nicht vor. Die begrenzte Reichweite der §§ 669, 670 BGB verdeutlicht zudem aus einem anderen Blickwinkel[115], daß die Verlustausgleichspflicht durch die Vorschriften des Auftragsrechts nicht hinreichend zu erklären ist, weil der Anspruch gerade auf den konkreten Einzelnachweis verzichtet, daß jede Vermögensschmälerung auf eine Konzernleitungsmaßnahme zurückzuführen ist. Indem § 302 AktG nur im Rahmen des sonst entstehenden Jahresfehlbetrags auf den Nachweis der Verlustursache verzichtet, bringt die Norm zugleich zum Ausdruck, daß ein Zahlungsanspruch gegen das herrschende Unternehmen grundsätzlich nur im Hinblick auf den Ausgleich dieses Fehlbetrages besteht. Zusätzliche Zahlungsansprüche kommen in Betracht, wenn das herrschende Unternehmen vom Weisungsrecht pflichtwidrig Gebrauch macht. Das kommt in § 309 AktG klar zum Ausdruck, wenngleich die Norm nur die Ansprüche gegen die gesetzlichen Vertreter regelt; denn sie erfaßt nur deshalb nicht das herrschende Unternehmen, weil dieses bereits aufgrund des Vertrags nach allgemeinen Rechtsgrundsätzen einstehen muß[116]. Das setzt die Pflichtverletzung voraus und erfordert folglich die sorgfaltswidrige Ausübung der Konzernleitungsmacht. Sie setzt ihrerseits voraus, daß vom Weisungsrecht tatsächlich Gebrauch gemacht wurde. Die Nichtausübung des Weisungsrechts kann dagegen nicht ausreichen, weil es keine Weisungspflicht im Verhältnis zur Untergesellschaft gibt[117]. Außerhalb des Anspruchs auf Ausgleich des Jahresfehlbetrags ist das herrschende Unternehmen damit einem Zahlungsanspruch der AG nur dann ausgesetzt, wenn es oder seine gesetzlichen Vertreter existenzgefährdende Weisungen erteilt haben.

Allerdings ist *Kleindiek* zuzugeben, daß einer Bestandsgefährdung durch drohende Zahlungsunfähigkeit während des Geschäftsjahrs durch einen ausschließlich periodischen Ausgleichsanspruch nicht entgegengewirkt werden kann. Gleichwohl rechtfertigt dies Gefährdungspotential nicht die Anerkennung einer umfassenden Liquiditätszuführungspflicht. Ihm kann durch einen Anspruch auf unterjährige Verlustdeckung Rechnung getragen werden, der ergänzend neben den Anspruch auf Verlustausgleich nach § 302 AktG tritt und auf diesen angerechnet wird. Die Untergesellschaft kann bei drohender oder sich abzeichnender Zahlungsunfähigkeit vom herrschenden Unternehmen eine Abschlagzahlung auf den zu erwartenden

---

115 Vgl. bereits 115 ff.

116 Vgl. S. 126 a.E.

117 *Geßler,* in: Geßler/Hefermehl § 308 Rn. 61; *Koppensteiner,* in: Kölner Komm. § 308 Rn. 41; *Krieger,* in: MünchHdb AG § 70 Rn. 104 a.E.; *Würdinger,* in: Großkomm. AktG § 308 Anm. 3.

Verlustausgleich verlangen[118]. Die Vorschußpflicht hat den Vorzug gegenüber dem Ansatz *Kleindieks,* daß sie sich bruchlos in das Schutzsystem der §§ 300 ff. AktG einfügt, weil der Anspruch an dem zu erwartenden Jahresfehlbetrag orientiert ist und damit die Wertung von § 302 Abs. 1 AktG beachtet, daß außerhalb pflichtwidriger Weisungserteilung nur der Ausgleich des sonst entstehenden Fehlbetrags geschuldet wird. Es wird zwar das Jährlichkeitsprinzip relativiert, aber das ist hinnehmbar, weil die Verlustausgleichspflicht des § 302 AktG gesetzliches Dauerschuldverhältnis ist[119]. Diese Einordnung läßt es zu, einen Anspruch auf Zahlung eines Abschlags einzuräumen[120], wenngleich der Verlustausgleich nach § 302 Abs. 1 AktG endgültig erst mit Ablauf des Geschäftsjahrs entsteht und mit Feststellung des Jahresabschlusses fällig wird[121]. Dafür spricht auch, daß dem Jährlichkeitsprinzip des § 302 AktG Erwägungen zugrunde liegen, die in der Rechnungslegung wurzeln. Da die Ermittlung des Jahresfehlbetrags eine GuV voraussetzt und sich als Abrechnungsperiode das Geschäftsjahr durchgesetzt hatte, hat § 302 AktG im Interesse der Praktikabilität hieran angeknüpft. Angesichts dessen ist es gerechtfertigt, das Perioditätsprinzip in den Hintergrund treten zu lassen, wenn ein zwingender Grund dies gebietet[122]. Ein solcher ist die drohende Illiquidität der Untergesellschaft während des Geschäftsjahrs. Das ist auch deshalb sachgerecht, weil der Gesetzgeber Schutz gegen die Zahlungsunfähigkeit der Gesellschaft bieten wollte, insoweit jedoch die Eignung des Verlustausgleichs zur Absicherung der Zahlungsfähigkeit überschätzt hat[123].

e) Zwischenergebnis

Das herrschende Unternehmen schuldet den Ausgleich der Verluste im Vertragskonzern, weil ihm nach § 308 AktG Konzernleitungsmacht eingeräumt ist und davon ausgegangen werden kann, daß es von der Rechtsmacht auch zum Nachteil der AG Gebrauch machen wird. Unter diesen Prämissen hat sich der Gesetzgeber für ein Vorabsicherungskonzept entschieden, das auf den Nachweis der Einflußnahme und des Ursachenzusammenhangs verzichtet. Da § 308 AktG die Schmälerung der Gesell-

---

118 *Altmeppen* Haftung, 1998, S. 8, 23; *Emmerich/Habersack* Aktienkonzernrecht § 302 Rn. 41; *Priester* ZIP 1989, 1301, 1306 ff.

119 *Hüffer* AktG § 302 Rn. 4 m.w.N.

120 Reserviert BGHZ 105, 168, 184.

121 Vgl. S. 122.

122 *K. Schmidt* ZGR 1983, 513, 521 f.

123 Deutlich *Kropff* NJW 1959, 173, 177 li.Sp.

schaftssubstanz zuläßt, besteht im Vertragskonzern die Gefahr der Substanzaushöhlung und infolgedessen der Bestandsbeeinträchtigung. § 302 AktG dient dazu, dieser Gefahr entgegenzuwirken und den Bestand zu schützen. Durch den Anspruch auf Verlustausgleich wird der Entstehung einer Überschuldung entgegengewirkt. In zeitlicher Nähe zu der Zahlung des Ausgleichs ist der Anspruch bedingt geeignet, die Zahlungsfähigkeit zu erhalten. Die bedingte Eignung zeigt, daß § 302 AktG den Bestandsschutz nicht allein verwirklicht. Ergänzend tritt ein Anspruch auf Vorschuß auf den zu erwartenden Verlustausgleich hinzu, um die Zahlungsfähigkeit der AG zu sichern. Die weitere Säule einer Bestandssicherungskonzeption ist das Verbot existenzgefährdender Weisungen. Es ist dem herrschenden Unternehmen untersagt, der Untergesellschaft die bestandsnotwendige Liquidität zu entziehen. Die Verletzung des Verbots begründet einen Schadensersatzanspruch der AG gegen das herrschende Unternehmen.

f) Schutz der Untergesellschaft selbst

aa) Im aktienrechtlichen Vertragskonzern

Die §§ 304, 305 AktG dienen der Sicherung der außenstehenden Aktionäre[124] und § 303 AktG bezweckt Gläubigerschutz[125]. Zu untersuchen bleibt, ob die Pflicht zur Verlustübernahme nur die Interessen der Aktionäre bzw. der Gläubiger oder auch der Gesellschaft selbst schützen soll. Außer Streit steht, daß das herrschende Unternehmen sowohl der mehrgliedrigen als auch der eingliedrigen AG Verlustdeckung schuldet[126]. Es läßt sich auch angesichts des Wortlauts von § 302 Abs. 1 AktG nicht in Zweifel ziehen, daß der Anspruch auf Verlustausgleich unabhängig von der Aktionärsstruktur besteht. Der Aktionärsschutz kann somit nicht im Vordergrund stehen, weil das Fehlen außenstehender Aktionäre den Anspruch aus § 302 AktG völlig unberührt läßt. Mitunter wird pauschal angenommen, die Regelung diene dem Gläubigerschutz[127]. Daß diese Sichtweise der gesetzgeberischen Intention nicht vollständig gerecht wird, belegt folgende Passage aus der Regierungsbegründung: "Durch die Vorschriften des Dritten Abschnitts soll die Gesellschaft zu ihrem und ihrer Gläubiger Schutz in gewissem Umfang gegen eine Aushöhlung ihrer bilanzmäßigen Substanz gesichert werden. Dieser Schutz kommt, wenn außenstehende Aktionäre vorhanden sind, naturgemäß auch ihnen zugute. Sein eigentliches Ziel ist es aber, der Gesellschaft die für ihr Leben als Ka-

---

124 *Hüffer* AktG § 304 Rn. 1 sowie § 305 Rn. 1.

125 *Hüffer* AktG § 303 Rn. 1.

126 *Koppensteiner,* in: Kölner Komm. § 300 Rn. 8; *Würdinger,* in: Großkomm. Vor. § 300.

127 *Deilmann* Entstehung, 1990, S. 126.

pitalgesellschaft erforderliche Substanz und ihren Gläubigern das haftende Kapital zu erhalten"[128]. Das bringt zum Ausdruck, daß der Gesetzgeber von einem eigenständigen Interesse der AG ausgegangen ist, das neben den Aktionärs- und Gläubigerinteressen durch § 302 AktG primär geschützt werden soll[129]: das Substanzerhaltungs- bzw. Bestandsinteresse. Vor diesem Hintergrund kann die Annahme nicht überzeugen, § 302 AktG zwinge nicht dazu, ein von Gläubiger- und Aktionärsinteressen isolierbares Interesse der Gesellschaft anzuerkennen[130]. Auch die Frage, ob sich das Gesellschaftsinteresse ausschließlich aus den Gesellschaftergesamtinteressen zusammensetzt[131], ist für § 302 AktG ohne Belang. Der Gesetzgeber hat deutlich zum Ausdruck gebracht, daß der Bestand der Gesellschaft in ihrem Interesse geschützt wird und dies Interesse eigenständig neben Gläubiger- und Gesellschafterinteresse tritt[132]. Durch die Verlustdeckungspflicht wird der Schutz der Gesellschaft selbst bezweckt. Dem Schutz der Gläubiger, den die Regierungsbegründung als weiteres Ziel der Regelungen des Dritten Abschnitts hervorhebt, und dem durch § 303 AktG unmittelbar Rechnung getragen wird, dient § 302 AktG hingegen lediglich mittelbar. Zwar besteht der Anspruch auf Verlustdeckung auch im Interesse der Gesellschaftsgläubiger, aber nur indirekt insoweit, als ihnen durch die Möglichkeit der Vollstreckung in den Anspruch der AG geholfen werden soll[133]. Daraus kann abgeleitet werden, daß der Gläubigerschutz in § 302 AktG unselbständig - in Abhängigkeit vom Bestandsschutz - mitgeregelt ist[134]. Die Gläubiger sind deshalb durch den Anspruch geschützt, weil der Gesellschaft der Anspruch auf Verlustdeckung zur Sicherung ihres Fortbestands eingeräumt ist.

bb) Bei schlichter Abhängigkeit und faktischer Konzernierung

Die Verantwortlichkeit bei Fehlen eines Beherrschungsvertrags regeln die §§ 311-318 AktG. Sie dienen dem Ziel, Benachteiligungen der abhängigen

---

128 RegBegr. bei *Kropff* S. 388.

129 *Emmerich/Sonnenschein* Konzernrecht, 5. Aufl. 1993, § 16 I 2 a. Das ist so offensichtlich, daß es die Verfasser in der Neuauflage nicht mehr erwähnen.

130 So aber *Koppensteiner,* in: Kölner Komm. Vor. § 300 Rn. 1, 8.

131 Vgl. dazu zunächst S. 54 ff.

132 *A/D/S* § 300 AktG Rn. 4; *Geßler,* in: Geßler/Hefermehl Vor. § 300 Rn. 1 f.; *Hüffer* AktG § 302 Rn. 2; *Limmer* Haftungsverfassung, 1992, S. 299.

133 RegBegr. bei *Kropff* S. 390 f.; *Hüffer* AktG § 302 Rn. 2.

134 S.a. *Hommelhoff* FS Goerdeler, 1987, S. 221, 230; *Limmer* Haftungsverfassung, 1992, S. 299.

Gesellschaft zu verhindern[135], und sollen damit weitergehend die außenstehenden Aktionäre und die Gläubiger schützen.

Daß die Aktionäre nicht die einzigen Schutzadressaten sind, wird daraus ersichtlich, daß der Schadensersatzanspruch des § 317 Abs. 1 S. 1 AktG nicht dadurch ausgeschlossen ist, daß keine außenstehenden Gesellschafter vorhanden sind. Das herrschende Unternehmen ist bei Fehlen weiterer Aktionäre also nicht privilegiert. Es schuldet der eingliedrigen AG vielmehr ebenso den Ersatz des ihr aus der veranlaßten Maßnahme entstehenden Schadens wie der mehrgliedrigen AG[136]. Neben dem Schutz der außenstehenden Aktionäre zielt die Schadensersatzpflicht des herrschenden Unternehmens einschließlich derjenigen seiner gesetzlichen Vertreter nach § 317 Abs. 3 AktG also auch darauf ab, die Gesellschaftsgläubiger zu schützen.

Als Schutzadressatin wird daneben die AG genannt[137]. Die Einbeziehung der AG wird anhand der Ausgestaltung der Schadensersatzansprüche auch sichtbar, weil sie der Gesellschaft selbst zustehen. Zweifelhaft kann nur sein, ob die Gesellschaft ausschließlich geschützt wird, um die Gesellschaftsgläubiger und - falls vorhanden - Minderheitsaktionäre zu schützen[138] oder ob sie unabhängig hiervor Schutz genießt. Rückschlüsse können eventuell aus dem Leitmotiv gewonnen werden, daß dem § 317 AktG zugrunde liegt. Die Norm soll zusammen mit den §§ 312 ff. AktG sicherstellen, daß die AG nicht unter Verstoß gegen § 311 AktG zu nachteiligen Maßnahmen veranlaßt wird. Sie soll verhindern, daß das herrschende Unternehmen die mit einem Beherrschungsvertrag verbundene Konzernleitungsmacht in Anspruch nimmt, ohne einen solchen Vertrag abgeschlossen zu haben[139]. Das spricht dafür, daß die AG auch im eigenen Interesse und nicht bloß im Interesse der Gläubiger und außenstehenden Aktionäre Schutz genießt. Im Vertragskonzern wird die Untergesellschaft gegen die Auswirkungen eingeräumter Konzernleitungsmacht abgesichert. Ihr wird ein eigenständiges Bestandsinteresse zugestanden. Bei Fehlen des Beherrschungsvertrags setzt der Schutz auf der vorgelagerten Stufe ein, weil die Absicherung nicht erst gegenüber den Auswirkungen von Leitungsmacht, sondern bereits zur Verhinderung ihrer Ausübung erfolgt. Zugleich bleibt

135 Vgl. S. 46 f.

136 *Bollmann* Schadensersatzanspruch, 1995, S. 125 f.; *Weigl* Haftung, 1996, S. 105 a.E.

137 *Hüffer* AktG § 317 Rn. 1; von der Einbeziehung der AG geht ersichtlich auch die RegBegr. bei *Kropff* S. 409 aus.

138 So *Kropff,* in: Geßler/Hefermehl § 311 Rn. 1.

139 RegBegr. bei *Kropff* S. 418.

die Schutzrichtung aber identisch, weil Substanzschmälerungen und damit Bestandsgefährdungen ausgeschlossen werden sollen. Letzteres spricht auch für eine Identität des Interessenträgers. Wenn im Vertragskonzern der Bestand im Interesse der AG geschützt wird, dann entspricht es systematischer Stimmigkeit, daß im Vorfeld des Vertragskonzerns ein Bestandsschutz wiederum im gleichen Interesse eingreift.

Folgt man dieser Ansicht nicht, so bleibt das Ergebnis gleich, weil die Gesellschaft aufgrund der Ausgestaltung des § 317 AktG Inhaberin der Ansprüche ist. Ob die gesetzestechnische Ausgestaltung den eigenständigen Schutz der Untergesellschaft ausdrückt oder erfolgt ist, um den Schutz von Gläubigern und Aktionären bei der Gesellschaft zu bündeln, ist für das Ergebnis ohne Belang: Die AG ist auf jeden Fall auch dann Trägerin des Bestandsinteresses, wenn außenstehende Gesellschafter fehlen. Das ist offensichtlich, wenn darauf abgestellt wird, daß sie um ihrer selbst Willen Schutz genießt, und folgt ansonsten daraus, daß sie um ihrer Gläubiger Willen geschützt wird.

g) Schadensersatz bei Benachteiligung der AG im Vorfeld des Vertragskonzerns

Die Verantwortlichkeit des herrschenden Unternehmens bei Fehlen eines Beherrschungsvertrags ist für die Ermittlung des Regelungsgrunds von § 302 AktG nicht ohne Bedeutung. Die Verlustdeckung ist die Folge der durch § 308 AktG eingeräumten Konzernleitungsmacht, durch die Benachteiligungen der AG ermöglicht werden. Sie sind Ausdruck rechtmäßigen Verhaltens, soweit die Leitungsmacht reicht. Das ist im Vorfeld des Vertragskonzerns anders. Benachteiligungen sind - ohne Einzelausgleich - rechtswidrig, da die Veranlassung nachteiliger Maßnahmen unter Verstoß gegen § 311 AktG Schadensersatzansprüche gem. § 317 AktG auslöst[140]. Dabei ist ohne Belang, ob außenstehende Aktionäre vorhanden sind. Auch die Einmann-AG wird, zumindest im Interesse ihrer Gläubiger, vor Benachteiligungen ebenso geschützt wie die mehrgliedrige AG. Für die Wertung des § 302 AktG ergibt sich daraus, daß das herrschende Unternehmen die Verluste übernehmen muß, weil es die Rechtsmacht erhält, die AG zu benachteiligen, ein Privileg, das es ansonsten wegen des mit der Schadensersatzpflicht belegten Benachteiligungsverbots der §§ 317, 311 AktG nicht hat.

---

140 Die Rechtswidrigkeit besteht unabhängig davon, ob man den inneren Haftungsgrund des § 317 AktG in der nachteiligen Veranlassung oder in der kompensationslosen Nachteilszufügung erblickt, vgl. *Kropff,* in: Geßler/Hefermehl § 317 Rn. 8 ff.

2. Folgerungen für eine analoge Anwendung des § 302 AktG

Die Benachteiligung der abhängigen AG, die dem herrschenden Unternehmen im Vertragskonzern gestattet wird, ist ihm bei Fehlen eines Beherrschungsvertrags nach §§ 317, 311 AktG untersagt. Weil im Vorfeld des Vertragskonzerns das Benachteiligungsverbot die Inanspruchnahme von Konzernleitungsmacht verhindert, bekommt das herrschende Unternehmen diese Rechtsmacht nicht kostenlos bei Abschluß des Beherrschungsvertrags eingeräumt, sondern nur um den Preis der Verlusttragung. Dieser ganz wesentliche Zusammenhang ist bei Übertragung der Rechtsfolge aus § 302 AktG im Wege der Analogie zu beachten. Für eine Analogiebildung ist erforderlich, daß eine Übereinstimmung zwischen dem geregelten und dem ungeregelten Sachverhalt in den für die rechtliche Bewertung maßgeblichen Kriterien gegeben ist[141]. Der tragende Gesichtspunkt für die gesetzliche Anordnung der Pflicht zur Verlustdeckung ist der Übergang vom Benachteiligungsverbot bei Abhängigkeit und faktischer Konzernierung zur Benachteiligungsbefugnis im Vertragskonzern, weil dieser Wechsel eine Bestandsgefährdung auslöst, gegen die die AG zuvor durch die §§ 311-318 AktG geschützt war. Für die Übertragung der Rechtsfolge des § 302 AktG zugunsten der nicht beherrschungsvertraglich gebundenen GmbH folgt daraus, daß die Analogie nur in Betracht kommen kann, falls ein bestandsgefährdendes Verhalten untersagt ist, die gleichwohl auftretende Bestandsgefährdung zur Schadensersatzpflicht führt und sich die Pflicht zur Verlustübernahme weitergehend als verhältnismäßig und erforderlich erweist.

An die Stelle der §§ 317, 311 AktG tritt im GmbH-Recht die Treubindung des herrschenden Unternehmens[142], aus der das Benachteiligungsverbot resultiert. Daraus ließe sich ein Bestandserhaltungsgebot ableiten. Problematisch ist jedoch mit Blick auf die eingliedrige und mehrgliedrige GmbH ohne abweichende Minderheit, ob ein Bestandsinteresse der GmbH unabhängig vom Gesellschaftergesamtinteresse geschützt wird. Ein Verhalten, das weder eine Schadensersatzpflicht noch eine sonstige Einzelausgleichspflicht begründet, ist für die Analogie in keinem Fall ausreichend. Eine Verlustübernahmepflicht für ein Verhalten, das keinen Einzelersatzanspruch auslöst, wäre nur als gesetzesübersteigende Rechtsfortbildung darstellbar und dafür wäre der nicht geführte und auch nicht zu führende Nachweis eines Rechtsnotstandes erforderlich[143].

---

141 S. 106.

142 S. 47 ff.

143 S. 107.

V. Einbeziehung von § 303 AktG

Der BGH hat in den Urteilen "Autokran", "Video" und "TBB" die Konzernaußenhaftung in Anlehnung an § 303 AktG für gegeben gehalten, anstatt es bei der Verlustdeckungspflicht zu belassen. Dabei ging es zwar um Sachverhalte nach dem Zusammenbruch einer GmbH oder Gruppe von Gesellschaften[144], jedoch ist das nicht ausreichend, um die Außenhaftung zu erklären. Ein Grund ist sicher darin zu finden, daß der klagende Gesellschaftsgläubiger in Anlehnung an § 303 AktG einen unmittelbaren Zahlungsanspruch gegen das herrschende Unternehmen erhält, wohingegen er den Verlustausgleichsanspruch pfänden und sich überweisen lassen müßte[145]. Damit hat die Außenhaftung für die Gläubiger eine große praktische Bedeutung, weil sie die Durchsetzung der Ansprüche gegenüber dem herrschenden Unternehmen erleichtert. Der ursprüngliche Grund für die Entwicklung der Außenhaftung ist aber weder in der leichteren Durchsetzbarkeit der Ansprüche noch darin zu finden, daß Gesellschaftszusammenbrüche vorlagen. In der Autokran-Entscheidung entwickelte der BGH die Außenhaftung jedenfalls auch deshalb, weil er annahm, daß ohne Bejahung einer Treupflicht des Alleingesellschafters eine Verlusttragungspflicht in Anlehnung an § 302 AktG nicht angenommen werden könne. Das deckt sich mit den hier herausgearbeiteten Ergebnissen[146]. Weiter nahm der BGH an, eine Konzernaußenhaftung in Anlehnung an § 303 AktG komme ohne diese Voraussetzung aus[147] und das herrschende Unternehmen schulde dem Gesellschaftsgläubiger auch dann unmittelbar Zahlung, wenn ein Benachteiligungsverbot gegenüber der GmbH nicht bestehe. Sollte das zutreffen, könnte ein Verhalten, das keine Ersatzpflicht begründet, zur Außenhaftung führen. Dafür könnte sprechen, daß § 303 AktG unmittelbar dem Gläubigerschutz dient[148], woraus man folgern könnte, es komme daher auf ein Benachteiligungsverbot, das gegenüber der GmbH besteht, nicht an. Zweifel stellen sich aber schon angesichts der Aussage des Tiefbau-Urteils ein, die §§ 302, 303 AktG seien Teil einer zusammengehörigen Regelung und ließen sich daher nicht trennen[149]. Trifft diese Aussage zu, kann es keine Außenhaftung geben, wenn sie nicht von einem Anspruch auf Verlustdeckung begleitet wird.

---

144 *W. Müller* FS Rowedder, 1994, S. 277 f.

145 BGHZ 115, 187, 201.

146 S. 136.

147 Vgl. S. 55 a.E.

148 S. 132.

149 BGHZ 107, 7, 16.

Geht man der Frage nach, ob es Gläubigerschutz in Anlehnung an § 303 AktG ohne korrelierenden Verlustausgleich geben kann, so fällt auf, daß § 303 AktG in seinem direkten Anwendungsbereich an das Ende der Verlustausgleichspflicht anknüpft. Weil mit Beendigung des Unternehmensvertrags und dem Wegfall der Ausgleichspflicht auch die mittelbare Sicherung zugunsten der Gesellschaftsgläubiger entfällt, ist stattdessen eine direkte Gläubigersicherung erforderlich, der § 303 AktG Rechnung trägt[150]. Das Sicherungsbedürfnis der Gläubiger beruht also darauf, daß sie während der Vertragslaufzeit durch den Ausgleichsanspruch mitgesichert waren. § 303 AktG substituiert also lediglich den Anspruch auf Verlustdekkung. Wenn dieser Anspruch von vornherein nicht besteht, gibt es auch nichts zu substituieren. Insoweit erweist sich die Aussage aus der Tiefbau-Entscheidung als zutreffend: Einen Zahlungsanspruch in Anlehnung an § 303 AktG kann es nicht geben, wenn ein Anspruch analog § 302 AktG ausscheidet, weil dem herrschenden Unternehmen entweder kein Benachteiligungsverbot obliegt oder keine Notwendigkeit und sachliche Rechtfertigung für eine Verlusttragung besteht. § 303 AktG entfaltet also keine selbständige Schutzfunktion und kann daher zur Kernfrage des Bestandsschutzes auch nichts beitragen. Weil dieser von der eigenständigen Bedeutung des Gesellschaftsinteresses abhängt, erweist sich als die entscheidende Frage, ob es für die GmbH in gleicher oder ähnlicher Weise anzuerkennen ist wie namentlich nach § 302 AktG für die AG.

§ 9. Bestandsschutz im GmbH-Recht

I. Die herkömmliche Auffassung: Dispositionsfreiheit der Gesellschaftergesamtheit über das Gesellschaftsinteresse

Die h.M. erkennt ein von dem Willen der Gesellschaftergesamtheit unabhängiges Gesellschafts- bzw. Verbandsinteresse nicht an. Es wird nach dieser Auffassung ausschließlich durch das zusammengefaßte gemeinschaftliche Interesse der Gesellschafter gebildet[151]. Das hat zur Folge,

150 *Geßler,* in: Geßler/Hefermehl § 303 Rn. 1; *Hüffer* AktG § 303 Rn. 1; *Koppensteiner,* in: Kölner Komm. § 303 Rn. 2; *Würdinger,* in: Großkomm. § 303 Anm. 1.

151 *Gätsch* Gläubigerschutz, 1997, S. 176 f.; *Mertens/Cahn* FS Heinsius, 1991, S. 545, 565; *Möhring* Schutz der Gläubiger, 1992, S. 24 f.; *Rehbinder* ZGR 1976, 386, 390; *Röhricht* WPg 1992, 766, 785; *Versteegen* Konzernverantwortlichkeit, 1993, S. 108 ff.; *Wiedemann* Unternehmensgruppe, 1988, S. 86 f.; *Zöllner* Schranken, 1963, S. 18 ff.; *ders.,* in: Kölner Komm. Einl. Rn. 105 ff.; weitere Nachw. bei *Ziemons* Haftung der Gesellschafter, 1996, S. 95 mit Fn. 123; widersprüchlich *Rogge* Vermeidung, 1998, der auf S. 46 f. mit Fn. 215, S. 74 das eigenständige Gesellschaftsinteresse der GmbH bejaht, das er auf S. 27 abgelehnt hat.

daß die h.M. einen Schutz der GmbH außerhalb des Gesellschaftergesamtwillens verneint. Die gegenteilige Annahme stehe in Widerspruch zu der Befugnis der Gesellschaftergesamtheit, unter Zustimmung aller den Zweck der Gesellschaft grundlegend zu ändern. Aus dieser Befugnis müsse abgeleitet werden, daß es kein Interesse der Gesellschaft geben könne, das vom Willen und den Vorstellungen der Gesellschafter losgelöst werden könnte[152]. Das zeige auch die Verwendung des Begriffs des Interesses, weil darunter Begehrensvorstellungen oder Begehrensdispositionen i.S. latenter Wünsche und Neigungen zu verstehen, und nur natürliche Personen in der Lage seien, Gefühlspositionen zu entwickeln, die auf die Befriedigung von Wünschen, Bedürfnissen, Neigungen oder Willenszielen gerichtet sein könnten. So gesehen könne das Gesellschaftsinteresse nur eine Hilfsvorstellung sein, unter der die Mitgliederinteressen zusammengefaßt und herausgehoben würden, zu deren Verfolgung die Personenvereinigung gegründet worden sei[153]. Da das Interesse der Gesellschaft nur durch das herausgehobene gemeinsame Mitgliederinteresse bestimmt werde, sei es folglich ein Ausschnitt aus den Mitgliederinteressen, nämlich derjenige Teil, der durch den Gesellschaftszweck umschrieben werde, weil erst der Zweck den Sonderinteressen der einzelnen Gesellschafter die gemeinsame Richtung gebe[154]. Das Gesellschaftsinteresse ist auf dieser Basis eine objektivierte Größe, weil es durch den Gesellschaftszweck umschrieben wird, dessen Haupterkenntnisquelle der Unternehmensgegenstand ist[155]. Es wird damit zu einer praktikablen Größe, wenn die Gesellschafter sich nicht einig sind. Sind sich jedoch alle Mitglieder einig, dann kann ein Gesellschaftsinteresse keinen Schutz gegen den Willen der Mitgliedergesamtheit bieten, wenn die Gesellschafter uneingeschränkt dispositionsbefugt sind. Neben den Interessen der Mitglieder sind zwar nach der h.M. Interessen Dritter berücksichtigungsfähig, aber nur insofern, als deren Berücksichtigung durch gesetzliche Normen angeordnet ist. Die Gesellschafter haben danach gegenüber den Gesellschaftsgläubigern nur soweit eine Vermögensbindung zu beachten, wie diese normativ verankert ist. Daraus folgt aber nicht ohne weiteres, daß die Berücksichtigung von Drittinteressen Auswirkungen auf die Bildung des Gesellschaftsinteresses hat. Im Gegenteil: Weil ein Schutz im Interesse der Gläubiger nicht die Interessen des hinter der juristischen Person stehenden Verbands i.S. seines personalen Substrats berühre, bleibe das Gesellschaftsinteresse davon un-

152 *Baumbach/Hueck/Zöllner* GmbHG Schlußanh. I Rn. 100.

153 *Möhring* Schutz der Gläubiger, 1992, S. 24 f.; *Zöllner* Schranken, 1963, S. 18 ff.

154 *Zöllner* Schranken, 1963, S. 23 ff.; *ders.,* in: Kölner Komm. Einl. Rn. 107 ff.

155 Vgl. S. 36 f.

beeinflußt[156]. Der Schutz der Gläubiger durch die Ausgestaltung der Kapitalgesellschaft als Haftungssubjekt müsse scharf vom Schutz des hinter der juristischen Person stehenden Verbands abgegrenzt werden.

Der Standpunkt der h.M. läßt sich dahin zusammenfassen, daß sie Eingriffsgrenzen in der eingliedrigen GmbH oder bei Einstimmigkeit aller Mitglieder nur im Rahmen der §§ 30 f. GmbHG, 826 BGB anerkennt, weil insoweit Drittinteressen beachtet werden müssen[157]. Auch soweit Eingriffsgrenzen zu beachten sind, folgt daraus nicht, daß die Gläubigerinteressen das Gesellschaftsinteresse mitprägen. Es bleibt davon unberührt. Das Gesellschaftsinteresse ist ausgehend von diesem klassischen Ansatz ein reines Instrument zur Bewältigung von Konflikten zwischen den Mitgliedern.

II. Gegenpositionen

1. Bestandsschutz der abhängigen GmbH - Rückschlüsse aus dem Aktienkonzernrecht

Entgegen der tradierten Ansicht hat *Ulmer* bereits vor der Autokran-Entscheidung die Auffassung vertreten, daß über den Geltungsbereich von § 30 GmbHG hinaus zumindest ein eigenständiges, vom Gesellschaftergesamtinteresse isolierbares Interesse der gem. § 17 AktG abhängigen GmbH existiere. Es werde unter Berücksichtigung der Interessen des herrschenden Unternehmens, einer etwaigen Minderheit, der Gläubiger und Arbeitnehmer sowie nicht zuletzt des Gesellschaftszwecks gebildet. Zwar sei dem herrschenden Unternehmen über die Definition des Gesellschaftszwecks die Möglichkeit eröffnet, maßgeblichen Einfluß auf die Bestimmung des Gesellschaftsinteresses zu nehmen, aber darin liege kein Widerspruch zur Anerkennung eines eigenständigen Interesses der GmbH, weil der Einfluß durch die zu berücksichtigenden schutzwerten Belange der Gesellschaftsgläubiger und der Arbeitnehmer beschränkt werde. Es liege nahe, ein gemeinsames Minimum der Interessen der verschiedenen Beteiligten in der Bestandserhaltung zu sehen und infolgedessen ein Gesellschaftsinteresse in der Bestandserhaltung der abhängigen GmbH zu finden. Das herrschende Unternehmen sei zur Rücksichtnahme auf dieses In-

156 *Zöllner* Schranken, 1963, S. 21 f.; der BGH ist demgegenüber offensichtlich von dieser Ausgrenzung der Drittinteressen abgerückt, da er ein Gesellschaftsinteresse darin sieht, daß die GmbH so geführt werden müsse, daß sie ihren Verbindlichkeiten nachkommen könne; vgl. schon S. 84 ff., S. 91 f. Das bedeutet die Berücksichtigung von Gläubigerinteressen im Rahmen des Gesellschaftsinteresses.

157 Ausnahmsweise sind Sondergesetze als Schutzgesetze zugunsten der Gläubiger zu beachten, vgl. BGH ZIP 1994, 872, 874. Im Fall der mitbestimmten GmbH sind auch die im Aufsichtsrat repräsentierten Arbeitnehmerinteressen zu berücksichtigen.

teresse verpflichtet. Im Anschluß an den üblichen Sprachgebrauch könne die Rücksichtnahmepflicht als Treupflicht bezeichnet werden, wenn beachtet werde, daß ihr Inhalt nicht ohne weiteres mit der Treubindung des herrschenden Unternehmens als Mehrheitsgesellschafter gegenüber der Minderheit gleichgesetzt werden könne. Die Pflicht zur Rücksichtnahme könne auf den Rechtsgedanken eines vom Mitgliedergesamtinteresse losgelösten eigenständigen Schutzes gestützt werden, der den §§ 300 ff., 317, 322, 324 AktG zugrunde liege. Die Herleitung eines Eigeninteresses aus einer Gesetzesanalogie unter Rückgriff auf das Schädigungsverbot des § 317 AktG bei gleichzeitiger Ausklammerung der §§ 311, 312 ff. AktG sei ebenfalls möglich, jedoch die Rechtsanalogie zu dem in den §§ 300 ff., 317, 322, 324 AktG verankerten Rechtsgedanken vorzugswürdig[158]. Die Bestandserhaltungspflicht werde verletzt, wenn das herrschende Unternehmen vorsätzlich oder fahrlässig die Zahlungsunfähigkeit oder Überschuldung herbeiführe. Dies löse einen Schadensersatzanspruch der GmbH aus, dessen Höhe durch den zur Gläubigerbefriedigung erforderlichen Betrag begrenzt werde. Der Ersatzanspruch könne auch von den Gesellschaftsgläubigern geltend gemacht werden[159].

2. Bestandsschutz der verbundenen und unverbundenen GmbH

a) Einhaltung der §§ 65 ff. GmbHG

Den Ansatz *Ulmers* hat *M. Winter* aufgegriffen und auf die unverbundene GmbH ausgedehnt. Ein Eigeninteresse, verstanden als das Verbot existenzgefährdender Einflußnahme, sei sowohl zugunsten der abhängigen als auch der konzernfreien GmbH anzuerkennen. Daraus resultiere eine Bindung des Gesellschafters an das Bestandsinteresse der GmbH. Die Befugnis der Gesellschaftergesamtheit, die GmbH auf jeden zulässigen Gesellschaftszweck auszurichten, impliziere nicht die Befugnis, die Gesellschaft zu ruinieren. Aus den §§ 65 ff. GmbHG ergebe sich vielmehr das Gegenteil. Zwar seien die Gesellschafter befugt, nach freiem Ermessen über das Ob der Auflösung zu entscheiden (§ 60 Abs. 1 Nr. 2 GmbHG), hinsichtlich der Frage, auf welchem Wege sich das zu vollziehen habe, habe der Gesetzgeber jedoch mit den gesetzlichen Vorschriften über die Auflösung der GmbH die Vorgehensweise zwingend vorgegeben. Hieraus müsse abgeleitet werden, daß die Gesellschafter nicht berechtigt seien, die GmbH zu ruinieren, also gleichsam auf kaltem Wege zu liquidieren. Die Konsequenz sei, daß die Erhaltung der Existenzfähigkeit die absolute

---

158 *Ulmer* ZHR 148 (1984), 391, 416 ff.; ähnlich *Assmann* JZ 1986, 928, 931; *Hommelhoff* Konzernleitungspflicht, 1982, S. 256; wohl auch *Weitbrecht* Haftung der Gesellschafter, 1990, S. 56.

159 *Ulmer,* in: Hachenburg GmbHG Anh. § 77 Rn. 75, 83 ff.

Schranke für Einwirkungen der Gesellschafter auf die Geschäftsführung bilde[160]. Den Gesellschaftern seien infolgedessen Einflußnahmen untersagt, die existenzgefährdende Auszahlungen bewirkten. Infolge der Ableitung aus dem Verbot der "kalten" Liquidation unter Verstoß gegen die §§ 65 ff. GmbHG seien auch prognostizierbar nachteilige Risikogeschäfte untersagt[161].

b) Wahrung der Rechtssubjektivität der GmbH

Ein weiteres Argument für einen Bestandsschutz der verbundenen sowie unverbundenen GmbH wird im Schrifttum aus ihrer Rechtsfähigkeit gewonnen. So betont *Becker*, daß die GmbH als Rechtsträger grundsätzlich auch ernstgenommen werden müsse. Zwei Gründe seien regelmäßig ausschlaggebend für die Gründung der GmbH, nämlich organisatorische Überlegungen und die Haftungsbeschränkung des § 13 Abs. 2 GmbHG, wobei die Beschränkung der Haftung motivationsdominant sein dürfte. Es könne aber nicht hingenommen werden, daß die Gesellschafter die GmbH als bloßes Konstrukt beiseite schieben könnten, um ihre unternehmerischen Vorstellungen ungehindert durchzusetzen, sich jedoch auf die Rechtssubjektivität und die daraus folgende Haftungsbeschränkung zurückziehen könnten, wenn es um die Befriedigung der Gesellschaftsgläubiger gehe. Es sei daher sachgerecht, den Machtbereich der Gesellschafter mittels Anerkennung eines eigenständigen Interesses der GmbH dergestalt zu begrenzen, daß die Haftungsbeschränkung für die Gesellschaftsgläubiger erträglich sei. Insofern erweise sich die Anerkennung einer unabdingbaren Treupflicht des Gesellschafters gegenüber der GmbH auch in der eingliedrigen Gesellschaft als sinnvoll, da mediatisiert über einen so gewährleisteten Schutz der Gesellschaft namentlich deren Gläubiger mitgeschützt würden. Für den GmbH-Gesellschafter ergebe sich ein doppelter unabdingbarer Treupflichtmaßstab. Er dürfe erstens die Existenzgrundlagenhypothese nicht in Frage stellen, so daß ihm alle Handlungen untersagt seien, von denen ein Einzelkaufmann absehen würde, weil sie seine Existenzgrundlage gefährdeten. Zweitens müsse der Gesellschafter dafür Sorge tragen, daß die Kapitalsicherungsvorschriften funktionsfähig blieben[162].

---

160 *Winter* Treuebindungen 1988, S. 204 ff., 214; zustimmend *Ulmer,* in: Hachenburg GmbHG Anh. § 77 Rn. 86; *Nissing* Eigeninteresse der Gesellschaft, 1993, S. 93 ff., 123; *Priester* ZGR 1993, 512, 520 f.

161 *Winter* ZGR 1994, 570, 585 ff., 591 f.

162 *Becker* Das gesellschaftsrechtliche Wettbewerbsverbot, 1997, S. 121 ff., 171 ff., 250 f.

III. Die Fehleinschätzung der herkömmlichen Ansicht: Ausklammerung des Bestandsschutzes aus dem Gesellschaftsinteresse

1. Verletzung des Bestandsinteresses durch Gesellschafterbeschluß als Verletzung des Gesellschaftszwecks

Die von der h.M. angenommene Deckungsgleichheit zwischen Gesellschaftsinteresse und Gesellschaftszweck führt dazu, daß bei Fehlen einer abweichenden Satzungsbestimmung als Zweck und infolgedessen als Gesellschaftsinteresse der GmbH eine selbständige und erwerbswirtschaftliche Tätigkeit in der Absicht der Gewinnerzielung festgelegt ist[163]. Das bedeutet, daß das Gesellschaftsinteresse darauf ausgerichtet ist, Gewinne zu erzielen und demzufolge das Interesse der GmbH zumindest auf Bestandserhaltung gerichtet ist[164]. Zwischen eingliedriger und mehrgliedriger GmbH bestehen, abgesehen von der Terminologie[165], diesbezüglich keine Unterschiede. Enthält die Satzung keine anderweitigen Zielvorgaben, ist vom Bestandserhaltungsinteresse auszugehen.

Allerdings können die Gesellschafter den Zweck der GmbH ändern mit der Folge, daß das Gesellschaftsinteresse durch die Änderung des Gesellschaftszwecks mitgeändert wird. Aber die Änderung des Zwecks unterliegt den für Satzungsänderungen geltenden Regeln der §§ 53, 54 GmbHG. Es bedarf eines notariell zu beurkundenden Beschlusses der Gesellschafterversammlung. Dieser bedarf außer einer satzungsändernden Dreiviertelmehrheit entsprechend § 33 Abs. 1 S. 2 BGB der Zustimmung sämtlicher Gesellschafter, es sei denn, die Satzung selbst enthält entsprechend § 40 BGB eine Abweichung[166]. Zudem hat die Abänderung gem. § 54 Abs. 3 GmbHG keine rechtliche Wirkung, bevor sie in das Handelsregister des Sitzes der Gesellschaft eingetragen ist. Damit bringt das Gesetz zum Ausdruck, daß die Satzungsänderung erst durch die Eintragung rechtliche Wirksamkeit erlangt. Allerdings wird verbreitet angenommen, daß in dem Zeitraum zwischen Beschlußfassung und Handelsregistereintragung eine innergesellschaftliche Bindung an den Änderungsbeschluß besteht[167]. Dabei geht es vornehmlich um die Frage, mit welcher Mehr-

163 Vgl. S. 36 f.

164 Zutreffend *Ziemons* Haftung der Gesellschafter, 1996, S. 130 ff., 137, 223.

165 Organisationszweck anstelle Gesellschaftszweck bei der Einmann-GmbH, vgl. *Baumbach/Hueck* GmbHG § 1 Rn. 5.

166 *Baumbach/Hueck/Zöllner* GmbHG § 53 Rn. 14; *Ulmer,* in: Hachenburg GmbHG § 53 Rn. 103.

167 OLG Hamm GmbHR 1971, 57, 59 re.Sp.; *Lutter/Hommelhoff* GmbHG § 54 Rn. 10; *Scholz/Priester* GmbHG § 54 Rn. 68; *Marquardt,* in: MünchHdb. GmbH § 22 Rn. 55.

heit und in welcher Form der Änderungsbeschluß durch einen Aufhebungsbeschluß wieder beseitigt werden kann, genauer darum, ob die notarielle Beurkundung und die Dreiviertelmehrheit des § 53 Abs. 2 GmbHG erforderlich sind. Das wird überwiegend verneint und demgemäß die Aufhebung mit einfacher Mehrheit für genügend gehalten[168]. Zur Begründung wird darauf verwiesen, daß im Zeitpunkt des Aufhebungsbeschlusses eine qualifizierte Mehrheit gerade nicht mehr hinter der Änderung stehe. Dagegen wird vereinzelt vorgebracht, daß eine geringere Mehrheit nicht den Willen einer größeren zu Fall bringen dürfe und das Mehrheitserfordernis des § 53 Abs. 2 S. 1 GmbHG als unentbehrlich, die notarielle Beurkundung indes als verzichtbar eingestuft[169]. Die Streitfrage kann unentschieden bleiben, weil jedenfalls keine innergesellschaftliche Bindung in dem Sinne besteht, daß die Gesellschafter verpflichtet sein könnten, ihr Verhalten in dem Zeitraum zwischen der Fassung des satzungsändernden Beschlusses und dessen Eintragung im Handelsregister an dem künftigen Gesellschaftszweck auszurichten. Der satzungsändernde Beschluß erzeugt lediglich insoweit eine Bindung, als der Geschäftsführer zur Anmeldung verpflichtet ist und Mitglieder, die vor Eintragung, aber nach Beschlußfassung einen Geschäftsanteil erwerben, den Beschluß gegen sich gelten lassen müssen[170]. Rechtlich bedeutsam ist er darüber hinaus in der Weise, daß er Gegenstand einer Anfechtungsklage sein kann. Eine über diese Vorwirkungen hinausreichende rechtliche Bedeutung kommt ihm aber wegen § 54 Abs. 3 GmbHG nicht zu. Damit gilt sowohl im Verhältnis zu Dritten als auch für das Innenrecht der GmbH, daß eine Änderung des Gesellschaftszwecks erst durch die Eintragung rechtlich wirksam wird. Infolgedessen sind Ausführungsbeschlüsse, die auf der Grundlage des satzungsändernden Beschlusses vor Eintragung der Satzungsänderung im Handelsregister gefaßt werden, regelmäßig dahin auszulegen, daß sie aufschiebend bedingt gefaßt sind, so daß sie erst mit der Eintragung Wirksamkeit erlangen[171].

Während diese Vorgehensweise unproblematisch ist, muß es vor dem Hintergrund des § 54 Abs. 3 GmbHG auf rechtliche Bedenken stoßen, wenn die Gesellschafter die sofortige Wirksamkeit eines Ausführungsbeschlusses beschließen, der gegen den bisherigen, noch nicht wirksam geänder-

---

168 *Lutter/Hommelhoff* GmbHG § 53 Rn. 27; *Ulmer,* in: Hachenburg GmbHG § 53 Rn. 73; *Marquardt,* in: MünchHdb. GmbH § 22 Rn. 55 mit Fn. 121a; Beck GmbH-Hdb./*Schmiegelt/Fischer* § 4 Rn. 161.

169 *Scholz/Priester* GmbHG § 53 Rn. 193.

170 *Ulmer,* in: Hachenburg GmbHG § 54 Rn. 11, 28.

171 *Rowedder/Zimmermann* GmbHG § 54 Rn. 26; *Scholz/Priester* GmbHG § 54 Rn. 70; *Ulmer,* in: Hachenburg GmbHG § 54 Rn. 29 a.E.

ten Satzungsinhalt verstößt. Der Sache nach kann es sich dabei um eine Satzungsdurchbrechung handeln[172], die dadurch gekennzeichnet ist, daß die Gesellschafterversammlung einen Beschluß in einem Einzelfall faßt, der einer materiellen Satzungsbestimmung widerspricht und nicht durch eine etwaige Ausnahmeregelung der Satzung gedeckt ist[173]. Folglich kann ein Ausführungsbeschluß, der nach dem Willen der Gesellschafter sofort wirksam sein soll und gegen den fortbestehenden, weil noch nicht wirksam geänderten, auf Gewinnerzielung gerichteten Zweck verstößt, als Durchbrechung der Satzung anzusehen seien. Gleichgestellt ist der Beschluß, der zwar nicht als Ausführungsbeschluß ergeht, weil kein satzungsändernder Beschluß vorausgegangen ist, ansonsten aber - wie zuvor - dem Zweck widerspricht. Er ist unwirksam, wenn er Dauerwirkungen entfaltet, indem ein von der Satzung abweichender Zustand begründet wird, selbst wenn die Wirkungen zeitlich begrenzt sind[174]. Die zustandsbegründende Satzungsdurchbrechung ist danach unzulässig, wenn sie nicht als förmliche Satzungsänderung beschlossen wird, und solange unwirksam, als die Eintragung im Handelsregister noch aussteht[175]. Erschöpft sich die Wirkung des Beschlusses hingegen in einem Einzelakt, so ist umstritten, ob die punktuelle Abweichung vom materiellen Satzungsinhalt ebenfalls den Voraussetzungen der §§ 53, 54 GmbHG genügen muß, um Wirksamkeit zu erlangen. Vereinzelt wird angenommen, daß weder die notarielle Beurkundung noch die Handelsregistereintragung erforderlich seien. Auf die Eintragung könne verzichtet werden, weil der Rechtsverkehr durch eine Eintragung weder rechtzeitig informiert, noch durch eine nachträgliche Publizität geschützt werden könnte und die notarielle Beurkundung nach § 53 Abs. 2 S. 1 GmbHG könne entfallen, weil die satzungswidrige Einzelmaßnahme einen Verstoß gegen den Gesellschaftsvertrag ohne satzungsändernden Charakter darstelle und zudem überstimmte Gesellschafter aufgrund der Möglichkeit der Beschlußanfechtung keines zusätzlichen Schutzes bedürften[176]. Die Gegenposition stuft die Voraussetzungen der §§ 53, 54 GmbHG als unverzichtbar ein[177], während eine dritte Auffassung lediglich die Handelsregistereintragung für entbehrlich

172 *Ulmer,* in: Hachenburg GmbHG § 54 Rn. 30.

173 *Marquardt,* in: MünchHdb. GmbH § 22 Rn. 62; *Hüffer* AktG § 179 Rn. 7; *Priester* ZHR 151 (1987), 40 f.

174 BGHZ 123, 15, 19; OLG Köln NJW-RR 1996, 1439, 1441 li.Sp.; *Ulmer,* in: Hachenburg GmbHG § 53 Rn. 36; *Marquardt,* in: MünchHdb. GmbH § 22 Rn. 73; *Habersack* ZGR 1994, 354, 361, 365; *Priester* ZHR 151 (1987), 40, 55 ff.

175 *Hüffer* AktG § 179 Rn. 8.

176 *Marquardt,* in: MünchHdb. GmbH § 22 Rn. 76.

177 *Ulmer,* in: Hachenburg GmbHG § 53 Rn. 32; *Habersack* ZGR 1994, 354, 367 f.

hält[178]. Nach der Rechtsprechung des BGH ist die punktuelle Satzungsdurchbrechung auch ohne Einhaltung der formellen Erfordernisse einer Satzungsänderung jedenfalls nicht nichtig, die Frage der Anfechtbarkeit hat der BGH bislang offengelassen[179]. Damit ist bei Licht besehen eine weitere, von der Unwirksamkeit infolge fehlender Eintragung nach § 54 Abs. 3 GmbHG zu trennende Frage angesprochen. Jeder Beschluß der Gesellschafterversammlung ist anhand der §§ 241 ff. AktG zu messen, so daß auch für das Recht der GmbH die Unterscheidung zwischen Nichtigkeit und Anfechtbarkeit gilt[180]. Die Unterscheidung ist bedeutsam im Hinblick auf den Eintritt der gewollten Rechtswirkungen. Mit der Nichtigkeit wird ihr Ausbleiben wegen der Gesetzwidrigkeit des Rechtsgeschäfts bezeichnet, wohingegen mit der Anfechtbarkeit ihr Eintritt bezeichnet wird, die Rechtswirkungen aber wegen der Gesetz- oder Satzungswidrigkeit wieder vernichtbar sind[181]. Gemeinsam ist Nichtigkeit und Anfechtbarkeit, daß dem Beschluß eine Rechtswidrigkeit zugrundeliegt. Hingegen beruht die Unwirksamkeit nicht auf einem Gesetzesverstoß, sondern ist Folge eines zwar gesetzeskonformen, aber unvollständigen rechtsgeschäftlichen Tatbestands. Der Beschluß entfaltet die in ihm bezeichneten Rechtswirkungen trotz mangelfreien Zustandekommens nicht, weil das Gesetz diese Wirkungen von weiteren zu dem Beschluß hinzutretenden Voraussetzungen abhängig macht[182]. Dies erhellt, daß eine punktuelle Abweichung von der Satzung nur dann anhand der Voraussetzungen der §§ 53, 54 GmbHG zu messen ist, wenn die Gesellschafter zugleich die Satzung ändern wollen[183], weil das Gesetz die Wirksamkeit nur bei der Abänderung an die Handelsregistereintragung knüpft und das den Abänderungswillen erfordert. Beschränken sich die Gesellschafter auf die Regelung der konkreten Angelegenheit, ohne sie zugleich durch vorübergehende Änderung der Satzung "legalisieren" zu wollen, so ist die punktuelle Abweichung von der Satzung eine Satzungsverletzung, die zur Anfechtbarkeit des Beschlusses entsprechend § 243 Abs. 1 AktG führen kann, nicht aber zur Anwendung der §§ 53, 54 GmbHG.

---

178 *Scholz/Priester* GmbHG § 53 Rn. 30; *Raiser,* in: Hachenburg GmbHG Anh. § 47 Rn. 136; *Priester* ZHR 151 (1987), 40, 47 ff., 54, 58.

179 BGHZ 123, 15, 19; BGH WM 1981, 1218, 1219 li.Sp.

180 Zur entsprechenden Anwendung der §§ 241 ff. AktG vgl. nur *Hüffer,* in: Geßler/Hefermehl Vor. § 241 Rn. 16 m.w.N.

181 *Hüffer* AktG § 241 Rn. 4 f.; *ders.,* in: Geßler/Hefermehl § 241 Rn. 16 f.

182 *Hüffer* AktG § 241 Rn. 6; *ders.,* in: Geßler/Hefermehl § 241 Rn. 18.

183 *Habersack* ZGR 1994, 354, 369; *Hüffer* AktG § 179 Rn. 8 a.E.; a.A. *Lutter/Hommelhoff* GmbHG § 53 Rn. 14.

Auf dieser Basis stellt ein Beschluß der Gesellschafterversammlung, der existenzvernichtenden Inhalt hat und ohne den Legalisierungswillen gefaßt wird, eine Verletzung des auf Gewinnerzielung gerichteten Zwecks dar und ist aufgrund der Satzungsverletzung rechtswidrig. Nichts anderes gilt, wenn die GmbH nicht erwerbswirtschaftlich ausgerichtet ist, sondern einen ideellen oder gemeinnützigen Zweck verfolgt. In allen Fällen ist das Bestandserhaltungsinteresse Bestandteil des Gesellschaftszwecks, da die Verfolgung des ideellen oder gemeinnützigen Ziels die Fortdauer der GmbH voraussetzt. Ein zu dem existenzvernichtenden Beschluß hinzutretender Änderungswille würde - auch bei Beachtung der §§ 53 f. GmbHG - nicht dazu führen, daß sich die Einschätzung ändert, weil selbst bei Beachtung der Förmlichkeiten einer Satzungsänderung jedes der vorstehend aufgeführten Ziele die Existenzerhaltung beinhaltet und somit die Änderung des Zwecks in eines dieser Ziele nicht die Existenzvernichtung tragen kann. Ein Beschluß mit bestandsvernichtender Wirkung stellt somit einen Satzungsverstoß dar und ist rechtswidrig, wobei vorläufig offenbleiben kann, ob aus der Rechtswidrigkeit die Nichtigkeit analog § 241 AktG[184] oder die Anfechtbarkeit analog § 243 Abs. 1 AktG resultiert. Darauf käme es hier nur dann an, wenn die Unanfechtbarkeit infolge des Ablaufs der Anfechtungsfrist oder infolge fehlender Anfechtungsbefugnis, weil alle Gesellschafter dem Beschluß zugestimmt haben[185], die Rechtmäßigkeit des Beschlusses bewirken könnte. Das ist aber nicht anzunehmen. Die Rechtswidrigkeit dauert auch bei Verstreichen der Anfechtungsfrist fort[186]. Ändert mithin die Unanfechtbarkeit nichts an der fortdauernden Rechtswidrigkeit, so führt auch das Fehlen der Anfechtungsbefugnis nicht dazu, daß der Beschluß seine Rechtswidrigkeit einbüßt. Der Beschluß ist damit unabhängig davon, ob man die Existenzvernichtung als Nichtigkeits- oder Anfechtungsgrund einstuft, mit einem Mangel behaftet.

Als Fazit ergibt sich danach, daß den Gesellschaftern unter Zugrundelegung erwerbswirtschaftlicher, ideeller und gemeinnütziger Zwecksetzung nur ein Weg offensteht, um auf dem Beschlußwege rechtmäßig die Existenzvernichtung der GmbH herbeizuführen: sie müssen den Auflösungsbeschluß gem. § 60 Abs. 1 Nr. 2 GmbHG fassen. Ausgeklammert wurde bislang allerdings die GmbH, deren Gesellschaftszweck auf das Konzerninteresse ausgerichtet ist, die also auf eine dienende Funktion im Unterneh-

---

184 Dazu S. 153.

185 Vgl. *Raiser,* in: Hachenburg GmbHG Anh. § 47 Rn. 152; gegen ein Anfechtungsrecht der Organmitglieder entsprechend § 245 Ziff. 4, 5 AktG BGHZ 76, 154, 159; *Lutter/Hommelhoff* GmbHG Anh. § 47 Rn. 64 i.V.m. Rn. 33.

186 *Hüffer* AktG § 243 Rn. 48, 56 a.E.; *Zöllner,* in: Kölner Komm. § 243 Rn. 24 f.

mensverbund festgelegt ist[187]. Es ist zu untersuchen, ob das Existenzinteresse bei dieser Art von Gesellschaftszweck fehlt.

2. Erhaltung der Existenzfähigkeit als nicht disponibler Teil des Gesellschaftsinteresses der werbenden GmbH

Wenn der Gesellschaftszweck auf die Förderung der Konzernbelange ausgerichtet werden soll, muß dies klar und eindeutig in der Satzung zum Ausdruck gebracht werden, weil damit von der Grundvorstellung einer selbständigen Teilnahme am Wirtschaftsverkehr in der Absicht der Gewinnerzielung abgewichen wird und dies schon deshalb kenntlich gemacht werden muß, damit sich Gesellschaftsgläubiger darüber informieren können, daß die GmbH eventuell überhaupt keinen Ertrag erwirtschaften wird oder zumindest keinen nach Marktbedingungen[188]. Das kann anläßlich der Gründung der GmbH oder später als Satzungsänderung unter Beachtung des § 33 Abs. 1 S. 2 BGB geschehen. Ist der GmbH die dienende Funktion zugewiesen, dann verwirklichen Einwirkungen der Gesellschafter den Gesellschaftszweck, wenn sie der Förderung des Konzerninteresses zugute kommen.

Aus einer solchen Konzernklausel der Satzung kann aber nicht abgeleitet werden, daß infolge dieses Gesellschaftszwecks ruinöse Einwirkungen erlaubt sind; denn es trifft weder zu, daß die Gesellschafter angesichts dieser Ausrichtung nicht mehr gegen das aus der Treupflicht abgeleitete Rücksichtnahmegebot verstoßen können[189], noch daß die GmbH über kein Bestandserhaltungsinteresse mehr verfügt[190]. Zwar fehlt im GmbH-Recht die ausdrückliche Hervorhebung des Bestandsschutzes, jedoch kann das nicht als Verzicht auf diesen Schutz gedeutet werden. Im Gegenteil: Daß es ein Interesse der GmbH geben kann, das sich auch gegenüber dem Gesellschaftergesamtwillen behaupten kann, wird durch den mit der GmbH-Novelle 1980 eingefügten § 35 Abs. 4 S. 1 GmbHG tendenziell bereits zum Ausdruck gebracht[191]. Nach dieser Vorschrift ist § 181 BGB auf Geschäfte zwischen der Einmann-GmbH und dem Alleingesellschafter anzuwenden[192], der zugleich Alleingeschäftsführer ist. Die Norm beruht auf

---

187 Formulierungsvorschläge bei *Beinert* Konzernhaftung, 1995, S. 35, 38.

188 *Hommelhoff* ZGR 1994, 395, 403.

189 So *Beinert* Konzernhaftung, 1995, S. 66.

190 So *Ziemons* Haftung der Gesellschafter, 1996, S. 105 i.V.m. S. 137.

191 *Heerma* Mantelverwendung, 1997, S. 156; vgl. noch AusschußB. BT-Drucks. 8/3908 S. 74 re.Sp. sowie RegBegr. BT-Drucks. 8/1347 S. 43 li.Sp.

192 A.A. noch BGHZ 56, 97, 101; 75, 358, 360.

dem Grundgedanken, daß auch in der Einmann-GmbH eine Interessenkollision gegeben sein kann[193]. Das spricht für die Annahme eines isolierbaren Gesellschaftsinteresses. Dieses ist das auf Bestandserhaltung gerichtete Interesse der GmbH. In jedem, der werbenden GmbH zulässigerweise zugewiesenen Gesellschaftszweck ist der Existenzschutz eingeschlossen, weil der Zweck durch das Gesellschaftergesamtinteresse gebildet wird und die Gesellschafter im Rahmen dieses Interesses nicht frei über einen Bestandsschutz der werbenden GmbH bestimmen können, sondern das Bestandsinteresse als nicht disponible Basis des Gesellschaftergesamtinteresses vorgegeben ist. Es ist als Basis vorgegeben, weil das Bestandsinteresse den unentziehbaren Kern des Gesellschaftsinteresses bildet, über das die Gesellschaftergesamtheit nur durch Auflösungsbeschluß verfügen kann. Die Gesellschafter haben das Bestandsinteresse aufgrund Treubindung gegenüber der juristischen Person uneingeschränkt zu respektieren.

Die gegenteilige Ansicht ist letztlich noch ein Überrest der abgeschlossenen Diskussion um die rechtliche Grundlage von Treubindungen in der GmbH. Die überholte Auffassung leitete die Treupflicht aus einem engen personenrechtlichen Band ab und betrachtete die "kapitalistische Ausgestaltung" von GmbH und AG als Hinderungsgrund für das Entstehen einer Treupflicht. Ausgehend von diesem Ansatz wurde im Einzelfall eine Annäherung der inneren Organisation der GmbH an die OHG gesucht, um zu einer Treubindung zu gelangen[194]. Solange man auf die Vergleichbarkeit mit der Organisationsstruktur einer OHG angewiesen war, mußte es schwerfallen, ein vom Gesellschafterwillen isolierbares Bestandsinteresse der GmbH anzuerkennen. Dies deshalb, weil angenommen wird, daß die Personengesellschaft nicht von der Persönlichkeit der Gesellschafter isoliert werden kann: "Die offenen Handelsgesellschaften und die Kommanditgesellschaften sind trotz ihrer starken Verselbständigung keine juristischen Personen. Nach einhelliger Auffassung in Schrifttum und Rechtsprechung sind Träger der Rechte und Pflichten die Gesellschafter selbst, allerdings in ihrer Verbundenheit als Gesellschafter. Die Personalgesellschaft ist von der Persönlichkeit der Gesellschafter nicht zu trennen"[195]. Lassen sich OHG und KG nicht von der Persönlichkeit der Gesellschafter trennen, läßt sich auch kein Gesellschaftsinteresse vom Gesellschaftergesamtwillen isolieren. Da die GmbH jedoch als juristische Person eine eigene Rechtspersönlichkeit ist, kann es auch ein eigenständiges Interesse dieser juristischen Person geben, das Bezugspunkt einer Treubindung sein kann. Dazu

---

193 *Baumbach/Hueck/Zöllner* GmbHG § 35 Rn. 78 a.E.

194 Vgl. S. 41 sowie dort die Nachw. in Fn. 135.

195 BGHZ 34, 293, 296; aus jüngerer Zeit vgl. BGHZ 110, 127, 128 f.; BGH NJW 1988, 556 li.Sp.

paßt auch, daß Grundlage der Treupflicht der Organisationsvertrag ist[196]. Durch die Handelsregistereintragung verselbständigt sich die Vertragsgrundlage gegenüber den Gründern und die Satzung übernimmt die Funktion einer Quelle objektiven Rechts. Das ist bei der Einpersonengründung nicht anders. Auch hier wird der Organisationsakt durch die Handelsregistereintragung zur Satzung und verselbständigt sich dadurch gegenüber dem Gründer. Infolgedessen kann sich ein Bestandserhaltungsinteresse der juristischen Person durch die Eintragung der GmbH im Handelsregister gegenüber dem Willen der Gesellschaftergesamtheit verselbständigen.

Gegen diese Verselbständigung spricht auch nicht, daß das Interesse als individualpsychologisches Phänomen[197] angesehen wird, denn gerade in juristischen Kategorien wird das "Interesse" nicht nur in einem subjektiven, individuellen Sinn gebraucht. Es soll vielmehr auch der Umschreibung objektiver Sachverhalte dienen[198]. Die Loslösung des Bestandsinteresses vom Gesellschafterwillen infolge der Handelsregistereintragung bewirkt, daß zeitgleich die Treubindung gegenüber der juristischen Person aus dem zur Satzung gewordenen Organisationsvertrag bzw. Organisationsakt entsteht, die den Gesellschafter zur Rücksichtnahme auf die Existenzerhaltung der GmbH verpflichtet. Daß der Gesellschafter auf ein Bestandsinteresse der GmbH Rücksicht zu nehmen hat, ergibt sich in der dargestellten Weise aus dem Umkehrschluß aus § 60 Abs. 1 Nr. 2 GmbHG. Die Norm eröffnet den Gesellschaftern zwar die Möglichkeit, die GmbH durch Beschluß aufzulösen. Indem das Gesetz diesen Weg zur Verfügung stellt, bringt es aber zugleich dadurch, daß es zwingende Schutzvorschriften zugunsten der Gesellschaftsgläubiger anschließt, auch zum Ausdruck, daß dieser Weg einzuhalten ist. So ordnet § 73 GmbHG, der zugunsten der Gläubiger zwingendes Recht enthält[199], an, daß der Liquidationsüberschuß erst nach Befriedigung oder Sicherstellung aller bekannten Gläubiger und nach Ablauf des Sperrjahrs verteilt werden darf. Ergänzend treten die §§ 111-113 BetrVG zum Schutz der Arbeitnehmer hinzu. Aus diesem Normengerüst muß man den Schluß gewinnen, daß die Gesellschafter über das Ob der Auflösung entscheiden können, aber hinsichtlich des Wie ihnen der Weg durch die zwingenden Gläubigerschutzvorschriften vorgegeben ist[200].

---

196 Dazu S. 43 f.

197 So *Möhring* Schutz der Gläubiger, 1992, S. 24.

198 *Schmidt-Leithoff* Verantwortung, 1989, S. 115 ff., 122.

199 *Hohner,* in: Hachenburg GmbHG § 73 Rn. 3.

200 Überzeugend *Winter* Treuebindungen, 1988, S. 204.

Damit obliegt dem GmbH-Gesellschafter aus Gläubigerschutzgesichtspunkten eine Treubindung gegenüber der juristischen Person, die ihm die Rücksichtnahme auf das Bestandsinteresse der GmbH auferlegt. Sie verpflichtet ihn dazu, alle Einwirkungen zu unterlassen, die geeignet sind, den Bestand der juristischen Person zu vernichten oder in Frage zu stellen bzw. zu gefährden. Ausgenommen ist die Einwirkung durch Stimmabgabe bei Fassung des Auflösungsbeschlusses. Das Rücksichtnahmegebot endet, wenn der Auflösungsbeschluß wirksam wird, weil in dem Moment der Bezugspunkt der Treubindung - das Bestandserhaltungsinteresse - entfällt. Das ist regelmäßig der Zeitpunkt des Zustandekommens des Beschlusses[201]. Die Eintragung der Auflösung im Handelsregister hat dagegen nur deklaratorische Bedeutung.

IV. Bestimmung der Reichweite des Bestandserhaltungsgebots

1. Zur Bedeutung der materiellen Beschlußkontrolle im Rahmen der Desinvestitionsentscheidung

§ 60 Abs. 1 Nr. 2 GmbHG verlangt für den Auflösungsbeschluß eine Mehrheit, die Dreiviertel der abgegebenen Stimmen umfaßt. Die Zustimmung sämtlicher Gesellschafter ist nach einhelliger Auffassung nicht erforderlich[202]. Ob der Beschluß einer sachlichen Rechtfertigung in dem Sinne bedarf, daß er sich als im Gesellschaftsinteresse geeignet, erforderlich und verhältnismäßig darstellen muß, ist hingegen umstritten. Teilweise wird die materielle Beschlußkontrolle, vor allem in Anknüpfung an die Kali & Salz-Entscheidung, befürwortet. In dieser Entscheidung hatte der BGH die Rechtmäßigkeit eines Kapitalerhöhungsbeschlusses bei gleichzeitigem Ausschluß des Bezugsrechts wegen des damit einhergehenden Eingriffs in die Mitgliedschaft davon abhängig gemacht, daß der Ausschluß einem Zweck diene, der im Gesellschaftsinteresse liege sowie zur Erreichung des Zwecks geeignet, erforderlich und verhältnismäßig sei[203] und dies für die Schaffung eines genehmigten Kapitals bestätigt[204]. Aus der Rechtsprechung zur materiellen Beschlußkontrolle wird zum Teil abgeleitet, der Kontrolle bedürfe es auch bei anderen Grundlagenentscheidungen, die zu einem Eingriff in die Interessen der Minderheit führten, wie das etwa bei einem Auflösungsbeschluß der Fall sei. Entscheidend sei, mit

201 *Ulmer,* in: Hachenburg GmbHG § 60 Rn. 35.

202 Im Gesellschaftsvertrag kann jedoch eine abweichende höhere, aber auch geringere Mehrheit festgesetzt werden; vgl. *Baumbach/Hueck/Schulze-Osterloh* GmbHG § 60 Rn. 15 sowie *Rowedder/Rasner* GmbHG § 60 Rn. 23, jeweils m.w.N.

203 BGHZ 71, 40, 46 und dazu *Hüffer* AktG § 186 Rn. 26 ff.

204 BGHZ 83, 319, 320 ff.; vgl. dazu noch *Hüffer* AktG § 203 Rn. 27.

welcher Intensität der Mehrheitsbeschluß auf die Interessen der Minderheit einwirke und wie hoch die beeinträchtigten Minderheitsbelange im Vergleich zu den gegenläufigen Belangen der Mehrheit zu bemessen seien[205]. Demgegenüber lehnt es der BGH ab, den Auflösungsbeschluß einer materiellen Beschlußkontrolle zu unterziehen, weil er seine Rechtfertigung in sich trage[206], und befürwortet stattdessen eine Mißbrauchskontrolle, falls Anhaltspunkte dafür vorliegen, daß die Mehrheit mit der Auflösung Sondervorteile erstrebt (§ 243 Abs. 2 AktG). Für diese Ansicht spricht insbesondere, daß die materielle Beschlußkontrolle eine außergesetzliche Nachbesserung darstellt, der es nicht bedarf, wenn ein in sich geschlossenes Regelungssystem vorliegt, das die widerstreitenden Interessen zu einem Abgleich bringt[207]. Ein solches System ist mit den §§ 66 ff. GmbHG vorhanden. Das nach Begleichung oder Sicherstellung der Verbindlichkeiten noch vorhandene Vermögen wird nach dem Verhältnis der Geschäftsanteile zwischen den Gesellschaftern verteilt, §§ 72, 73 GmbHG. Eines weitergehenden Schutzes der überstimmten Minderheit bedarf es, abgesehen von einer Rechtsmißbrauchskontrolle im Einzelfall, nicht. Das Bestandserhaltungsgebot kann also nicht durch materielle Schranken des Auflösungsbeschlusses intensiviert werden.

2. Konkretisierung des Bestandserhaltungsgebots

Die Feststellung, daß es dem Gesellschafter untersagt ist, die Existenzgrundlage der GmbH in Frage zu stellen, bedarf in gegenständlicher Hinsicht der genaueren Bestimmung. *Ulmer* konkretisiert das Bestandsinteresse dahingehend, daß der Gesellschafter die GmbH insbesondere nicht in eine vorhersehbare Zahlungsunfähigkeit oder Überschuldung treiben dürfe[208]. Dem Ansatz ist im Hinblick auf die gewählte Untergrenze ohne weiteres zuzustimmen: Das Bestandserhaltungsgebot umfaßt, daß die GmbH nicht in eine vorhersehbare Insolvenz geführt werden darf. Fraglich ist jedoch, ob diese Untergrenze auch zugleich die Obergrenze des Bestandserhaltungsgebots bilden muß. Dabei ist zu berücksichtigen, daß keine praktikablen Kriterien zur Ermittlung des konkreten Eigenkapitalbedarfs von Unternehmen existieren[209] und folglich nicht verläßlich bestimmt werden könnte, in welchen Ausmaß eine GmbH finanzielle Mittel

---

205 *Martens* FS Fischer, 1979, S. 437, 445 f.; *ders.* GmbHR 1984, 265, 269 f.

206 BGHZ 76, 352, 353; 103, 184, 190 f.

207 Vgl. dazu BGH NJW 1998, 2054, 2055 re.Sp. sowie *Hüffer* AktG § 293 Rn. 7 und § 243 Rn. 27 f.

208 *Ulmer,* in: Hachenburg GmbHG Anh. § 77 Rn. 87.

209 *Roth* ZGR 1993, 170, 182 m.w.N. in Fn. 41.

benötigen würde, um sich dauerhaft am Markt behaupten zu können. Aus Gründen der Rechtssicherheit ist es daher sachgerecht, daß es dem Gesellschafter nur untersagt ist, die GmbH in eine vorhersehbare Insolvenz zu treiben. Er muß sich aller Maßnahmen enthalten, die vorhersehbar[210] in die Zahlungsunfähigkeit oder Überschuldung münden.

V. Nichtigkeit des existenzgefährdenden Gesellschafterbeschlusses

Wenn ein Gesellschafterbeschluß gegen die mitgliedschaftliche Treubindung verstößt, ist er entsprechend § 243 Abs. 1 AktG anfechtbar. Ein Gesellschafterbeschluß, der gegen Vorschriften verstößt, die ausschließlich oder überwiegend zum Schutz der Gesellschaftsgläubiger gegeben sind, ist hingegen entsprechend § 241 Ziff. 3 AktG nichtig. Für den existenzgefährdenden Weisungsbeschluß der Gesellschafterversammlung ergibt sich daraus die Frage, ob er lediglich anfechtbar oder per se nichtig ist. Ersteres wäre naheliegend, weil dieser Beschluß inhaltlich gegen die Treubindung gegenüber der GmbH verstößt. Für Nichtigkeit spricht hingegen, daß das Bestandserhaltungsgebot ausschließlich dem Schutz der Gesellschaftsgläubiger dient. Hinzu kommt, daß nur die Nichtigkeitsfolge eine effektive Durchsetzung der Schranken garantiert, die aus dem Verbot der Bestandsgefährdung folgen, weil der Beschluß, den die Gesellschafter einvernehmlich gefaßt haben, nach überwiegender Auffassung unanfechtbar ist[211]. Das Verbot existenzgefährdender Einflußnahme ist daher als Vorschrift einzustufen, die ausschließlich zum Schutz der Gläubiger der Gesellschaft gegeben ist. Ein Gesellschafterbeschluß, der gegen dieses Verbot verstößt, ist analog § 241 Ziff. 3 AktG nichtig[212].

VI. Schadensersatz als Folge der Verletzung des Bestandsinteresses

1. Schadensersatz als Rechtsfolge

Die treupflichtwidrige Verletzung einer Gesellschafterpflicht begründet eine Schadensersatzpflicht[213]. Schadensersatz schuldet auch der Gesellschafter, der bestandsverletzend einwirkt. Er verletzt seine Rücksichtnahmepflicht gegenüber der GmbH, es sei denn, seine Einwirkung besteht in seinem Abstimmungsverhalten bei Fassung des Beschlusses nach § 60 Abs. 1 Nr. 2 GmbHG. Untersagt sind dem Gesellschafter alle Handlungen,

---

210 Vgl. dazu S. 157 ff.

211 Vgl. Nachw. in Fn. 185 dieses Kapitels.

212 So bereits *Winter* Treuebindungen, 1988, S. 213 f.; zustimmend *Ulmer,* in: Hachenburg GmbHG Anh. § 77 Rn. 88 a.E.

213 Vgl. bereits S. 45 a.E.

die die Überschuldung bewirken oder die zum Entzug der Liquidität führen, die für die Begleichung der fälligen Verbindlichkeiten benötigt wird. Der Verstoß gegen dieses Verbot begründet die Schadensersatzpflicht.

2. Umfang des Ersatzes

Zu ersetzen ist der durch die Verletzungshandlung adäquat[214] kausal verursachte Schaden. Dabei ist die Einschränkung zu berücksichtigen, die aus der Herleitung der Pflicht zur Rücksichtnahme resultiert. Nach dem hier vertretenen Ausgangspunkt folgt ihre Anerkennung aus einem Umkehrschluß aus § 60 Abs. 1 Nr. 2 GmbHG und dient dem Gläubigerschutz. Von diesem Ansatz her ist der zu ersetzende Schaden auf den Betrag begrenzt, der zur Befriedigung der Gesellschaftsgläubiger erforderlich ist[215].

3. Haftungsbegründende Voraussetzungen

a) Einwirkung des Gesellschafters

aa) Stimmabgabe bei Beschlußfassung in der Gesellschafterversammlung

Die haftungsauslösende Einwirkung kann das Abstimmungsverhalten des Gesellschafters in der Gesellschafterversammlung sein. Die Ersatzpflicht wird nicht dadurch ausgeschlossen, daß die Schädigung auf einem Gesellschafterbeschluß beruht. § 117 Abs. 7 Ziff. 1 AktG, der den Aktionär von der Schadensersatzpflicht nach § 117 AktG ausnimmt, wenn die Einflußnahme in der Ausübung des Stimmrechts in der Hauptversammlung bestanden hat, enthält kein allgemeines Prinzip des Kapitalgesellschaftsrechts, so daß sein Rechtsgedanke nicht auf Beschlüsse der Gesellschafterversammlung der GmbH ausgedehnt werden kann[216]. Sofern einschränkend teilweise verlangt wird, daß ein Schadensersatzanspruch erst nach Vernichtung des Gesellschafterbeschlusses durch Anfechtung geltend gemacht werden kann[217], erweist sich dies im Hinblick auf den existenzgefährdenden Weisungsbeschluß als folgenlos, da er analog § 241

---

214 Zur Adäquanz im Rahmen der Haftungsbegründung vgl. S. 157.

215 Ebenso *Ulmer,* in: Hachenburg GmbHG Anh. § 77 Rn. 87 a.E.

216 *Hüffer,* in: Hachenburg GmbHG § 47 Rn. 196; *Winter* Treuebindungen, 1988, S. 84; *Ziemons* Haftung der Gesellschafter, 1996, S. 152 m.w.N. in Fn. 390; vorausgesetzt von *Rowedder* GmbHG § 13 Rn. 20 sowie *Raiser,* in: Hachenburg GmbHG § 14 Rn. 61.

217 *Scholz/Winter* GmbHG § 14 Rn. 62.

Ziff. 3 AktG nichtig ist[218]. Die Schadensersatzpflicht kann jeden Gesellschafter treffen, der dem Beschluß zugestimmt hat. Problematisch ist hingegen, ob auch ein Gesellschafter haftbar sein kann, der gegen einen gesellschaftsschädlichen Beschluß gestimmt hat, sich der Stimme enthalten hat oder der Abstimmung ferngeblieben ist[219], falls er nicht weitere Schritte gegen den Beschluß unternimmt, also beispielsweise weder eine Erklärung des Inhalts abgibt, er trage den Beschluß nicht mit, noch Widerspruch zu Protokoll erklärt oder Anfechtungsklage erhebt. Da die Anfechtungsbefugnis eigennütziges Verwaltungsrecht ist[220], kann dem Gesellschafter keine Pflicht zur Erhebung der Anfechtungsklage auferlegt werden[221]. Angesichts dieser Einordnung kann von einem Gesellschafter nicht verlangt werden, daß er die Anfechtungsklage erhebt, um einer Haftung zu entgehen. Wenn es um den existenzgefährdenden Beschluß geht, kommt hinzu, daß er per se nichtig ist, es also nicht der Anfechtung bedarf, um die Nichtigkeitsfolge herbeizuführen. Es ist des weiteren nicht erforderlich, daß ein Gesellschafter einen Widerspruch zu Protokoll erklärt oder eine sonstige gleichbedeutende Erklärung abgibt[222]. Für den Gesellschafter, der gegen den Beschluß gestimmt hat, folgt das schon daraus, daß er bereits durch sein Stimmverhalten seiner ablehnenden Haltung Ausdruck verliehen hat. Eine nachfolgende Erklärung, die in der Sache nichts bewirkt, sondern nur die ablehnende Haltung erneut zum Ausdruck bringt, mag zu Beweiszwecken sinnvoll sein. Es kann aber nicht angenommen werden, daß erst sie die Haftungsvoraussetzungen beseitigt. Der Gesellschafter, der sich der Stimme enthält, bringt durch sein Stimmverhalten ebenfalls zum Ausdruck, daß er den Beschluß nicht mitträgt, weil Stimmenthaltungen bei der Zahl der abgegebenen Stimmen nicht berücksichtigt werden[223]. Einer weiteren Erklärung bedarf es nicht. Nichts anderes gilt für den der Abstimmung ferngebliebenen Gesellschafter. Jeder Gesellschafter hat das Recht auf Teilnahme an der Gesellschafterversammlung. Er ist aber nicht verpflichtet, von diesem Verwaltungsrecht Gebrauch zu machen[224], so daß sein Fernbleiben nicht zu seinem Nachteil ausgelegt werden kann. Darauf aber liefe es hinaus, wenn man das Fernbleiben als haftungsbegründende Einwirkung werten würde. Es verbleibt

218 Vgl. S. 153.

219 Dafür *Ziemons* Haftung der Gesellschafter, 1996, S. 155 ff.

220 *Hüffer,* in: Geßler/Hefermehl § 245 Rn. 7.

221 *Raiser,* in: Hachenburg GmbHG Anh. § 47 Rn. 152.

222 Abw. *Ziemons* Haftung der Gesellschafter, 1996, S. 159 f.

223 BGHZ 129, 136, 153; *Hüffer* AktG § 133 Rn. 12 m.w.N.

224 Für die AG ausdrücklich *Hüffer* AktG § 118 Rn. 12 a.E.

somit dabei, daß eine Schadensersatzpflicht nur denjenigen Gesellschafter treffen kann, der für den bestandsgefährdenden Beschluß gestimmt hat.

bb) Außerhalb der Gesellschafterversammlung

Die Willensbildung der Gesellschafter in Angelegenheiten der Gesellschaft erfolgt durch Beschlußfassung in der Gesellschafterversammlung (§ 48 Abs. 1 GmbHG) oder durch Abstimmung in einem der schriftlichen Verfahren (§ 48 Abs. 2 GmbHG). Das schließt jedoch nicht aus, daß ein Gesellschafter ohne Beschlußverfahren Einfluß auf den Geschäftsführer nimmt und ihn zur Vornahme einer existenzgefährdenden Maßnahme veranlaßt. Ein solches Vorgehen stellt eine Einwirkung des Gesellschafters dar, die ihn, wenn die weiteren Voraussetzungen gegeben sind[225], zum Schadensersatz verpflichtet.

b) Bestandsverletzung

Als weitere Voraussetzung ist erforderlich, daß das Bestandsinteresse der GmbH verletzt wird. Das ist nach dem hier vertretenen Ausgangspunkt[226] nur der Fall, wenn Illiquidität oder Überschuldung eintreten.

c) Ursächlichkeit der Einwirkung

Eine Ersatzpflicht ist nur gegeben, wenn das Gesellschafterverhalten für die Verletzung des Bestandsinteresses kausal gewesen ist. Das setzt zumindest voraus, daß ein Ursachenzusammenhang zwischen der Verletzung des Bestandsinteresses und dem Gesellschafterverhalten in dem Sinne besteht, daß das Verhalten nicht hinweggedacht werden kann, ohne daß die Verletzung des Interesses entfiele[227]. Da bei dieser Vorgehensweise alle Bedingungen gleichwertig sind, besteht Einigkeit darüber, daß es ein einschränkendes Korrektiv geben muß[228]. Das kann grundsätzlich der Schutzzweck der Norm sein. Durch Auslegung der Anspruchsnorm ist zu ermitteln, ob das beeinträchtigte Interesse durch die Norm geschützt wird[229]. Aus dieser Schutzzweckerwägung läßt sich, soweit es um die Bestandsverletzung geht, auf der Ebene der haftungs-

---

225 Die objektive Pflichtwidrigkeit kann nicht bereits in der Umgehung der Gesellschafterversammlung gesehen werden; ebenso *Winter* Treuebindungen, 1988, S. 112 f.; wohl a.A. *Ziemons* Haftung der Gesellschafter, 1996, S. 160.

226 Vgl. S. 152 f.

227 *Deutsch* Allgemeines Haftungsrecht Rn. 118 f.

228 Vgl. nur *Grunsky,* in: MünchKomm. BGB Vor. § 249 Rn. 37.

229 *Staudinger/Medicus* BGB § 249 Rn. 40.

begründenden Kausalität[230] keine Einschränkung herleiten, weil durch die Treubindung das Bestandsinteresse geschützt wird. Fraglich ist daher, ob auf dieser Ebene eine weitere Einschränkung unter Adäquanzgesichtspunkten vorzunehmen ist. Die Lehre von der Adäquanz stellt auf die Vorhersehbarkeit des Kausalverlaufs ab und scheidet gänzlich unwahrscheinliche Kausalverläufe aus[231]. Im Bereich der Haftungsausfüllung wird seit langem auf Adäquanzgesichtspunkte zurückgegriffen, um zu einer Ausgrenzung der fernliegenden Kausalverläufe zu gelangen[232]. Fraglich ist, ob diese Einschränkung auch auf der Ebene der Haftungsbegründung gilt. Das wird teilweise mit der Begründung verneint, daß es einer Eingrenzung der Haftung durch die Adäquanz nicht bedürfe, weil andere Korrektive zur Verfügung stünden[233]. Mit dieser Argumentation wird darauf abgestellt, daß es im Rahmen der Haftungsbegründung auf objektive Rechtswidrigkeit und Verschulden ankommt, also zwei Korrektive gegeben sind, die im Bereich der Haftungsausfüllung fehlen. Das überzeugt jedoch nicht, weil insbesondere die objektive Rechtswidrigkeit nicht in dem Umfang wie die Adäquanz Schutz davor bieten kann, daß der Täter nicht für solche Folgen einstehen muß, die nach seinem Ursachenbeitrag gänzlich unwahrscheinlich sind. Das zeigt bereits die klassische erfolgsbezogene Beurteilung der Rechtswidrigkeit innerhalb von § 823 Abs. 1 BGB, die nicht auf eine Vorhersehbarkeit abstellt[234]. Weil aber nicht einzusehen ist, daß der Täter für Folgen haftbar ist, die nach seinem Ursachenbeitrag gänzlich unwahrscheinlich sind, ist auch im Rahmen der Haftungsbegründung die Adäquanz erforderlich.

d) Objektive Pflichtwidrigkeit

Die Haftung kommt nur in Betracht, wenn die Einwirkung rechtswidrig gewesen ist. Da dem GmbH-Gesellschafter bei Einflußnahmen auf die Geschäftsführung unternehmerisches Ermessen einzuräumen ist, begründet

---

230 Kritisch zur Unterteilung in haftungsbegründende und haftungsausfüllende Kausalität *Grunsky,* in: MünchKomm. BGB Vor. § 249 Rn. 39.

231 *Staudinger/Medicus* BGB § 249 Rn. 33.

232 Vgl. die Darstellung bei *Staudinger/Medicus* BGB § 249 Rn. 34 ff.; ablehnend *Grunsky,* in: MünchKomm. BGB Vor. § 249 Rn. 42.

233 *Deutsch* Allgemeines Haftungsrecht Rn. 125; *ders.* JZ 1967, 641; *Lorenz* JZ 1964, 179 f; für Erforderlichkeit der Adäquanz hingegen *Palandt/Heinrichs* BGB Vor. § 249 Rn. 61; *Soergel/Mertens* BGB Vor. § 249 Rn. 121; *Gottwald* Schadenszurechnung, 1979, S. 102; offengelassen von BGHZ 57, 25, 27 und BGH NJW 1971, 1982 re.Sp.; *Staudinger/Medicus* BGB § 249 Rn. 48 und *Lange* Schadensersatz, 1990, § 3 VII 1 halten Adäquanz im Rahmen der Haftungsbegründung zwar nicht für notwendig, sehen sie aber als nützlich an.

234 Vgl. *Palandt/Thomas* BGB § 823 Rn. 33.

nicht bereits die Bestandsverletzung die Pflichtwidrigkeit. Untersagt ist dem Gesellschafter die erkennbar bestandsverletzende Einwirkung. Daher ist notwendig, daß die Beeinträchtigung im Zeitpunkt der Einflußnahme vorhersehbar gewesen ist. Die Erkennbarkeit ist im Einzelfall anhand des Maßstabs kaufmännischer Sorgfalt zu prüfen[235]. Anzulegen ist dieser Maßstab deshalb, weil eine objektive Pflichtwidrigkeit nur einheitlich ermittelt werden kann, also unabhängig davon, ob die Bestandsbeeinträchtigung durch die Einflußnahme des Gesellschafters veranlaßt worden ist oder primär auf eine Entscheidung des Geschäftsführers zurückgeht. Da es um eine kaufmännische Entscheidung geht, muß als Pflichtmaßstab die kaufmännische Sorgfalt zugrunde gelegt werden, um zu ermitteln, ob die Entscheidung objektiv sachgerecht war.

e) Verschulden

Da die Ersatzpflicht wegen treuwidriger Einflußnahme keine verschuldensunabhängige Haftung ist, genügt nicht schon die objektive Pflichtwidrigkeit zur Begründung der Haftung. Hinzukommen muß, daß dem Gesellschafter die Verletzung des Bestandsinteresses subjektiv vorwerfbar ist. Der Verschuldensmaßstab wird mitunter auf vorsätzlich sorgfaltswidrige Handlungen begrenzt, weil die Treupflicht dem Gesellschafter die Pflicht zu Loyalität auferlege und nur vorsätzlich schädliche Einflußnahmen als illoyal bezeichnet werden könnten, wohingegen Schädigungen infolge von Fahrlässigkeit nur Ausdruck unsorgfältigen, nicht aber illoyalen Verhaltens seien[236]. Diese Unterscheidung überzeugt nicht. Die Treubindungen bilden das Gegengewicht zu den aus der Mitgliedschaft folgenden Einwirkungsmöglichkeiten und verpflichten den Gesellschafter zur Rücksichtnahme auf das Gesellschaftsinteresse bei Wahrnehmung gesellschaftsbezogener Rechte[237]. Geschuldet wird also der sorgfältige Umgang mit den aus der Mitgliedschaft folgenden Befugnissen. Vor diesem Hintergrund bedürfte die Einschränkung auf vorsätzlich schädigende Einflußnahmen einer besonderen Rechtfertigung, die nicht ersichtlich ist. Hinsichtlich des Verschuldensmaßstabs ist daher auf § 276 BGB zurückzugreifen[238]. Differenzierungen werden dadurch nicht ausgeschlossen. Das kann bedeutsam für die Haftung des Gesellschafters sein, der einen Vorschlag des herrschenden Unternehmens durch seine Stimmabgabe unterstützt hat, weil er den

235 Vgl. bereits S. 83 f.

236 *Krebs* Geschäftsführungshaftung, 1991, S. 224 f.; weiter einschränkend auf vorsätzlich sittenwidrige Handlungen *U. H. Schneider* ZGR-Sonderheft 6, S. 121, 131 mit Fn. 28.

237 Vgl. S. 39 f.

238 *Baumbach/Hueck/Zöllner* GmbHG § 47 Rn. 75; *Hüffer,* in: Hachenburg GmbHG § 47 Rn. 196.

mitgeteilten Informationen vertraut hat und kein Anlaß zu ernsthaften Zweifeln bestand. Er genügt seiner Sorgfaltspflicht, wenn er die Maßnahme mit der Sorgfalt eines durchschnittlichen (Anlage-)Gesellschafters geprüft hat[239]. Die Begrenzung auf die eigenübliche Sorgfalt (§§ 708, 277 BGB), die für geschlossene Gesellschaftergruppen bzw. personalistische Gesellschaften ohne etablierte Mehrheitsverhältnisse erwogen wird[240], scheidet hingegen von vornherein aus, wenn es um die subjektive Sorgfalt hinsichtlich der Verletzung des Bestandsinteresses geht, weil es sich um einen Verstoß gegen eine Vorschrift handelt, die dem Schutz der Gläubiger dient[241]. Hinsichtlich der Sorgfaltspflicht des Unternehmensgesellschafters wird verbreitet[242] angenommen, für diesen gelte keine dem Standard des § 276 BGB entsprechende Pflicht, sondern der Maßstab des § 43 GmbHG. Dem kann indes nicht gefolgt werden, weil der GmbH-Gesellschafter nicht der Organhaftung unterliegt[243]. Damit kann ihm auch nicht die subjektive Sorgfalt eines Geschäftsführers auferlegt werden. Auch für den Unternehmensgesellschafter gilt deshalb der Sorgfaltsmaßstab des § 276 BGB.

4. Ersatzberechtigung und Geltendmachung

Gläubiger des Ersatzanspruchs ist der Gläubiger der Treupflichtbeziehung. Das ist die GmbH, so daß ihr auch der Ersatzanspruch zusteht. Bei der Geltendmachung des Anspruchs durch Gesellschafter oder Gesellschaftsgläubiger sind neben den allgemeinen Voraussetzungen[244] Einschränkungen zu beachten, die daraus resultieren, daß für die Annahme einer Bestandsverletzung der Eintritt der Zahlungsunfähigkeit oder Überschuldung notwendig ist. Nach § 64 Abs. 1 GmbHG steht nur ein geringer zeitlicher Rahmen zur Verfügung, in dem Geschäftsführer oder Gesellschafter durch Einfordern des Schadensersatzanspruchs versuchen können, die Zahlungsunfähigkeit oder Überschuldung zu beseitigen, da die Antragsfrist von drei Wochen eine Höchstfrist ist und selbst außergerichtliche Vergleichsbemühungen den Fristablauf nicht hemmen[245]. Im Insolvenzverfah-

239 Vgl. *Winter* Treuebindungen, 1988, S. 110 f.

240 *Winter* Treuebindungen, 1988, S. 111; *Thöni* GmbHR 1989, 187, 191 re.Sp.

241 Für § 30 GmbHG ebenso BGHZ 93, 146, 150; *Thöni* GmbHR 1989, 187, 193 li.Sp.

242 Vgl. die Nachw. in Fn. 346 (Zweites Kapitel) sowie *Winter* Treuebindungen, 1988, S. 110 f.

243 Vgl. S. 112.

244 Dazu S. 45 f.

245 *Baumbach/Hueck/Schulze-Osterloh* GmbHG § 64 Rn. 10 m.w.N.

ren ist ausschließlich der Insolvenzverwalter zur Geltendmachung des Ersatzanspruchs befugt[246]. Für ihn entfällt das Beschlußerfordernis des § 46 Nr. 8 GmbHG als Voraussetzung für die Geltendmachung[247]. In dem Zeitraum bis zum Wirksamwerden des Insolvenzeröffnungsbeschlusses können Gesellschaftsgläubiger allerdings die Einzelzwangsvollstreckung betreiben, somit einen Pfändungsbeschluß (§ 829 ZPO) erwirken und ein Pfändungspfandrecht erwerben[248]. Es besteht jedoch u.U. ein Rückgewähranspruch nach § 143 Abs. 1 InsO (bis 31.12.1998: § 37 Abs. 1 KO), weil die Pfändung nach Maßgabe von § 131 InsO (bis 31.12.1998: § 30 Nr. 2 KO) anfechtbar ist[249]. Wenn hingegen der Antrag auf Eröffnung des Insolvenzverfahrens mangels Masse abgelehnt wird, ist der Ersatzanspruch den Gesellschaftsgläubigern mit der Forderungspfändung ohne weiteres zugänglich. Unter den Voraussetzungen der actio pro socio können Gesellschafter ihn im eigenen Namen geltend machen. Dabei ist zu berücksichtigen, daß § 46 Nr. 8 GmbHG über § 69 GmbHG auch im Rahmen der Abwicklung gilt[250]. Die Norm ist somit auch nach Auflösung der GmbH gem. § 60 Abs. 1 Nr. 5 GmbHG n.F. (bis 31.12.1998: § 1 Abs. 1 LöschungsG) zu beachten[251], so daß für die Gesellschafterklage kein Raum ist, solange nicht zumindest versucht worden ist, einen Beschluß nach § 46 Nr. 8 GmbHG zustande zu bringen.

5. Exkurs: Schadensersatzpflicht des GmbH-Gesellschafters und des herrschenden Unternehmens bei Buchführungsmängeln?

Der BGH bedient sich im TBB-Urteil einer Überlegung, die er auch im Rahmen des Haftungsdurchgriffs auf den GmbH-Gesellschafter wegen Vermögensvermischung heranzieht. Sie lautet, daß Unregelmäßigkeiten oder Fehler in der Buchführung[252] dem Gesellschafter bzw. dem herrschenden Unternehmen angelastet werden dürfen. Soweit es um den Haf-

---

246 *Ulmer,* in: Hachenburg GmbHG Anh. § 77 Rn. 91 a.E.

247 *Baumbach/Hueck/Zöllner* GmbHG § 46 Rn. 39 a.E.; *Hüffer,* in: Hachenburg GmbHG § 46 Rn. 89; *Weber* KTS 1970, 73, 78.

248 Zur Rechtslage bei Einzelzwangsvollstreckungsmaßnahme nach Sequestrationsbeschluß vgl. noch *Kilger/K. Schmidt* § 106 KO Anm. 3 (S. 408).

249 Zu § 30 Nr. 2 KO: *Jaeger/Henckel* KO § 30 Rn. 231 ff.; *Kilger/K. Schmidt* § 30 KO Anm. 20; *Kuhn/Uhlenbruck* KO § 30 Rn. 47b; jeweils m.w.N.

250 *Baumbach/Hueck/Schulze-Osterloh* GmbHG § 69 Rn. 18; *Hohner,* in: Hachenburg GmbHG § 69 Rn. 52; *Rowedder/Rasner* GmbHG § 69 Rn. 7.

251 A.A. - im Anschluß an *Schulz* Liquidation, 1986, S. 137 f. - *Scholz/K. Schmidt* GmbHG § 46 Rn. 152; zurückhaltender aber *Scholz/K. Schmidt* GmbHG § 69 Rn. 35.

252 Die Buchführung umfaßt die Aufzeichnung der Geschäftsvorgänge, die Errichtung von Inventaren, die Aufstellung der Eröffnungsbilanz, des Jahresabschlusses und des Lage-

tungsdurchgriff geht, nimmt der BGH an, eine persönliche Haftung komme in Betracht, wenn die Abgrenzung zwischen Gesellschafts- und Privatvermögen durch eine undurchsichtige Buchführung verschleiert werde[253]. Das könne insbesondere anzunehmen sein, wenn eine ordnungsgemäße Buchführung bei der GmbH gar nicht stattfinde[254]. Allerdings verlangt der BGH nicht, daß die Undurchsichtigkeit der Buchführung auf Einflußnahmen des Gesellschafters zurückzuführen ist. Er stellt stattdessen darauf ab, ob der Gesellschafter aufgrund seiner Stellung in der GmbH in der Lage ist, einen beherrschenden Einfluß ausüben zu können. Ist das zu bejahen, so ist der Gesellschafter nach Ansicht des BGH für die undurchsichtige Buchführung verantwortlich mit der Folge, daß er die Verbindlichkeit der GmbH zu begleichen hat. Genügend ist letztlich die Möglichkeit zur Einflußnahme[255], sofern der Gesellschafter über ein bestimmendes Einflußpotential verfügt. Das wird durch die Mehrheitsbeteiligung vermittelt. Bei einer Minderheitsbeteiligung verlangt der BGH das Hinzutreten weiterer Umstände rechtlicher oder tatsächlicher Art, die den Gesellschafter in die Lage versetzen, die Geschicke der Gesellschaft bestimmen zu können[256]. Vergleicht man diese Ausgestaltung einer Gesellschafterhaftung wegen Vermögensvermischung mit der Haftung des herrschenden Unternehmens wegen qualifizierter Konzernierung aus dem TBB-Urteil, so werden deutliche Übereinstimmungen sichtbar. Die Verlustausgleichspflicht und Konzernaußenhaftung des herrschenden Unternehmens wird mit der unterlassenen Bildung einer Rückstellung in der Bilanz gerechtfertigt und folglich mit einem Buchführungsfehler begründet[257]. Die weitere Übereinstimmung ist darin zu sehen, daß der BGH auch im Rahmen der Konzernhaftung nicht darauf abstellt, ob das Unterlassen ordnungsgemäßer Buchführung auf eine Einflußnahme des herrschenden Unternehmens in seiner Eigenschaft als Gesellschafter der GmbH zurückzuführen ist, was zu der

---

berichts sowie die Aufbewahrung der damit zusammenhängenden Unterlagen; vgl. *Baumbach/Hueck/Schulze-Osterloh* GmbHG § 41 Rn. 24.

253 BGHZ 125, 366, 368; 95, 330, 334; BGH NJW 1985, 740; zustimmend *Haas* Geschäftsführerhaftung, 1997, S. 130 ff.; *Altmeppen* DZWir 1994, 378 re.Sp.; *Stimpel* FS Goerdeler, 1987, S. 601, 607.

254 BGHZ 125, 366, 368.

255 Deutlich BGHZ 125, 366, 368 f.

256 BGHZ 125, 366, 369; zustimmend *Boujong* FS Odersky, 1996, S. 739, 743 ff.

257 BGHZ 122, 123, 132; zustimmend die h.L., vgl. zuletzt *Rogge* Vermeidung, 1998, S. 82 f., 101, 105, 167 ff. m.w.N. Der Buchführungsfehler als auslösender Faktor wird vom BGH a.a.O. zwar nur vorgeschoben (vgl. dazu bereits S. 96 f., 103). Davon ist aber die grundsätzliche Frage zu trennen, ob ein Buchführungsmangel überhaupt eine Gesellschafterhaftung rechtfertigen kann oder nur eine Geschäftsführerhaftung zu begründen vermag.

Schlußfolgerung veranlaßt, daß die Möglichkeit zu bestimmender Einflußnahme ausreicht.

Die Vorgehensweise des BGH wirft die Frage auf, ob die Basisüberlegung begründet ist, daß Buchführungsmängel dem Gesellschafter bzw. herrschenden Unternehmen angelastet werden können. Aufgrund der Gesetzeslage kann sie nur differenzierend beantwortet werden. Nach § 41 GmbHG ist die Buchführungspflicht den Geschäftsführern zugewiesen, die für eine ordnungsgemäße Buchführung zu sorgen und für die Erfüllung der Pflicht einzustehen haben. Hingegen schuldet der GmbH-Gesellschafter weder die Erfüllung der Buchführungspflicht noch muß er für eine ordnungsgemäße Buchführung sorgen. Infolgedessen läßt sich eine Haftung des Gesellschafters oder des herrschenden Unternehmens nicht mit dem schlichten Hinweis auf eine mitgliedschaftlich vermittelte Einflußnahmemöglichkeit begründen. Begründbar ist eine Haftung wegen Verstoßes gegen § 41 GmbHG lediglich als Geschäftsführerhaftung[258]. Fraglich kann nur sein, ob der Gesellschafter deshalb für eine fehlerhafte Buchführung verantwortlich sein kann, daß er es unterlassen hat, die Buchführung zu prüfen. Das setzt voraus, daß der einzelne Gesellschafter zur Prüfung der Bücher und Schriften der Gesellschaft verpflichtet ist. Eine solche Pflicht ist jedoch nicht normiert. § 51a Abs. 1 GmbHG gewährt dem Gesellschafter das Informations- und Einsichtsrecht, ohne daß damit die Verpflichtung verbunden ist, von den Befugnissen auch Gebrauch zu machen. Eine Pflicht zur Prüfung der Buchführung besteht auch nicht für die Gesellschafterversammlung oder die Gesellschafter in ihrer Gesamtheit. Nach § 46 Nr. 6 GmbHG unterliegen der Bestimmung der Gesellschafter[259] die Maßregeln zur Prüfung und Überwachung der Geschäftsführung. Infolgedessen kann die Gesellschafterversammlung bzw. können die Gesellschafter in ihrer Gesamtheit auch über Maßnahmen zur Prüfung der Buchführung bestimmen. Eine Prüfungspflicht ergibt sich daraus aber nicht, weil eine generelle Pflicht der Gesellschafterversammlung oder der Gesellschafter in ihrer Gesamtheit zur Überwachung der Geschäftsführer gesetzlich nicht vorgesehen ist[260]. Eine Pflicht zur Kontrolle der Geschäftsführer besteht lediglich als Pflicht des Aufsichtsrats gem. §§ 111 Abs. 1 AktG, 52 Abs. 1 GmbHG. Eine Gesellschafter- oder Konzernhaftung ist hingegen

258 *Drax* Durchgriffs- und Konzernhaftung, 1992, S. 92 f.

259 Die Formulierung bringt zum Ausdruck, daß die Gesellschafterversammlung angesprochen ist, weil die Bestimmung durch Beschlußfassung erfolgt, die ihrerseits Aufgabe der Gesellschafterversammlung ist (§§ 47 Abs. 1, 48 Abs. 1 GmbHG), es sei denn, es liegen die Voraussetzungen von § 48 Abs. 2 GmbHG vor. Dann liegt die Kompetenz bei den Gesellschaftern in ihrer Gesamtheit.

260 *Lutter/Hommelhoff* GmbHG § 46 Rn. 17; *Roth/Altmeppen* GmbHG § 46 Rn. 41 a.E.; *Rowedder/Koppensteiner* GmbHG § 46 Rn. 28; a.A. wohl *Scholz/K. Schmidt* GmbHG § 46 Rn. 113.

dann nicht ausgeschlossen, wenn aus der Mitgliedschaft resultierende Befugnisse wahrgenommen und dabei mitgliedschaftliche Pflichten verletzt werden. Im Rahmen des Feststellungsverfahrens nach § 46 Nr. 1 GmbHG üben die Gesellschafter einen aus der Mitgliedschaft folgenden Einfluß aus. Demgemäß haben sie die aus der Treubindung resultierenden Schranken zu beachten, wenn sie eigene Bilanzierungsentscheidungen treffen, durch die der vorgelegte Jahresabschluß geändert wird[261]. Sofern sie also eigene Entscheidungen treffen, können sie auch schadensersatzpflichtig werden[262]. Zur Änderung des bereits aufgestellten Jahresabschlusses sind sie hingegen nicht verpflichtet, und zwar selbst dann nicht, wenn zwischen Aufstellung und Feststellung des Jahresabschlusses wertaufhellende Umstände bekannt werden[263], weil sich aus § 252 Abs. 1 Ziff. 4 HGB nicht die Verpflichtung herleiten läßt, daß nach Aufstellung bekannt gewordene Umstände berücksichtigt werden müssen.

VII. Darlegungs- und Beweislast

1. Allgemeines

Im Prozeß hat der Kläger die Voraussetzungen für das Vorliegen eines Schadensersatzanspruchs darzulegen und zu beweisen[264]. Dazu gehören neben den haftungsbegründenden auch die haftungsausfüllenden Voraussetzungen. Dem klagenden Gesellschaftsgläubiger können Erleichterungen bei der Behauptungslast gewährt werden[265].

2. Umkehr der Beweislast bezüglich der objektiven Pflichtwidrigkeit?

Zugunsten der qualifiziert faktisch konzernierten GmbH wird erwogen, die Beweislast hinsichtlich der objektiven Pflichtwidrigkeit der Einflußnahme des herrschenden Unternehmens umzukehren, und zwar in Anlehnung an die zur Organhaftung geltenden Grundsätze[266]. Die Frage hat zugleich über die qualifizierte Konzernierung hinaus Bedeutung. Eine Beweislastumkehr hinsichtlich der objektiven Pflichtwidrigkeit wird nämlich auch für den Schadensersatzprozeß in Betracht gezogen, wenn der Gesellschafter außerhalb der Gesellschafterversammlung Einfluß auf die Geschäfts-

---

261 Zur Änderungskompetenz vgl. *Lutter/Hommelhoff* GmbHG § 46 Rn. 4.

262 *A/D/S* § 42a GmbHG Rn. 45.

263 Insoweit a.A. *A/D/S* § 42a GmbHG Rn. 46.

264 Vgl. bereits S. 23 f.

265 Zu den Voraussetzungen s. S. 68 ff.

266 Vgl. *Kleindiek* GmbHR 1992, 574, 578 f.

führung genommen hat und der GmbH daraus ein Schaden entstanden ist[267]. Für eine solche Umkehr der Beweislast spricht, daß aufgrund der Umgehung der Gesellschafterversammlung die Ermittlung der objektiven Umstände, aus denen die Pflichtwidrigkeit abgeleitet werden kann, selbst für die Mitgesellschafter schwierig sein kann, weil sie nicht mit der Angelegenheit befaßt gewesen sind. Noch problematischer ist im Regelfall die Aufklärung für den Gläubiger der Einmann-GmbH. Infolgedessen scheint die Anlehnung an § 93 Abs. 2 S. 2 AktG nahezuliegen. Nach h.L. wird dem Vorstandsmitglied durch die Norm die Beweislast für die fehlende Pflichtwidrigkeit auferlegt[268]. Verbreitet wird angenommen, der Regelung liege die Erwägung zugrunde, daß die Aktionäre und Gesellschaftsgläubiger i.d.R. nicht imstande seien, die vielfältigen und für sie von außen nicht überschaubaren Aktivitäten des Vorstands bestimmten Schadensfolgen zuzuordnen. Die Norm sei somit darauf zurückzuführen, daß Aktionäre und Gläubiger normalerweise nicht angeben könnten, welche konkrete Maßnahme den Schaden der AG verursacht habe, wohingegen das Organmitglied angeben könne, welche Maßnahme es getroffen habe und warum die Maßnahme aus damaliger Sicht sachgerecht gewesen sei. Diese größere Nähe des Organmitglieds zu den für die Beurteilung maßgebenden Kriterien rechtfertige es, vom Kläger nicht den Nachweis zu verlangen, welche konkrete Handlung als Verletzung von Organpflichten zu qualifizieren und daß sie für den geltend gemachten Schaden ursächlich sei[269]. Legt man diese Auffassung zugrunde, dann muß es genügen, wenn der Kläger Schadenseintritt und -höhe, eine konkrete Organhandlung sowie lediglich die mögliche kausale Verknüpfung und die mögliche Pflichtwidrigkeit des Verhaltens nachweist. Der erleichterte Nachweis einer Pflichtwidrigkeit ist so gesehen nur die Folge eines Verzichts auf den vollen Nachweis der Ursächlichkeit zwischen der konkreten Handlung und dem Nachteil. Ließe sich dieses Modell für die Gesellschafterhaftung fruchtbar machen, so würde sich das Prozeßrisiko des Klägers erheblich minimieren: Er müßte lediglich darlegen und beweisen, daß ein Schaden auf ein möglicherweise pflichtwidriges Verhalten des Gesellschafters zurückzuführen ist. Vom Standpunkt der Vertreter der Organhaftung ist die Beweislastregel des § 93 Abs. 2 S. 2 AktG auf den GmbH-Gesellschafter anzuwenden[270]. Das Haftungsmodell ist jedoch abzulehnen. Der GmbH-Gesellschafter hat nicht nach Organhaftungsgrundsätzen einzuste-

267 Vgl. *Winter* Treuebindungen, 1988, S. 112 f.

268 *Hüffer* AktG § 93 Rn. 16 m.w.N.

269 *Goette* ZGR 1995, 648, 672; zustimmend *Henze* Aktienrecht Rn. 434; *Hüffer* AktG § 93 Rn. 16.

270 Vgl. *Wilhelm* Rechtsform und Haftung, 1981, S. 359 f.; *ders.* Kapitalgesellschaftsrecht Rn. 566.

hen[271]. Von diesem Ausgangspunkt aus verbietet es sich, die im Rahmen der Organhaftung geltende Beweislastumkehr auf die Haftung des GmbH-Gesellschafters zu erstrecken. Der Kläger hat im Schadensersatzprozeß den Nachweis zu führen, daß die GmbH durch eine konkrete Handlung des Gesellschafters geschädigt worden und das Verhalten objektiv pflichtwidrig gewesen ist.

3. Beweislastumkehr hinsichtlich des Verschuldens

Gelingt dem Kläger der Nachweis der objektiven Pflichtwidrigkeit des Gesellschafterverhaltens und der Ursächlichkeit dieses Verhaltens für die Bestandsverletzung, so schließt sich die Frage an, ob zu seinen Gunsten vermutet werden kann, daß der Gesellschafter die Pflichtverletzung zu vertreten hat, und zwar mit der Folge, daß dem beklagten Gesellschafter der Nachweis des fehlenden Verschuldens obliegt. Die damit angesprochene Abweichung von der Normentheorie hinsichtlich der Frage der subjektiven Vorwerfbarkeit könnte sich aus einer analogen Anwendung des § 282 BGB ergeben. In der Literatur wird die Norm vielfach uneingeschränkt auf die Fallgruppen der pVV angewandt[272]. Da Grundlage eines Schadensersatzanspruchs wegen der Verletzung von Treubindungen i.S.d. zivilrechtlichen Systems der Leistungsstörungen die pVV ist[273], könnte nach der vorgenannten Ansicht dem Gesellschafter die Beweislast für sein Nichtvertretenmüssen im Rahmen der Schadensersatzklage wegen bestandsbeeinträchtigender Einwirkung auferlegt werden. Das setzt allerdings voraus, daß § 282 BGB als allgemeine Beweislastregel im Bereich der Leistungsstörungen angesehen oder zu einer solchen herausgearbeitet werden kann. Die Rechtsprechung hat eine diesbezügliche Festlegung bislang vermieden und darauf abgestellt, daß eine Abgrenzung nach Gefahren- oder Verantwortungsbereichen zu erfolgen habe, der Schuldner also die Beweislast tragen müsse, wenn die Schadensursache aus dem von ihm zu beherrschenden Gefahren- oder Verantwortungsbereich stamme[274]. Zu diesem Bereich zählen alle Vorgänge, die eine Partei gegenüber der anderen zu beherrschen in der Lage ist, insbesondere das eigene Verhalten[275]. Daraus folgt, daß auch vor dem Hintergrund einer Ver-

271 Vgl. S. 112.

272 Grundlegend *Raape* AcP 147 (1941), 217 f., 288 f.; *Musielak* AcP 176 (1976), 465, 480 ff.; w.N. bei *Soergel/Wiedemann* BGB Vor. § 275 Rn. 532 in Fn. 29.

273 Vgl. S. 45 f.

274 Vgl. etwa BGHZ 8, 239, 241; 23, 288, 290 f.; 27, 236, 238; 28, 251, 254; BGH NJW 1962, 31, 32 li.Sp.; BGHZ 64, 46, 51; BGH NJW 1978, 2197, 2198; BGH NJW 1980, 2186, 2187 li.Sp.

275 *Musielak* AcP 176 (1976), 465, 470.

teilung der Beweislast nach Gefahren- oder Verantwortungsbereichen eine Beweislastumkehr im Schadensersatzprozeß wegen bestandsverletzender Einwirkung eingreift, weil der schadensstiftende Umstand in dem Verhalten des Gesellschafters liegt, das zu seinem Verantwortungsbereich zählt. Daher kann letztlich dahinstehen, ob aus § 282 BGB eine allgemeine Beweislastregel gewonnen werden kann.

§ 10. Abkehr vom qualifiziert faktischen GmbH-Konzern

I. Die Isolierbarkeit von Weisungen im Vertragskonzern

Die Ausgestaltung eines Sachverhalts qualifiziert faktischer Konzernierung in Anlehnung an Normen des Vertragskonzernrechts[276] kann nur anhand eines Verhaltensansatzes erfolgen[277]. In diesem Zusammenhang führen die in der Literatur vertretenen Ansätze[278] nicht weiter, weil sie entweder auf eine Beeinträchtigung bzw. Unvollziehbarkeit des Eigeninteresses der GmbH abheben oder eine breitflächige, ständige oder wiederholte Schädigung in den Vordergrund stellen. Während das erste zu pauschal[279] ist, spricht gegen den auf die Schädigung abstellenden Ansatz, daß unklar bleibt, warum einer Schädigung, nur weil sie wiederholt, ständig oder breitflächig vorkommt, nicht durch Schadensersatz begegnet werden kann. Da der Zweck des § 302 AktG darin besteht, Schutz vor Bestandsbeeinträchtigungen zu gewährleisten[280], muß für einen zum Verlustausgleich oder zur Konzernaußenhaftung führenden Sachverhalt qualifizierter Konzernierung in jedem Fall Voraussetzung sein, daß eine Beeinträchtigung des Bestandsinteresses der GmbH vorliegt. Hiervon ausgehend könnte sich der im Anschluß an das TBB-Urteil vertretene Ansatz als weiterführend erweisen, qualifizierte Konzernierung liege vor, wenn der konkrete Schaden mit zumutbarem Aufwand nicht ermittelt werden könne und eine Schadensschätzung gem. § 287 ZPO mangels greifbarer Kriterien in der Luft hängen würde[281]. Dieser Ansicht könnte nur zugestimmt wer-

276 Als von vornherein nicht überzeugend begründbares Rechtsfortbildungskonzept hat sich die G.o.A.-Konstruktion erwiesen; vgl. S. 110 ff.

277 Dazu S. 136 ff.

278 Vgl. S. 18 f.

279 Kritisch gegen die Verwendung des Begriffs des Eigeninteresses auch *Altmeppen* DB 1994, 1912 mit Fn. 9: kryptisch-mystisch.

280 Vgl. S. 115 ff., 121 ff.

281 *Rogge* Vermeidung, 1998, S. 82; *Krieger* ZGR 1994, 375, 384.

den, wenn eine sachliche Rechtfertigung dafür ersichtlich wäre, daß ein Zahlungsanspruch, der auf Ausgleich der Verluste oder Befriedigung des Gesellschaftsgläubigers gerichtet ist, eingeräumt werden darf, wenn die Voraussetzungen des Zahlungsanspruchs, der auf Schadensersatz gerichtet ist, nicht dargelegt oder bewiesen werden können. Der sachlichen Rechtfertigung bedarf eine solche Vorgehensweise deshalb, weil sie von der Regel abweichen will, daß den Kläger die Behauptungs- und Beweislast für die klagebegründenden Tatsachen trifft und deren Nichterweislichkeit ihm schadet. Das schließt ein, daß die Nichtanwendung von § 287 ZPO wegen fehlender Aufgreifkriterien dem Kläger und nicht dem Beklagten schadet[282].

Die sachliche Rechtfertigung ist jedenfalls nicht in der Annahme zu finden, durch schlüssiges Verhalten komme ein Beherrschungsvertrag zustande, weil der Vertragsschluß nicht unterstellt und daher eine Verlusttragungspflicht nicht auf dem Wege der Vertragsfiktion begründet werden kann[283]. Es bleibt nur eine Möglichkeit, um eine Verlustausgleichspflicht und ggf. eine Konzernaußenhaftung bei nicht möglicher Schadensermittlung auf eine tragfähige Grundlage zu stellen. Erforderlich wäre, daß unter den Bedingungen des Vertragskonzerns die Voraussetzungen eines Schadensersatzanspruchs nicht mehr dargelegt und bewiesen werden können und daß unter den Bedingungen des qualifizierten faktischen Konzerns eine vergleichbare Lage besteht. Das ist die Basisüberlegung des BGH, wenn er ausführt, die Notwendigkeit für ein besonderes Konzernhaftungsrecht, das sich der Rechtsfolgen des Vertragskonzernrechts bedient und diese sogar weiterentwickelt, bestehe dann, wenn sich in bestimmten Konzernlagen wegen der infolge der Dichte der Einflußnahme des herrschenden Unternehmens unübersichtlich gewordenen Verhältnisse einzelne schädigende Eingriffe nicht mehr isolieren ließen[284].

Die Überlegung des BGH könnte nur dann eine tragfähige Begründung für eine Verlustausgleichspflicht oder Konzernaußenhaftung liefern, wenn es richtig wäre, daß erstens die Situation im Vertragskonzern typischerweise als unübersichtlich umschrieben werden muß und zweitens infolge der Unübersichtlichkeit Weisungen und ihre Wirkungen nicht mehr anhand der Maßstäbe des Schadensersatzrechts nachvollzogen werden können. Nur dann wäre die Schlußfolgerung berechtigt, daß bei einer Sachlage, die mit der zuvor umschriebenen vergleichbar ist, auch ohne Abschluß eines Be-

---

282 BGH VersR 1964, 258, 259 li.Sp.; BGH NJW 1951, 405 (Nr. 14).

283 So schon BGHZ 95, 330, 342 gegen *Emmerich* AG 1975, 285, 288 f.

284 BGHZ 122, 123, 127.

herrschungsvertrags auf Verlustausgleich anstelle von Schadensersatz zurückgegriffen werden kann.

Die vorstehenden Prämissen lassen sich dem Gesamtkonzept des Vertragskonzerns indes nicht entnehmen, weil die Grundvoraussetzung nicht zutrifft, daß im Vertragskonzern der Nachweis der einzelnen schädigenden Handlung nicht mehr gelingen kann. Das belegen die §§ 309 und 310 AktG. Sie begründen eine Schadensersatzpflicht, wenn bei der Erteilung bzw. Entgegennahme und Ausführung von Weisungen gegen die Sorgfalt des ordentlichen und gewissenhaften Geschäftsleiters verstoßen worden ist. Hierdurch kommt zum Ausdruck, daß nach der gesetzlichen Grundwertung auch im Vertragskonzern einzelne schädigende Einwirkungen ermittelbar bleiben. Da die §§ 309, 310 AktG sowohl im dezentral als auch zentral geführten Aktienvertragskonzern gelten, ist auch eine intensive Leitung kein Beleg dafür, daß zum Schadensersatz verpflichtende Handlungen nicht mehr nachgewiesen werden können. Also läßt sich die Pflicht zur pauschalen Verlustübernahme nach § 302 AktG auch nicht damit erklären, daß unter den Bedingungen des Vertragskonzerns die Schadensermittlung nicht mehr gelingt und die Isolierbarkeit der Weisungen und ihrer Wirkungen verlorengeht.

Um was es geht, konnte schon festgehalten werden[285]: Der Verzicht auf den Nachweis der Einflußnahmen und des Ursachenzusammenhangs mit den eingetretenen Verlusten der beherrschungsvertraglich gebundenen AG ist Ausdruck der Entscheidung des Gesetzgebers, ein Vorab-Sicherungsprinzip zu normieren: Gesellschaft, Aktionäre und Gläubiger sollten vorab gegen schädliche Folgen der Eingriffe des anderen Vertragsteils gesichert werden. Leitmotiv des Gesetzgebers war die Absicherung gegen die nachteiligen Wirkungen von Eingriffen, noch bevor die Eingriffe überhaupt erfolgt sind. Das Sicherungskonzept ist auch das Ergebnis lebensnaher Betrachtung: Weil angenommen werden kann, daß das herrschende Unternehmen die Rechtsmacht, die es erst durch den Abschluß des Vertrags erhält, zum Nachteil der AG ausüben wird, können die Verluste der AG von vornherein als auf der ausgeübten Rechtsmacht beruhend eingestuft werden.

Die §§ 309, 310 AktG verdeutlichen, daß die Entscheidung des Gesetzgebers zugunsten einer pauschalen Vorab-Sicherung nicht in dem Sinne verstanden werden kann, daß Verlustausgleich die Folge für ein Versagen des Einzelausgleichs im Vertragskonzern ist[286]. Die pauschale Vorab-Siche-

---

285 Vgl. S. 118 ff., 132 f.

286 Vgl. aber noch die Überlegung von *Kropff* NJW 1959, 173, 178 li.Sp., der die Frage aufwirft, welche Alternative zu einer pauschalen Vorab-Sicherung in dem späteren § 302 AktG überhaupt in Betracht kommen sollte angesichts der Schwierigkeiten eines Klägers,

rung ist eine rechtspolitische Entscheidung und daher kann nur der Abschluß des Unternehmensvertrags das Eingreifen der Verlustausgleichspflicht rechtfertigen. Der Hinweis auf eine Sachlage, die derjenigen im Vertragskonzern entsprechen soll, ist kein Beleg dafür, daß Schadensersatz in dieser Situation versagt. Infolgedessen kann nicht auf Verlustausgleich oder die vom BGH praktizierte Konzernaußenhaftung zurückgegriffen werden, wenn eine Schadensersatzklage unbegründet ist, weil der Nachweis schädigender Einflußnahme nicht zu führen ist bzw. eine Schadensschätzung wegen fehlender Anhaltspunkte ausscheidet.

II. Folgerungen für die Tatbestandsbildung

Damit stellt sich die Frage, ob es des Tatbestands qualifizierter faktischer Konzernierung im GmbH-Recht überhaupt bedarf. Sie wäre zu bejahen, wenn Verlustausgleich und Konzernaußenhaftung auf der Rechtsfolgenseite begründbar wären. Weil das nach dem Regelungskonzept der §§ 302, 303 AktG nicht zutrifft, erledigt sich auch eine Tatbestandsbildung. Vielmehr hat das herrschende Unternehmen für sein pflichtwidriges, die GmbH benachteiligendes Verhalten durch Leistung von Schadensersatz einzustehen. Auf den Nachweis des Ursachenzusammenhangs und der Pflichtwidrigkeit kann ebensowenig verzichtet werden wie auf die Schadensermittlung. Auch eine Umkehr der Beweislast in Anlehnung an § 93 Abs. 2 S. 2 AktG kommt nicht in Betracht[287]. Anzuwenden ist jedoch § 287 ZPO. Grundlage der Schadensersatzpflicht ist die Verletzung der Treubindung gegenüber der juristischen Person, die das herrschende Unternehmen zur Rücksichtnahme auf das Bestandsinteresse verpflichtet. Oberhalb der Bestandsbeeinträchtigung schuldet das herrschende Unternehmen auch für sonstige nachteilige Einflußnahmen Schadensersatz, wenn eine abweichende Minderheit vorhanden ist.

---

die einzelne schädigende Handlung und den daraus entstehenden Schaden nachzuweisen. Die Fragestellung könnte darauf hindeuten, daß eine in der Reformdiskussion angedachte und mit Nachweisschwierigkeiten begründete Unergiebigkeit der aktienrechtlichen Schadensersatzregelung (§ 101 AktG 1937) die Ausgestaltung des § 302 AktG begünstigt haben könnte. Jedoch: Auch wenn dieser Zusammenhang unterstellt würde, könnte daraus keine tragfähige Basis für eine analoge Anwendung des § 302 AktG im faktischen Konzern entwickelt werden. Nachweisschwierigkeiten im Schadensersatzprozeß sind i.d.R. Folge einer mangelnden Tatsachenkenntnis. Dem ist durch eine abgestufte Darlegungslast Rechnung zu tragen (vgl. S. 68 ff.). Ungeeignet und überzogen wäre hingegen die Auswechselung der Rechtsfolge Schadensersatz gegen Verlustausgleich, weil die Analogie zu § 302 AktG das Nachweisproblem auch nicht beseitigt, wie BGHZ 122, 123, 132 f. zeigt.

287 Vgl. bereits S. 163 ff.

III. Nachbetrachtung: Die Notwendigkeit von Verlustausgleich und Konzernaußenhaftung

Angesichts einer Schadensersatzpflicht wegen bestandsbeeinträchtigender Einwirkung dürfte sich auch ein Bedürfnis zur Anwendung der Rechtsfolgen des Vertragskonzernrechts oder deren Weiterentwicklung erledigen.

Das läßt sich anhand des TBB-Sachverhalts exemplarisch verdeutlichen, der mit Hilfe der Schadensersatzpflicht wegen Verletzung der auf Bestandserhaltung gerichteten Treupflicht zufriedenstellend hätte gelöst werden können: Die mit einem Stammkapital von 50.000 DM ausgestattete GmbH übereignete im September 1984 ihre sämtlichen Büromaschinen und Bürogegenstände an die Bremer Landesbank und trat ihre Bauherrenforderungen an sie ab. Die Überschuldung der GmbH betrug Ende 1984 ca. 2 Millionen DM; spätestens Ende Januar 1985 erfolgte die Zahlungseinstellung[288]. Diese zeitliche Nähe zu den rechtsgeschäftlichen Handlungen ist ein schlüssiges Indiz dafür, daß die Übereignungen und Zessionen ursächlich waren für den Zusammenbruch. Infolgedessen kann man sie als bestandsverletzende Einwirkungen[289] einstufen. Allerdings ist in diesem Zusammenhang zu berücksichtigen, daß die Übereignungen und Zessionen auf der Grundlage der vertraglichen Haftungsübernahme erfolgten[290], die bereits im Juni 1982 vereinbart worden war[291], so daß es darauf ankommt, ob bereits diese Maßnahme als bestandsverletzende Einwirkung anzusehen ist. Das ist zu bejahen, weil bei Vereinbarung der Haftungsübernahme unter Zugrundelegung des Maßstabs kaufmännischer Sorgfalt vorauszusehen war[292], daß die Verpflichtung einer Mithaftung für fremde Verbindlichkeiten geeignet sein konnte, den Zusammenbruch der GmbH herbeizuführen. Für die "TBB" begründete die Haftungsübernahme das Risiko einer Inanspruchnahme in mehr- bis vielfacher Millionenhöhe[293], ohne daß sie hätte abschätzen können, zu welchem Zeitpunkt sie in Anspruch genommen werden würde und ob eine Inanspruchnahme in Höhe der Maximalbelastung erfolgen würde. Diese Unwägbarkeiten resultierten daraus, daß sich die Einstandspflicht der "TBB" auf die Verbindlichkeiten von sechs verschiedenen Unternehmen erstreckte, so daß eine Inanspruch-

288 Vgl. LG Oldenburg ZIP 1992, 1632 f. sowie BGHZ 122, 123, 129.

289 Erforderlich ist allerdings, daß die rechtsgeschäftlichen Handlungen auf die Gesellschafterebene transponiert werden können; vgl. dazu S. 102 mit Fn. 444.

290 Vgl. dazu S. 78.

291 Vgl. LG Oldenburg ZIP 1992, 1632, 1633 li.Sp.

292 Vgl. zur Vorhersehbarkeit S. 157 f.

293 Im Juni 1984 beliefen sich die Forderungen der Landesbank auf 14 Millionen DM.

nahme und deren Umfang davon abhingen, in welchem Ausmaß jedes einzelne der sechs Unternehmen im Zeitpunkt der Fälligkeit von Forderungen der Bank noch über liquide Mittel verfügte. Auf der Gegenseite fehlte der "TBB" eine Steuerungsmöglichkeit, um auf die Liquiditätsplanung der anderen Unternehmen Einfluß zu nehmen und damit dafür zu sorgen, daß in ausreichendem Maß liquide Mittel vorgehalten wurden. Vor diesem Hintergrund hätte die "TBB" nur eines tun können, um einer Existenzbedrohung als Folge der Inanspruchnahme auszuweichen, nämlich ihrerseits im Umfang der möglichen Maximalbelastung stets die entsprechende Liquidität vorzuhalten. Das aber konnte von der GmbH ersichtlich nicht bewerkstelligt werden, da es bedeutet hätte, stets eine Liquidität von mehreren Millionen DM vorzuhalten.

Hinzu kommt, daß ihr eine vorausschauende Liquiditätsplanung durch die Ermächtigung zur Verrechnung der Kontenstände vor Saldenaufnahme[294] genommen war, weil die Bank damit die Befugnis erhielt, eingehende Gelder mit ihren Forderungen gegen die sechs anderen Unternehmen umgehend zu verrechnen. Die Verrechnungsermächtigung war infolgedessen geeignet, das existenzbedrohende Potential der Haftungsübernahme noch zu verstärken. Dies sogar in doppelter Hinsicht: Der "TBB" war nicht nur eine vorausschauende Liquiditätsplanung genommen. Die Verrechnungsermächtigung war zugleich erkennbar dazu geeignet, das Auffinden von Ausgleichsansprüchen zu erschweren, die aus der Inanspruchnahme für fremde Verbindlichkeiten resultierten. Damit konnte sie dazu beitragen, die Herbeiführung eines Ausgleichs zumindest zu verzögern und damit seine Realisierbarkeit in Frage zu stellen. Zusammenfassend ist daher festzuhalten, daß sich um die Jahreswende 1984/85 lediglich das Risiko realisierte, das bereits im Juni 1982 vorhersehbar begründet worden war. Infolgedessen sind die vertragliche Haftungsübernahme und die Verrechnungsvereinbarung als bestandsverletzende Einwirkungen einzustufen, die geeignet waren, eine Schadensersatzpflicht auszulösen.

Ein weiteres Beispiel für eine zufriedenstellende Erfassung bestandsbeeinträchtigender Einflußnahmen mit Hilfe der Rechtsfolge Schadensersatz bildet die Fallgruppe, die dadurch geprägt ist, daß die GmbH durch Abzug aller Ressourcen in eine masselose Insolvenz geführt wird. Die gegenteilige Ansicht wird damit begründet, daß eine Verletzung des Bestandsinteresses vorliege, die mit Schadensersatz nur unzulänglich erfaßt werden könnte, weil eine Folgenbeseitigung durch Schadensersatz aufgrund des ungewissen Umfangs des Zerschlagungsverlustes nur schwer möglich sei[295], so daß eine Notwendigkeit zum Rückgriff auf Verlustausgleich oder

294 Vgl. S. 78.

295 Vgl. bereits S. 98 f.

Konzernaußenhaftung bestehe. Als ausschlaggebend werden damit Schwierigkeiten bei der Bewertung des Zerschlagungsschadens angesehen. Dabei kommt zu kurz, daß funktionierende gesetzliche Regelungen existieren, um auftretenden Bewertungsschwierigkeiten Rechnung zu tragen[296]. Dazu zählt auch die Schadensschätzung nach § 287 ZPO. Vor diesem Hintergrund bedarf es keiner Rechtsfortbildung, erst recht nicht einer Fortbildung, die nichts dazu beiträgt, um einen Zerschlagungsschaden genauer bestimmen zu können. Ein Zerschlagungsschaden resultiert daraus, daß im Insolvenzfall bei der Bewertung der Aktiva Liquidations- und nicht mehr Fortführungswerte maßgeblich sind. Es handelt sich um die Differenz, um die die Liquidationswerte Fortführungswerte unterschreiten. Diese Differenz wird durch Verlustausgleich oder Konzernaußenhaftung nicht ermittelt. Ein auszugleichender Verlust ergibt sich aus der Gegenüberstellung von Vermögenswerten und Verbindlichkeiten. Auf einen Zerschlagungsschaden kommt es dabei ebensowenig an wie im Rahmen der Außenhaftung, die nur starr daran ausgerichtet ist, ob noch Ansprüche von Gesellschaftsgläubigern erfüllt werden müssen.

296 *Zeidler* GmbHR 1997, 881, 882.

Viertes Kapitel

Schluß

§ 11. Zusammenfassung

1. Der Begriff des qualifizierten faktischen Konzerns umschreibt die Haftung des herrschenden Unternehmens für Verbindlichkeiten der GmbH. Die Haftung besteht nach ganz h.M. entweder in der Verlustausgleichspflicht analog § 302 AktG oder in einer Konzernaußenhaftung in Anlehnung an § 303 AktG bei gleichzeitiger Fortentwicklung der Rechtsfolge der Norm. Tatbestand und Rechtsfolge bedürfen näherer Bestimmung, wobei namentlich auf die Rechtsprechung des II. Zivilsenats des BGH einzugehen ist.

2. Der Unternehmensbegriff der §§ 15 ff. AktG ist normzweckbezogen zu ermitteln. Herrschendes Unternehmen kann der Gesellschafter sein, der neben der Beteiligung an der Gesellschaft anderweitige wirtschaftliche Interessenbindungen aufweist, die nach Art und Intensität die ernsthafte Sorge begründen, er könne wegen dieser Bindungen seinen aus der Mitgliedschaft folgenden Einfluß zum Nachteil der Gesellschaft einsetzen. Als abhängiges Unternehmen kommt jede mitgliedschaftlich organisierte Vermögenseinheit ohne Rücksicht auf ihre Rechtsform in Betracht. Beherrschung i.S.v. § 17 Abs. 1 AktG setzt voraus, daß die Möglichkeit zur Einflußnahme gesellschaftsrechtlich vermittelt ist. Nach § 17 Abs. 2 AktG wird Beherrschung bei einer Mehrheitsbeteiligung widerlegbar vermutet. Nach § 17 Abs. 1 AktG ist Beherrschung anzunehmen, wenn eine der Mehrheitsbeteiligung entsprechende Möglichkeit zur Einflußnahme gegeben ist. § 17 AktG erfaßt neben der unmittelbaren auch die sog. mittelbare Beherrschung, die anzunehmen ist, wenn ein Unternehmen das notwendige Einflußpotential durch sichergestellte Mitwirkung eines Dritten gewinnt. Bei gleichzeitiger Abhängigkeit des Dritten vom herrschenden Unternehmen liegt mehrstufige Abhängigkeit vor. § 17 erfaßt auch die Mehrmütterherrschaft. Ein Konzern liegt vor, wenn wenigstens im Finanzsektor eine verbundweite Koordination der Leitungsaufgaben erfolgt. Nach § 18 Abs. 1 S. 2 AktG wird die Zusammenfassung unter einheitlicher Leitung unwiderlegbar, nach § 18 Abs. 1 S. 3 AktG widerlegbar vermutet. Die §§ 15-18 AktG gelten auch im GmbH-Recht.

3. Das Konzernverhältnis ist faktisch, wenn kein Beherrschungsvertrag besteht. Qualifiziert soll es nach Auffassung des Arbeitskreises GmbH-Reform, von dem die Rechtsfigur den Denkanstoß erhalten hat, dann sein, wenn das Eigeninteresse der GmbH nachhaltig beeinträchtigt wird. Wann eine solche Beeinträchtigung anzunehmen ist, wird in der Lehre seit jeher unterschiedlich beurteilt. Die seit den Diskussionsanfängen verbleibenden Hauptpositionen sind in unterschiedlicher Weise teils verhaltens-, teils zustands- und teils rechtsschutzorientiert. Bei den Verhaltensmodellen müssen verschiedene Konzepte unterschieden werden. Entweder wird in Anlehnung an den Arbeitskreis auf die nachhaltige Beeinträchtigung des Eigeninteresses abgestellt oder die breitflächige Schädigung, die unkontrollierbare Beeinträchtigung, die Unvollziehbarkeit des Eigeninteresses oder der Einsatz der GmbH im Fremdinteresse als entscheidend angesehen. Neben der breitflächigen Schädigung wird teilweise das Strukturelement dauernder Leitung in den Tatbestand aufgenommen. Die Anhänger der reinen Zustandsumschreibung verzichten auf die Schädigung. Nach diesem Ansatz ist die dauernde und umfassende Leitung ausschlaggebend und genügend. Der Rechtsschutzansatz stellt auf ein Versagen der auf Einzelausgleich gerichteten Anspruchsnormen ab.

4. In den Urteilen "Autokran", "Tiefbau" und "Video" wird der qualifizierte Konzern in der Grundkonzeption zweigliedrig durch das Verhaltenselement der Ausrichtung auf das Konzerninteresse und das Strukturelement dauernder und umfassender Leitung umschrieben. In Abweichung von der Normentheorie, wonach jede Partei die Darlegungs- und Beweislast für das Vorliegen der Voraussetzungen der ihr günstigen Normen trägt, wird im Prozeß das Vorliegen des Verhaltenselements zugunsten des Klägers vermutet. Die Vermutung war im Autokran-Urteil widerlegbar ausgestaltet, wobei sich der BGH des Rechtsgedankens des § 317 Abs. 2 AktG bediente und dem herrschenden Unternehmen die Entlastungsmöglichkeit für die Vermutung vorwerfbaren Verhaltens einräumte. Auf dieser Basis war die Haftung im qualifizierten Konzern Verhaltenshaftung. Mit dem Tiefbau-Urteil hat der BGH die Vermutung unwiderlegbar ausgestaltet und ist unter Zulassung eines Kausalitätsgegenbeweises zur modifizierten Zustandshaftung gelangt. Sie ist nicht ergänzend neben die Verhaltenshaftung getreten. Der BGH hat mit dem Tiefbau-Urteil von der Verhaltenshaftung Abstand genommen.

5. Im Aktienvertragskonzern ist die Ausrichtung auf das Konzerninteresse zulässig und durch die Weisungsbefugnis des § 308 AktG abgesichert. Das Konzerninteresse ist das Gesellschaftsinteresse des rechtsformneutral als herrschendes Unternehmen oder als Konzerngesellschaft angesprochenen Rechtsträgers. Das Gesellschaftsinteresse wird bei einer Kapitalgesellschaft oder Personengesellschaft durch den Gesellschaftszweck bestimmbar. Er ist durch Auslegung von Satzung oder Gesellschaftsvertrag zu ermitteln. Fehlt eine besondere Bestimmung, so ist von selbständiger erwerbswirtschaftlicher Betätigung in der Absicht der Gewinnerzielung auszugehen. Im Vorfeld des Aktienvertragskonzerns erlauben die §§ 311 ff. AktG eine im Konzerninteresse liegende Einflußnahme, die dem Gesellschaftsinteresse der Untergesellschaft zuwiderläuft. Aus den §§ 311 ff. AktG resultiert aber weder ein Weisungsrecht des herrschenden Unternehmens noch eine Folgepflicht des Vorstands der abhängigen AG. Auf die GmbH sind die §§ 311 ff. AktG nicht übertragbar. Stattdessen bleiben die Treubindungen aufrechterhalten. Sie sind das Gegengewicht zum Einflußpotential, bestehen gegenüber der GmbH und den übrigen Gesellschaftern und folgen aus dem Organisationsvertrag. Der Verstoß löst einen Schadensersatzanspruch der GmbH aus. Infolgedessen ist dem herrschenden Unternehmen die Verfolgung des Konzerninteresses nur in den Grenzen des Gesellschaftsinteresses der GmbH erlaubt. Die Verpflichtung zur Beachtung des Gesellschaftsinteresses schließt die Zusammenfassung unter einheitlicher Leitung auch ohne Konzernierungsbeschluß nicht aus. Im GmbH-Vertragskonzern besteht eine Weisungsbefugnis entsprechend § 308 AktG.

6. Auf der Basis des Autokran-Urteils lautet der hinter der Verhaltenshaftung stehende Vorwurf, daß das herrschende Unternehmen mit der Ausrichtung auf das Konzerninteresse pflichtwidrig Einfluß genommen, d.h. sich treuwidrig verhalten hat. Gleichzeitig hat der BGH offengelassen, ob es ein Gesellschaftsinteresse der Einmann-GmbH geben kann, das sich vom Interesse des herrschenden Unternehmens unterscheidet. Auf dieser Grundlage obliegt dem herrschenden Unternehmen keine Treubindung gegenüber der Einmann-GmbH, die Entlastung in Anlehnung an § 317 Abs. 2 AktG gelingt stets und das herrschende Unternehmen haftet nicht. Mit der Hinwendung zur modifizierten Zustandsumschreibung wird dieses Ergebnis vermieden.

7. Auf dem Stand der Video-Entscheidung ist ein Anspruch auf Verlustausgleich schlüssig dargetan, wenn der Kläger - abgesehen von der Darlegung der Verluste der GmbH - vorbringt, daß das herrschende Unternehmen Mehrheitsgesellschafter und Alleingeschäftsführer der GmbH gewesen ist. Aufgrund der Alleingeschäftsführung ist nach Ansicht des BGH das Strukturmerkmal erfüllt. Die Ausrichtung auf das Konzerninteresse wird sodann unwiderlegbar vermutet. Diese Rechtsprechung verstößt ersichtlich nicht gegen Art. 2 Abs. 2 der 12. gesellschaftsrechtlichen EG-Richtlinie. Offen bleibt, ob durch die - den Haftungstatbestand komplettierende - unwiderlegbare Vermutung der Ausrichtung auf das Konzerninteresse Art. 20 Abs. 3 GG bei Fortführung der Rechtsprechung verletzt worden wäre.

8. Die Vereinbarkeit der Haftung wegen qualifizierter Konzernierung mit der 12. gesellschaftsrechtlichen EG-Richtlinie ist derart offenkundig, daß für den BGH keine Notwendigkeit bestand, das Vorabentscheidungsverfahren nach Art. 177 Abs. 3 EGV einzuleiten.

9. Im TBB-Urteil ist der BGH bei der Verteilung der Darlegungs- und Beweislast zur Normentheorie zurückgekehrt und hat die Vermutung einer Ausrichtung auf das Konzerninteresse aufgegeben. Es ist danach Sache des Klägers, die Tatsachen darzulegen und im Streitfall zu beweisen, die die Haftungsvoraussetzungen ausfüllen. Erleichterungen hinsichtlich der Darlegungslast - nicht: hinsichtlich der Beweislast - können zugunsten des klagenden Gesellschaftsgläubigers in Betracht kommen, wenn er die relevanten Tatsachen nicht kennt und keinen Tatsachenzugang hat. Dann obliegt dem herrschenden Unternehmen eine sekundäre Behauptungslast, wenn es über Tatsachenkenntnis verfügt und die Darlegung zumutbar ist. Unzumutbar ist sie gegenüber einem gänzlich ungeordneten und unklaren Vortrag, ferner dann, wenn sie seiner Ausforschung dient. Erfolgt trotz Kenntnis und Zumutbarkeit keine Darlegung, so greift die Geständnisfiktion des § 138 Abs. 3 ZPO. Zugunsten des GmbH-Gesellschafters, Geschäftsführers und Insolvenzverwalters scheidet die Abschwächung der Darlegungslast aus.

10. Die Erfüllung des Konzerntatbestands des § 18 Abs. 1 AktG ist auf der Grundlage des TBB-Urteils Mindestvoraussetzung qualifizierter Konzernierung. Die Konzernvermutung des § 18 Abs. 1 S. 3 AktG gilt auch hier. Eine eindeutige Festlegung des BGH fehlt in der Frage, ob das Strukturelement dauernder und umfassender Leitung noch eine Haftungsvoraussetzung darstellt oder ganz entbehrlich ist. Die fehlende Festlegung bietet dem BGH den Vorteil, daß das Strukturelement bei Bedarf aktiviert und im Hinblick auf die Konzernhaftung in der eingliedrigen GmbH dazu benutzt werden kann, eine Unübersichtlichkeit der das Vermögen berührenden Einwirkungen zu begründen.

11. Eine Einstandspflicht zum Ausgleich der Verluste der mehrgliedrigen GmbH setzt nach dem TBB-Urteil weiterhin voraus, daß das herrschende Unternehmen die Konzernleitungsmacht in einer Weise ausübt, die keine angemessene Rücksicht auf eigene Belange der GmbH nimmt, ohne daß sich der insgesamt zugefügte Nachteil durch Einzelausgleich kompensieren läßt. Die Formel ist Ausdruck einer Haftung für treuwidriges Verhalten. Das herrschende Unternehmen hat für erkennbar nachteilige Einflußnahmen einzustehen. Abzustellen ist auf den Zeitpunkt der Einwirkung. Die Verwendung des Wortes "Nachteil" bedeutet nicht, daß der BGH Anleihen bei den §§ 311 ff. AktG vorgenommen hat. Verlustausgleich und Konzernaußenhaftung kommen auf der Basis des TBB-Urteils anstelle des Einzelausgleichs in Betracht, wenn das Vorgehen des herrschenden Unternehmens einen Nachteil verursacht hat, der auf dem Wege des Einzelausgleichs nicht ausgeglichen werden kann. Die Rechtsfolgen kommen nicht in Betracht, wenn schon ein Schadenseintritt als Folge pflichtwidriger Einflußnahme nicht zu belegen ist. Ob eine pflichtwidrige Einflußnahme zum Nachteil der mehrgliedrigen GmbH dann zum Verlustausgleich anstelle von Schadensersatz führt, wenn die Bildung einer gebotenen Rückstellung unterblieben ist, läßt sich ohne Einbeziehung der Einmann-GmbH nicht beantworten. Der nachteilige Charakter einer Einwirkung ist erkennbar, wenn er bei Anwendung der Sorgfalt des ordentlichen Geschäftsmanns im Zeitpunkt der Einflußnahme vorhersehbar war. Verschulden ist entbehrlich.

12. Der BGH erblickt im TBB-Urteil ein Gesellschaftsinteresse der eingliedrigen GmbH darin, daß sie so geführt werden muß, daß sie ihren Verbindlichkeiten nachkommen kann. Nach Ansicht des BGH obliegt dem Alleingesellschafter gleichwohl keine Treubindung gegenüber der GmbH. Nicht endgültig festgelegt hat sich der BGH darin, ob das bezüglich des existenzgefährdenden Eingriffs anders ist. Die §§ 30, 31 GmbHG erfassen die Entstehung oder Vertiefung einer Unterbilanz oder Überschuldung. Das Vorliegen einer Unterbilanz ist in allen Fällen anhand einer Bilanz zu fortgeführten Buchwerten zu ermitteln. Zur Ermittlung einer Überschuldung ist ein Vermögensstatus mit Bilanzansätzen zu Verkehrs- bzw. Liquidationswerten zu erstellen. Für die Zwecke des § 30 GmbHG kommt es nicht auf eine negative Fortbestehensprognose an. Voraussetzung für einen Anspruch nach § 31 Abs. 1 GmbHG ist eine faßbare Vermögensmehrung beim Gesellschafter. Der Entzug betriebsnotwendigen Vermögens wird von § 30 GmbHG nur bei Vorliegen der vorgenannten Voraussetzungen erfaßt. Das Gesellschaftsinteresse für die Einmann-GmbH aus dem TBB-Urteil übersteigt den durch § 30 GmbHG vermittelten Schutz. Erfaßt ist neben der Überschuldung auch die Zahlungsunfähigkeit. Die faßbare Vermögensmehrung ist entbehrlich. Das Gesellschaftsinteresse kann als Bestandsinteresse bezeichnet werden. Eine Pflicht, bestandsverletzende Eingriffe zu unterlassen, besteht nicht, solange keine diesbezügliche Treubindung anerkannt wird. Schadensersatz scheidet als Rechtsfolge bei Verletzung des Bestandsinteresses nach der Rechtsprechung aus.

13. Auf der Grundlage der TBB-Entscheidung werden Verlustausgleich und Konzernaußenhaftung im Hinblick auf die Einmann-GmbH eingesetzt, um ein Verhalten des herrschenden Unternehmens zu sanktionieren, das bei Vorhandensein einer Minderheit als treupflichtwidrig einzustufen wäre und Schadensersatzansprüche auslösen würde. Das herrschende Unternehmen wird für ein Verhalten zur Rechenschaft gezogen, für das es weder Schadensersatz noch anderweitig Einzelausgleich schuldet. Der BGH konstruiert dazu eine Hilfsbegründung, um zu rechtfertigen, daß ein konkret ausgleichsfähiger, aber nicht ausgleichspflichtiger Einzeleingriff mit Verlustausgleich oder Außenhaftung sanktioniert werden muß. Sie lautet im TBB-Urteil, daß die gebotene, aber unterbliebene Rückstellung zu einer Unübersichtlichkeit der das Vermögen berührenden Einwirkungen führt. Die Anforderungen an die Unübersichtlichkeit sind gering. Abstrakt hat der BGH die Hilfsbegründung dahin ausformuliert, daß der Kläger Umstände darlegen und beweisen muß, die die Annahme zumindest nahelegen, daß die eigenen Belange der GmbH über bestimmte, konkret ausgleichsfähige Einzeleingriffe hinaus beeinträchtigt worden sind. Verfehlt ist die Annahme, die Aussage enthalte Erleichterungen der Darlegungs- und Beweislast. Sie umschreibt die materiellen Voraussetzungen der Konzernhaftung in der Einmann-GmbH: Sanktioniert werden Einflußnahmen, die einzelausgleichsfähig und für einen Schadenseintritt ursächlich, aber nicht ausgleichspflichtig sind.

14. Die Schadensersatzpflicht des herrschenden Unternehmens gegenüber der mehrgliedrigen GmbH bei Verletzung der Treubindung spricht dafür, daß dem BGH die unterlassene Bildung einer Rückstellung noch nicht zur Begründung der Verlustausgleichspflicht gegenüber der mehrgliedrigen GmbH genügt.

15. Das TBB-Urteil ist Ausdruck einer gespaltenen Verhaltenshaftung, nämlich für rechtswidriges und schadensersatzbegründendes Verhalten in der mehrgliedrigen und für nicht schadensersatzpflichtiges Verhalten in der eingliedrigen GmbH. Die Haftungsformel ist auf die Sanktionierung pflichtwidrigen und eine Ersatzpflicht auslösenden Verhaltens zugeschnitten, weil sie die Voraussetzung enthält, daß der GmbH durch fehlende Rücksichtnahme ein Nachteil zugefügt wurde. Hierzu paßt die Ausgestaltung der Haftungsformel für die Einmann-GmbH nicht.

16. Die im Anschluß an das Video-Urteil geführte Verfassungsdiskussion hat sich mit dem TBB-Urteil erledigt.

17. Rechtsfortbildung kommt in Betracht, wenn eine planwidrige Gesetzeslücke vorliegt. Sie darf durch gesetzesimmanente Fortbildung geschlossen werden. Zu ihren Methoden zählt vor allem die Analogiebildung. Dabei wird die Rechtsfolge der Norm auf einen ähnlichen ungeregelten Tatbestand übertragen. Entscheidend ist die Übereinstimmung in den für die rechtliche Bewertung maßgeblichen Gesichtspunkten. Zugrunde zu legen ist die Ratio der Norm. Eine gesetzesübersteigende Fortbildung ist nur in eng begrenzten Ausnahmefällen zulässig.

18. Das Scheitern der großen GmbH-Reform steht einer Fortbildung des GmbH-Rechts, die Regelungen im Bereich verbundener Unternehmen erarbeitet, nicht entgegen.

19. Ein Analogieschluß aus den §§ 683, 670 BGB zur Erfassung qualifiziert faktischer Konzernierung ist weder eine überzeugende noch weiterführende Rechtsfortbildung. Eine Organhaftung des GmbH-Gesellschafters analog § 43 GmbHG ist mit dem GmbH-Recht nicht zu vereinbaren.

20. Der Grund für die gesetzliche Anordnung der Verlustdeckungspflicht im Vertragskonzern gem. § 302 Abs. 1 AktG liegt in der Einräumung der Konzernleitungsmacht. Hierauf baut die Überlegung auf, daß von der Rechtsmacht auch zum Nachteil der Untergesellschaft Gebrauch gemacht werden wird. Deshalb verzichtet § 302 AktG auf den konkreten Nachweis der Einflußnahme und des Ursachenzusammenhangs mit eingetretenen Verlusten. Die Norm ist Ausdruck des Prinzips der Vorab-Sicherung und dient dazu, den Bestand der AG zu schützen. Ausdruck des Bestandsschutzes ist darüber hinaus das Verbot existenzgefährdender Weisungen; sie sind von § 308 AktG nicht gedeckt. Sie verpflichten den anderen Vertragsteil zum Schadensersatz. Anspruchsgrundlage ist die pVV. Der Anspruch kann daneben aus § 309 Abs. 2 AktG i.V.m. § 31 BGB hergeleitet werden. Bei drohender Zahlungsunfähigkeit hat die AG gegen den anderen Vertragsteil einen Anspruch auf Abschlagzahlung auf den zu erwartenden Verlustausgleich. Mit § 302 Abs. 1 AktG wird der Bestand im Interesse der Gesellschaft geschützt. Aufgrund der Ausgestaltung der §§ 311-318 AktG ist die AG auch im Vorfeld des Vertragskonzerns Trägerin des Bestandsinteresses, wobei offenbleiben kann, ob sie selbst geschützt werden soll oder nur zum Schutz ihrer Gläubiger und - falls vorhanden - ihrer außenstehenden Aktionäre geschützt wird.

21. Dem anderen Vertragsteil wird die Konzernleitungsmacht deshalb nicht kostenlos, sondern nur um den Preis der Verlusttragung eingeräumt, weil die AG im Vorfeld des Vertragskonzerns durch die §§ 311-318 AktG gegen bestandsgefährdende Einflußnahmen gesichert ist.

22. Eine Übertragung der Rechtsfolge aus § 302 AktG zugunsten der nicht beherrschungsvertraglich gebundenen GmbH kommt daher nur in Betracht, wenn im Vorfeld des Vertragskonzerns bestandsgefährdendes Verhalten untersagt ist, die gleichwohl auftretende Bestandsgefährdung zur Schadensersatzpflicht führt und sich die Pflicht zum Verlustausgleich weitergehend als verhältnismäßig und erforderlich erweist. In keinem Fall ist ausreichend, daß mit der Analogie ein Verhalten sanktioniert werden soll, für das kein Einzelausgleich geschuldet wird. Ohne Beachtung dieser Voraussetzungen gibt es auch keine Konzernaußenhaftung.

23. Unter Zugrundelegung eines erwerbswirtschaftlichen, ideellen oder gemeinnützigen Gesellschaftszwecks steht den Gesellschaftern nur ein Weg offen, um rechtmäßig die Existenzvernichtung der GmbH auf dem Beschlußweg herbeizuführen, nämlich der Auflösungsbeschluß nach § 60 Abs. 1 Nr. 2 GmbHG. Außerhalb dieses Verfahrens stellt ein Beschluß mit bestandsvernichtender Wirkung einen Satzungsverstoß dar und ist rechtswidrig. Das gilt auch unter Berücksichtigung der Grundsätze zur punktuellen Satzungsdurchbrechung. Bestandsvernichtende Einwirkungen sind auch nicht erlaubt, wenn der Zweck auf das Konzerninteresse ausgerichtet ist. Im Gesellschaftszweck der werbenden GmbH ist der Bestandsschutz eingeschlossen. Der Zweck wird durch das Gesellschaftergesamtinteresse gebildet. Das Bestandsinteresse ist als nicht disponible Basis dieses Interesses vorgegeben. Es bildet den nicht disponiblen Kern des Gesellschaftsinteresses, über das die Gesellschaftergesamtheit der werbenden GmbH nur mittels Auflösungsbeschluß verfügen kann. Die Gesellschafter haben das Bestandsinteresse aufgrund Treubindung gegenüber der juristischen Person uneingeschränkt zu respektieren. Die Treubindung entsteht mit der Eintragung der GmbH im Handelsregister aus dem zur Satzung gewordenen Organisationsvertrag bzw. - bei Einpersonengründung - Organisationsakt. Daß der GmbH-Gesellschafter auf ein Bestandsinteresse der GmbH Rücksicht zu nehmen hat, folgt aus dem Umkehrschluß aus § 60 Abs. 1 Nr. 2 GmbHG. Die Treubindung gegenüber der juristischen Person obliegt dem Gesellschafter aus Gläubigerschutzgesichtspunkten und verpflichtet ihn, alle Einwirkungen zu unterlassen, die geeignet sind, den Bestand zu gefährden. Die Bindung entfällt mit Wirksamwerden des Auflösungsbeschlusses. In diesem Moment endet das Bestandserhaltungsinteresse.

24. Der Auflösungsbeschluß unterliegt keiner materiellen Beschlußkontrolle. Aufgrund der Pflicht zur Rücksichtnahme auf das Bestandsinteresse muß der Gesellschafter alle Maßnahmen unterlassen, die die GmbH in die vorhersehbare Zahlungsunfähigkeit oder Überschuldung führen.

25. Der bestandsgefährdende Beschluß der Gesellschafterversammlung ist entsprechend § 241 Ziff. 3 AktG nichtig.

26. Die bestandsverletzende Einwirkung begründet eine Ersatzpflicht hinsichtlich des adäquat kausal verursachten Schadens. Der zu ersetzende Schaden ist auf den Betrag begrenzt, der zur Befriedigung der Gläubiger erforderlich ist. Eine Einwirkung liegt darin, daß ein Gesellschafter einem bestandsverletzenden Beschluß zustimmt oder den Geschäftsführer zur Durchführung einer bestandsbeeinträchtigenden Maßnahme veranlaßt. Auch im Rahmen der Haftungsbegründung ist Adäquanz erforderlich. Weiterhin sind objektive Pflichtwidrigkeit und Verschulden notwendig. Objektiv pflichtwidrig ist nur die im Zeitpunkt der Einwirkung erkennbare Beeinträchtigung. Die Erkennbarkeit ist anhand des Maßstabs kaufmännischer Sorgfalt zu prüfen. Hinsichtlich des Verschuldens ist § 276 BGB anzuwenden, was Differenzierungen nicht ausschließt. Der Maßstab des § 43 GmbHG gilt nicht im Rahmen der Verschuldensprüfung.

27. Gläubigerin des Anspruchs ist die GmbH. Er kann durch Gesellschafter geltend gemacht werden und ist den Gesellschaftsgläubigern grundsätzlich mit der Forderungspfändung zugänglich. Im Insolvenzverfahren ist ausschließlich der Insolvenzverwalter zur Geltendmachung befugt.

28. Die nicht ordnungsgemäße Buchführung begründet eine Geschäftsführerhaftung. Eine Verantwortlichkeit des Gesellschafters oder des herrschenden Unternehmens kann dann gegeben sein, wenn eigene Bilanzierungsentscheidungen im Rahmen des Feststellungsverfahrens nach § 46 Nr. 1 GmbHG getroffen werden.

29. Die Darlegungs- und Beweislast wird nach Maßgabe der Normentheorie verteilt. Zugunsten des Gesellschaftsgläubigers kann die Abstufung der Darlegungslast in Betracht kommen. Die Beweislastregel des § 93 Abs. 2 S. 2 AktG ist nicht anzuwenden. Die Beweislast für das Nichtvertretenmüssen liegt beim Gesellschafter.

30. Es bedarf im GmbH-Recht nicht des Tatbestands qualifiziert faktischer Konzernierung. Dies deshalb nicht, weil Verlustausgleich und Konzernaußenhaftung auf der Rechtsfolgenseite nach dem Regelungskonzept der §§ 302 f. AktG nicht begründbar sind. Die Entscheidung des Gesetzgebers zugunsten einer pauschalen Vorab-Sicherung in § 302 AktG ist nicht die Folge eines Versagens des Einzelausgleichs im Vertragskonzern. Das belegen die §§ 309 und 310 AktG. Damit kann auch nicht auf Verlustausgleich oder die Konzernaußenhaftung zurückgegriffen werden, falls sich wegen der infolge der Dichte der Einflußnahme des herrschenden Unternehmens unübersichtlich gewordenen Verhältnisse einzelne schädigende Eingriffe nicht mehr isolieren lassen sollten. Das herrschende Unternehmen hat für die Verletzung des Gesellschaftsinteresses durch Leistung von Schadensersatz einzustehen. § 287 ZPO ist anwendbar.

Literaturverzeichnis

(von mehreren Erscheinungsorten wird nur der erstgenannte angegeben)

Adler, H./Düring, W./Schmaltz, K. Rechnungslegung und Prüfung der Unternehmen, 6. Aufl., Stuttgart 1995 ff.; zit.: *A/D/S*

Altmeppen, Holger Abschied vom "qualifiziert faktischen" Konzern, Heidelberg 1991

Altmeppen, Holger Die Haftung des Managers im Konzern, München 1998

Altmeppen, Holger Anmerkung zur Stellungnahme der Bundesregierung zur Verfassungsbeschwerde "Video-Urteil", ZIP 1992, 1668

Altmeppen, Holger Die systematische Einordnung der Rechtsprechung zum qualifiziert faktischen Konzern nach "TBB", DB 1994, 1912

Altmeppen, Holger Anmerkung zu BGH, Urteil vom 13. April 1994, II ZR 16/93, DZWir 1994, 378

Altmeppen, Holger Zur Vermögensbindung in der faktisch abhängigen AG, ZIP 1996, 693

Arbeitskreis GmbH-Reform. Thesen und Vorschläge zur GmbH-Reform, Band 2, Heidelberg 1972

Assmann, Heinz-Dieter Gläubigerschutz im faktischen GmbH-Konzern durch richterliche Rechtsfortbildung, JZ 1986, 928.

Assmann, Heinz-Dieter Der faktische GmbH-Konzern, Festschrift 100 Jahre GmbH-Gesetz, Köln 1992, S. 657; zit.: *Assmann* FS 100 Jahre GmbHG, 1992

Bälz, Ulrich Verbundene Unternehmen, AG 1992, 277

Ballerstedt, Kurt Handels- und gesellschaftsrechtliche Probleme der Organschaft, DB 1956, 813

von Bar, Christian Gleichordnungskonzerne und Kartellverbot, BB 1980, 1185

Barz, Carl Hans Abhängigkeitsausschlußvertrag bei der Aktiengesellschaft, Festschrift für Johannes Bärmann, München 1975, S. 185; zit.: *Barz* FS Bärmann, 1975

Baumbach, Adolf/Hueck, Alfred Aktiengesetz, 13. Aufl., München 1968, ergänzt 1970; zit.: *Baumbach/Hueck*

Baumbach, Adolf/Hueck, Alfred GmbH-Gesetz, 16. Aufl., München 1996; zit.: *Baumbach/Hueck* GmbHG oder *Baumbach/Hueck/Bearbeiter* GmbHG; 15. Aufl., München 1988; zit.: *Baumbach/Hueck/Bearbeiter* GmbHG, 15. Aufl. 1988 *von Becker, Bernhard* Methodologische Probleme des qualifizierten faktischen GmbH-Konzerns, München 1994

Becker, Jörn Das gesellschaftsrechtliche Wettbewerbsverbot in der Einmann-GmbH, Frankfurt/M. 1997

Beck'scher Bilanzkommentar, 3. Aufl., München 1995; zit.: *Bearbeiter,* in: BeckBil-Komm.

Beck'sches Handbuch GmbH, München 1995; zit.: Beck GmbH-Hdb./*Bearbeiter*

Beinert, Stefanie Die Konzernhaftung für die satzungsgemäß abhängig gegründete GmbH, Köln 1995

Beuthien, Volker Art und Grenzen der aktienrechtlichen Haftung herrschender Unternehmen für Leitungsmachtmißbrauch, DB 1969, 1781

Bleckmann, Albert Zu den Auslegungsmethoden des Europäischen Gerichtshofs, NJW 1982, 1177

Bleckmann, Albert ECLR. Probleme der Auslegung europäischer Richtlinien, ZGR 1992, 364

Bollmann, Christian-Friedrich Der Schadenersatzanspruch gemäß § 317 AktG bei Schädigung der abhängigen Eine-Person-AG, Berlin 1995

Bolsenkötter, Heinz Zum aktienrechtlichen Begriff des Unternehmens, DB 1967, 1198

Boujong, Karlheinz Diskussionsbeiträge, 24. Deutscher Notartag, DNotZ-Sonderheft, München 1993, S. 145

Boujong, Karlheinz Legitime richterliche Rechtsfortbildung im Recht des qualifizierten faktischen GmbH-Konzerns, Festschrift für Hans Erich Brandner, Köln 1996, S. 23; zit.: *Boujong* FS Brandner, 1996

Boujong, Karlheinz Das Trennungsprinzip des § 13 Abs. 2 GmbHG und seine Grenzen in der neueren Judikatur des Bundesgerichtshofes, Festschrift für Walter Odersky, Berlin 1996, S. 739; zit.: *Boujong* FS Odersky, 1996

Brachvogel, Gerrit Leitungsmacht und Verantwortlichkeit im Konzern, München 1967

Buchner, Herbert/Weigl, Gerald Die Haftung im qualifizierten faktischen Konzern, DNotZ 1994, 580

Bundesministerium der Justiz (Hrsg.). Referentenentwurf eines Gesetzes über Gesellschaften mit beschränkter Haftung, Köln-Marienburg 1969

Bundesministerium der Justiz (Hrsg.). Bericht über die Verhandlungen der Unternehmensrechtskommission, Köln 1980; zit.: Unternehmensrechtskommission, 1980

Bundesregierung. Verfassungsbeschwerde "Video-Urteil", Stellungnahme, ZIP 1992, 1664

Burgard, Ulrich Die Tatbestandsmerkmale des qualifizierten faktischen GmbH-Konzerns und ihre Konkretisierung nach "TBB", WM 1993, 925

Bydlinski, Franz Juristische Methodenlehre und Rechtsbegriff, 2. Aufl., Wien 1991

Canaris, Claus-Wilhelm Die Feststellung von Lücken im Gesetz, 2. Aufl., Berlin 1983

Cahn, Andreas Kapitalerhaltung im Konzern, Köln 1998

Dehmer, Hans/Hettler, Stephan Haftungsfalle GmbH, Freiburg i. Br. 1993

Deilmann, Barbara Die Entstehung des qualifizierten faktischen Konzerns, Berlin 1990

Dettling, Heinz-Uwe Die Entstehungsgeschichte des Konzernrechts im Aktiengesetz von 1965, Tübingen 1997

Deutsch, Erwin Allgemeines Haftungsrecht, 2. Aufl., Köln 1996

Deutsch, Erwin Anmerkung zu BGH, Urteil vom 3.2.1967, VI ZR 115/65, JZ 1967, 641

Dierdorf, Josef Herrschaft und Abhängigkeit einer Aktiengesellschaft auf schuldvertraglicher und tatsächlicher Grundlage, Köln 1977

Drax, Manfred Durchgriffs- und Konzernhaftung der GmbH-Gesellschafter, München 1992

Drüke, Heiner Die Haftung der Muttergesellschaft für Schulden der Tochtergesellschaft, Köln 1990

Druey, Nicolas Zentralisierter und dezentralisierter Konzern - ist die Differenzierung rechtlich wünschbar und realisierbar?, Das St. Galler Konzernrechtsgespräch, Bern 1988, S. 89

Drygala, Tim Konzernhaftung und Einmann-Richtlinie, ZIP 1992, 1528

Drygala, Tim Verhaltenshaftung im faktischen GmbH-Konzern, GmbHR 1993, 317

Dubischar, Roland Grundsätze der Beweislastverteilung im Zivil- und Verwaltungsprozeß, JuS 1971, 385

Ebenroth, Carsten Thomas/Wilken, Oliver Beweislast und Gesellschafterhaftung im qualifizierten faktischen GmbH-Konzern, ZIP 1993, 558

Ehlke, Michael Konzerninduzierter Haftungsdurchgriff auf den GmbH-Gesellschafter?, DB 1986, 523

Emmerich, Volker Das GmbH-Konzernrecht (II), AG 1975, 285

Emmerich, Volker Nachlese zum Autokran-Urteil des BGH zum GmbH-Konzernrecht, GmbHR 1987, 213

Emmerich, Volker/Habersack, Mathias Aktienkonzernrecht, München 1998

Emmerich, Volker/Sonnenschein, Jürgen Konzernrecht, 6. Aufl., München 1997; 5. Aufl., München 1993; 3. Aufl., München 1989

Ensthaler, Jürgen/Kreher, Markus Verlustausgleichspflicht im qualifizierten faktischen GmbH-Konzern, BB 1995, 1422

Fillmann, Andreas Treupflichten der Aktionäre, Frankfurt/M. 1991

Fischer, Robert/Lutter, Marcus/Hommelhoff, Peter GmbH-Gesetz, 13. Aufl., Köln 1991; zit.: *Fischer/Lutter/Hommelhoff* GmbHG

Fleck, Hans-Joachim Mißbrauch der Vertretungsmacht oder Treubruch des mit Einverständnis aller Gesellschafter handelnden GmbH-Geschäftsführers aus zivilrechtlicher Sicht, ZGR 1990, 31

Fleck, Hans-Joachim Der Grundsatz der Kapitalerhaltung - seine Ausweitung und seine Grenzen, Festschrift 100 Jahre GmbH-Gesetz, Köln 1992, S. 391; zit.: *Fleck* FS 100 Jahre GmbHG, 1992

Flume, Werner Allgemeiner Teil des Bürgerlichen Rechts, Band I 2: Die juristische Person, Berlin 1983; zit.: *Flume* Die juristische Person

Flume, Werner Das Video-Urteil und das GmbH-Recht, DB 1992, 25

Flume, Werner Das Video-Urteil als eine Entscheidung des II. Senats des BGH aus dessen Selbstverständnis der Innehabung gesetzgeberischer Gewalt, ZIP 1992, 817

Gätsch, Andreas Gläubigerschutz im qualifizierten faktischen GmbH-Konzern, Berlin 1997

Geiger, Rudolf EG-Vertrag, 2. Aufl., München 1995; zit.: *Geiger* EGV

Geitzhaus, Georg Verlustausgleichspflicht als Motor der Konzernplanung, GmbHR 1989, 397

Geßler, Ernst Das "Unternehmen" im Aktiengesetz, Festschrift für Alexander Knur, München 1972, S. 145; zit.: *Geßler* FS Knur, 1972

Geßler, Ernst Neue Vorschläge zum GmbH-Konzernrecht, DB 1973, 48

Geßler, Ernst Leitungsmacht und Verantwortlichkeit im faktischen Konzern, Festschrift für Harry Westermann, Karlsruhe 1974, S. 145; zit.: *Geßler* FS Westermann, 1974

Geßler, Ernst Bestandsschutz der beherrschten Gesellschaft im Vertragskonzern?, ZHR 140 (1976), 433

Geßler, Ernst Mitbestimmung im mehrstufigen Konzern, BB 1977, 1313

Geßler, Ernst Atypische Beherrschungsverträge, Festschrift für Günther Beitzke, Berlin 1979, S. 923; zit.: *Geßler* FS Beitzke, 1979

Geßler, Ernst/Hefermehl, Wolfgang/Eckardt, Ulrich/Kropff, Bruno Aktiengesetz. Kommentar, München 1973 ff.; zit.: *Bearbeiter*, in: Geßler/Hefermehl

von Godin, R./Wilhelmi, Hans Aktiengesetz. Kommentar, 4. Aufl., Berlin 1971; zit.: *v. Godin/Wilhelmi*

Goette, Wulf Die GmbH nach der BGH-Rechtsprechung, München 1997

Goette, Wulf Anmerkung zu BGH, Urteil vom 13.12.1993, II ZR 89/93, DStR 1994, 180

Goette, Wulf Anmerkung zu BGH, Urteil vom 19.9.1994, II ZR 237/93, DStR 1994, 1818

Goette, Wulf Anmerkung zu BGH, Urteil vom 27.3.1995, II ZR 136/94, DStR 1995, 991

Goette, Wulf Zur Verteilung der Darlegungs- und Beweislast der objektiven Pflichtwidrigkeit bei der Organhaftung, ZGR 1995, 648

Goette, Wulf Anmerkung zu BGH, Urteil vom 12.2.1996, II ZR 279/94, DStR 1996, 840

Goette, Wulf Der Stand der höchstrichterlichen Rechtsprechung zur Kapitalerhaltung und zum Rückgewährverbot im GmbH-Recht, DStR 1997, 1495

Goette, Wulf Anmerkung zu BGH, Beschluß vom 3.11.1997, II ZR 328/96, DStR 1997, 1937

Gottwald, Peter Schadenszurechnung und Schadensschätzung, München 1979

Gottwald, Peter Zur Wahrung von Geschäftsgeheimnissen im Zivilprozeß, BB 1979, 1780

Grabitz, Eberhard/Hilf, Meinhard Kommentar zur Europäischen Union, Loseblatt, München, Stand: 7/1997; zit.: *Bearbeiter*, in: Grabitz/Hilf KEU

Grauer, Wolfram Konzernbildungskontrolle im GmbH-Recht, Konstanz 1991

Greiffenhagen, Ulrich Fragen zu Funktion und Nachweis des Rechnungswesens im Zusammenhang mit dem Haftungsdurchgriff im qualifizierten faktischen (GmbH)-Konzern nach dem "TBB"-Urteil des BGH, WPg 1993, 525

von der Groeben, Hans/v. Boeckh, Hans/Thiesing, Jochen/Ehlermann, Claus-Dieter Kommentar zum EWG-Vertrag, 3. Aufl., Baden-Baden 1983; zit.: *Bearbeiter*, in: v. d. Groeben/v. Boeckh EWGV

Großkommentar Aktiengesetz, 4. Aufl., Berlin 1992 ff. (soweit noch nicht erschienen: 3. Aufl., Berlin 1970 ff.); zit.: *Bearbeiter*, in: Großkomm. AktG

Großkommentar Handelsgesetzbuch, 4. Aufl., Berlin 1982 ff.; 3. Aufl., Berlin 1967 ff.; zit.: *Bearbeiter*, in: Großkomm. HGB

Haas, Ulrich Geschäftsführerhaftung und Gläubigerschutz, München 1997

Habersack, Mathias Die Mitgliedschaft - subjektives und "sonstiges" Recht, Tübingen 1996

Habersack, Mathias Unwirksamkeit "zustandsbegründender" Durchbrechungen der GmbH-Satzung sowie darauf gerichteter schuldrechtlicher Nebenabreden, ZGR 1994, 354

Habersack, Mathias Die Aktionärsklage - Grundlagen, Grenzen und Anwendungsfälle, DStR 1998, 533

Hachenburg, Max Gesetz betreffend die Gesellschaften mit beschränkter Haftung. Großkommentar, 8. Aufl., Berlin 1989 ff.; 6. Aufl., Berlin 1956 ff.; zit.: *Bearbeiter*, in: Hachenburg GmbHG

Hadding, Walter Zur Einzelklagebefugnis des Gesellschafters einer GmbH nach deutschem und österreichischem Recht, GesRZ 1984, 32

Haesen, Wilfried Der Abhängigkeitsbericht im faktischen Konzern, Köln 1970

Häuser, Franz Unbestimmte Maßstäbe als Begründungselement richterlicher Entscheidung, Berlin 1981

Hamburger, Georg M. Schuldenhaftung für Konzerngesellschaften, Bensheim 1932

Havermann, Hans Die verbundenen Unternehmen und ihre Pflichten nach dem Aktiengesetz 1965, WPg 1966, 30

Heerma, Jan Dirk Mantelverwendung und Kapitalaufbringungspflichten, Köln 1997

Heil, Christof Akteneinsicht und Auskunft im Konkurs, Stuttgart 1995

Hennrichs, Joachim Treupflichten im Aktienrecht, AcP 195 (1995), 221

Henze, Hartwig Höchstrichterliche Rechtsprechung zum Aktienrecht, 3. Aufl., Köln 1997; zit.: *Henze* Aktienrecht

Henze, Hartwig Handbuch zum GmbH-Recht, 2. Aufl., Köln 1997; zit.: *Henze* Hdb. GmbH

Henze, Hartwig Zur Treupflicht unter Aktionären, Festschrift für Alfred Kellermann, Berlin 1991, S. 141; zit.: *Henze* FS Kellermann, 1991

Henze, Hartwig Die Treupflicht im Aktienrecht, BB 1996, 489

Hirte, Heribert Die Zwölfte EG-Richtlinie als Baustein eines Europäischen Konzernrechts, ZIP 1992, 1122

Hirte, Heribert Der qualifizierte faktische Konzern - Stand und Perspektiven, RWS-Dokumentation 12, Köln 1992, S. 1; zit.: *Hirte* RWS-Dokumentation 12/I, 1992

Hirte, Heribert Der qualifizierte faktische Konzern - Eine Standortbestimmung nach dem "TBB"-Urteil des Bundesgerichtshofs, RWS-Dokumentation 12, Fortsetzungsband, Köln 1993, S. 1; zit.: *Hirte* RWS-Dokumentation 12/II, 1993

Hoffmann-Becking, Michael Der qualifizierte faktische AG-Konzern - Tatbestand und Abwehransprüche -, ZHR-Beiheft 62, Heidelberg 1989, S. 68

Hoffmann-Becking, Michael Empfiehlt es sich, das Recht faktischer Unternehmensverbindungen - auch im Hinblick auf das Recht anderer EG-Staaten - neu zu regeln?, Sitzungsbericht R zum 59. DJT, München 1992

Hommelhoff, Peter Die Konzernleitungspflicht, Köln 1982

Hommelhoff, Peter Der Verlustausgleich im Mehrmütter-Vertragskonzern, Festschrift für Reinhard Goerdeler, Düsseldorf 1987, S. 221; zit.: *Hommelhoff* FS Goerdeler, 1987

Hommelhoff, Peter Konzernpraxis nach "Video", DB 1992, 309

Hommelhoff, Peter Empfiehlt es sich, das Recht faktischer Unternehmensverbindungen - auch im Hinblick auf das Recht anderer EG-Staaten - neu zu regeln?, Gutachten G zum 59. DJT, München 1992

Hommelhoff, Peter Die qualifizierte faktische Unternehmensverbindung: ihre Tatbestandsmerkmale nach dem TBB-Urteil und deren rechtsdogmatisches Fundament, ZGR 1994, 395

Hueck, Alfred Der Treuegedanke im modernen Privatrecht, München 1947

Hueck, Alfred Zur Frage der Rechtswirksamkeit der Organschaftsverträge, DB 1959, 223

Hüffer, Uwe Aktiengesetz, 3. Aufl., München 1997; zit.: *Hüffer* AktG

Hüffer, Uwe Gesellschaftsrecht, 4. Aufl., München 1996

Hüffer, Uwe Zur Darlegungs- und Beweislast bei der aktienrechtlichen Anfechtungsklage, Festschrift für Hans-Joachim Fleck, Berlin 1988, S. 151; zit.: *Hüffer* FS Fleck, 1988

Hüffer, Uwe Rezension von Martin Winter, Mitgliedschaftliche Treubindungen im GmbH-Recht, ZHR 153 (1989), 85

Hüffer, Uwe Zur gesellschaftsrechtlichen Treupflicht als richterrechtlicher Generalklausel, Festschrift für Ernst Steindorff, Berlin 1990, S. 59; zit.: *Hüffer* FS Steindorff, 1990

Ihde, Jens Der faktische GmbH-Konzern, Heidelberg 1974

Immenga, Ulrich Die personalistische Kapitalgesellschaft, Bad Homburg 1970

Immenga, Ulrich Bestandsschutz der beherrschten Gesellschaft im Vertragskonzern?, ZHR 140 (1976), 301

Jaeger, Ernst Kommentar zur Konkursordnung, 9. Aufl., Berlin 1977 ff.; zit.: *Jaeger/Bearbeiter* KO

Jänich, Volker M. Der praktische Fall - Gesellschaftsrecht: Ein Autohändler auf Abwegen, JuS 1997, 720

Janberg, Hans/Schlaus, Wilhelm Abstimmungsverträge nach neuem Aktienrecht unter Berücksichtigung des Rechts der verbundenen Unternehmen, AG 1967, 33

Jansen, Christina Konzernbildungskontrolle im faktischen GmbH-Konzern, Münster 1993

Kilger, Joachim/Schmidt Karsten Kommentar zu den Insolvenzgesetzen KO/VglO/GesO, 17. Aufl., München 1997; zit.: *Kilger/K. Schmidt*

Kindler, Peter Gläubigerschutz im qualifizierten faktischen Einmann-GmbH-Konzern - BGH, NJW 1991, 3142 ("Video"), JuS 1992, 636

Kindler, Peter Gemeinschaftsrechtliche Grenzen der Konzernhaftung in der Einmann-GmbH, ZHR 157 (1993), 1

Kindler, Peter Karlsruhe und das Europäische Gesellschaftsrecht - Kritisches zur Nichtannahme der Verfassungsbeschwerde gegen das Video-Urteil, NJW 1993, 3120

Kleindiek, Detlef Strukturvielfalt im Personengesellschafts-Konzern, Köln 1991

Kleindiek, Detlef Strukturkonzepte für den qualifizierten faktischen GmbH-Konzern, ZIP 1991, 1330

Kleindiek, Detlef Haftung, freie Beweiswürdigung und Beweiserleichterung im qualifizierten faktischen GmbH-Konzern, GmbHR 1992, 574

Kleindiek, Detlef Kurskorrektur im GmbH-Konzernrecht, DZWir 1993, 177

Kleinert, Detlef Das GmbH-Recht in der Rechtsprechung des BGH, Festschrift für Herbert Helmrich, München 1994, S. 667; zit.: *Kleinert* FS Helmrich, 1994

Knobbe-Keuk, Brigitte Zum Erdbeben "Video", DB 1992, 1461

Kölner Kommentar. Aktiengesetz, 2. Aufl., Köln 1986 ff. (soweit noch nicht erschienen: 1. Aufl. 1970 ff.); zit.: *Bearbeiter*, in: Kölner Komm.

Konzen, Horst Geschäftsführung, Weisungsrecht und Verantwortlichkeit in der GmbH und GmbH & Co KG, NJW 1989, 2977

Koppensteiner, Hans-Georg Unternehmergemeinschaften im Konzerngesellschaftsrecht, ZHR 131 (1968), 289

Koppensteiner, Hans-Georg Zur Anwendung konzerngesellschaftlicher Normen auf die Bundesrepublik, ZGR 1979, 91

Koppensteiner, Hans-Georg Über die Verlustausgleichspflicht im qualifizierten AG-Konzern, ZHR-Beiheft 62, Heidelberg 1989, S. 87

Kort, Michael Der Abschluß von Beherrschungs- und Gewinnabführungsverträgen im GmbH- Recht, Köln 1986

Kort, Michael Der private Großaktionär als Unternehmen?, DB 1986, 1909

Kowalski, André "TBB" - Rückkehr zu "Autokran"?, GmbHR 1993, 253

Krebs, Peter Geschäftsführungshaftung bei der GmbH & Co. KG und das Prinzip der Haftung für sorgfaltswidrige Leitung, Baden-Baden 1991

Krieger, Gerd Der Tatbestand des qualifizierten faktischen Konzerns, in: Heidelberger Konzernrechtstage, Köln 1992, S. 41

Krieger, Gerd Kann die Praxis mit TBB leben?, ZGR 1994, 375

Kronstein, Heinrich Die abhängige juristische Person, München 1931

Kropff, Bruno Aktiengesetz. Textausgabe des Aktiengesetzes vom 6.9.1965 mit Begründung des Regierungsentwurfs und Bericht des Rechtsausschusses des Deutschen Bundestags, Düsseldorf 1965; zit.: RegBegr. bei *Kropff* bzw. AusschußB. bei *Kropff*

Kropff, Bruno Konzernrechtliche Vorschriften im Referentenentwurf eines Aktiengesetzes, NJW 1959, 173

Kropff, Bruno Das Konzernrecht des Aktiengesetzes 1965, BB 1965, 1281

Kropff, Bruno Der "faktische Konzern" als Rechtsverhältnis, DB 1967, 2147

Kropff, Bruno Zur Konzernleitungspflicht, ZGR 1984, 112

Kropff, Bruno Konzerneingangskontrolle bei der qualifiziert konzerngebundenen Aktiengesellschaft, Festschrift für Reinhard Goerdeler, Düsseldorf 1987, S. 259; zit.: *Kropff* FS Goerdeler, 1987

Kropff, Bruno Benachteiligungsverbot und Nachteilsausgleich im faktischen Konzern, Festschrift für Walther Kastner, Wien 1992, S. 279; zit.: *Kropff* FS Kastner, 1992

Kropff, Bruno Der GmbH-Beherrschungsvertrag: Voraussetzung für den Vorrang von Konzerninteressen?, Festschrift für Johannes Semler, Berlin 1993, S. 517; zit.: *Kropff* FS Semler, 1993

Kropff, Bruno Das TBB-Urteil und das Aktienkonzernrecht, AG 1993, 485

Kuhn, Georg/Uhlenbruck, Wilhelm Kommentar zur Konkursordnung, 11. Aufl., München 1994; zit.: *Kuhn/Uhlenbruck* KO

Lange, Hermann Schadensersatz, 2. Aufl., Tübingen 1990

Larenz, Karl/Canaris, Claus-Wilhelm Methodenlehre der Rechtswissenschaft, 3. Aufl., Berlin 1995

Lehmann, Jürgen Der qualifizierte faktische Konzern - ein Phantom?, Festschrift für Karl Beusch, Berlin 1993, S. 479; zit.: *Lehmann* FS Beusch, 1993

Leo, Hans-Christoph Die Einmann-AG und das neue Konzernrecht, AG 1965, 352

Liebscher, Thomas Konzernbildungskontrolle, Berlin 1995

Limmer, Peter Die Haftungsverfassung des faktischen GmbH-Konzerns, Köln 1992

Limmer, Peter Der qualifizierte faktische GmbH-Konzern nach "TBB" - Analyse und Folgerungen für die Praxis, DStR 1993, 765

Löffler, Joachim Die abhängige Personengesellschaft, Heidelberg 1988

Lorenz, Werner Anmerkung zu BGH, Urteil vom 8.1.1963, VI ZR 80/62, JZ 1964, 179

Luchterhandt, Hans-Friedrich Der Begriff "Unternehmen" im Aktiengesetz 1965, ZHR 132 (1969), 149

Luchterhandt, Hans Friedrich Leitungsmacht und Verantwortlichkeit im faktischen Konzern, ZHR 133 (1970), 1

Lutter, Marcus Europäisches Unternehmensrecht, 4. Aufl., Berlin 1996

Lutter, Marcus (Hrsg.) Holding-Handbuch, 3. Aufl., Köln 1998; zit.: *Bearbeiter* Holding-Handbuch

Lutter, Marcus Theorie der Mitgliedschaft, AcP 180 (1980), 84

Lutter, Marcus Die zivilrechtliche Haftung in der Unternehmensgruppe, ZGR 1982, 244

Lutter, Marcus Die Haftung des herrschenden Unternehmens im GmbH-Konzern, ZIP 1985, 1425

Lutter, Marcus Das System des deutschen GmbH-Konzernrechts, ZGR-Sonderheft 6, Berlin 1986, S. 192

Lutter, Marcus 100 Bände BGHZ: Konzernrecht, ZHR 151 (1987), 444

Lutter, Marcus Die Treupflicht des Aktionärs, ZHR 153 (1989), 446

Lutter, Marcus Der qualifizierte faktische Konzern, AG 1990, 179

Lutter, Marcus Vermögensveräußerungen einer abhängigen Aktiengesellschaft, Festschrift für Ernst Steindorff, Berlin 1990, S. 125; zit.: *Lutter* FS Steindorff, 1990

Lutter, Marcus Natürliche Personen als Einmann-Konzernspitze, in: Heidelberger Konzernrechtstage, Köln 1992, S. 183

Lutter, Marcus Anmerkung zu BGH, Urteil vom 29.3.1993, II ZR 265/91, JZ 1993, 580

Lutter, Marcus Gefahren persönlicher Haftung für Gesellschafter und Geschäftsführer einer GmbH, DB 1994, 129

Lutter, Marcus Das Girmes-Urteil, JZ 1995, 1053

Lutter, Marcus/Hommelhoff, Peter GmbH-Gesetz, 14. Aufl., Köln 1995; zit.: *Lutter/Hommelhoff* GmbHG

Lutter, Marcus/Timm, Wolfram Zum VEBA/Gelsenberg-Urteil des Bundesgerichtshofs, BB 1978, 836

Lwowski, Hans-Jürgen/Groeschke, Peer Die Konzernhaftung der §§ 302, 303 AktG als atypische Sicherheit?, WM 1994, 613

Martens, Klaus-Peter Mehrheits- und Konzernherrschaft in der personalistischen GmbH, Köln 1970

Martens, Klaus-Peter Der Ausschluß des Bezugsrechts: BGHZ 33, S. 175, Festschrift für Robert Fischer, Berlin 1979, S. 437; zit.: *Martens* FS Fischer, 1979

Martens, Klaus-Peter Die GmbH und der Minderheitenschutz, GmbHR 1984, 265

Maul, Silja Bericht über die Diskussion, in: Heidelberger Konzernrechtstage, Köln 1992, S. 61; zit.: Diskussionsbericht, Heidelberger Konzernrechtstage

Meilicke, Wienand Unvereinbarkeit der Video-Rechtsprechung mit EG-Recht, DB 1992, 1867

Mertens, Hans-Joachim Die Haftung wegen Mißbrauchs der Leitungsmacht nach § 309 AktG aus schadensersatzrechtlicher Sicht, AcP 168 (1968), 225

Mertens, Hans-Joachim Deliktsrecht und Sonderprivatrecht - Zur Rechtsfortbildung des deliktischen Schutzes von Vermögensinteressen, AcP 178 (1978), 227

Mertens, Hans-Joachim Die Geschäftsführungshaftung in der GmbH und das ITT-Urteil, Festschrift für Robert Fischer, Berlin 1979, S. 461; zit.: *Mertens* FS Fischer, 1979

Mertens, Hans-Joachim/Cahn, Andreas Wettbewerbsverbot und verdeckte Gewinnausschüttung im GmbH-Konzern, Festschrift für Theodor Heinsius, Berlin 1991, S. 545; zit.: *Mertens/Cahn* FS Heinsius, 1991

Mestmäcker, Ernst Joachim Zur Systematik des Rechts der verbundenen Unternehmen im neuen Aktiengesetz, Festgabe für Heinrich Kronstein, Karlsruhe 1967, S. 129; zit.: *Mestmäcker* FG Kronstein, 1967

Michalski, Lutz/Zeidler, Finn Die Ausgleichshaftung im qualifiziert faktischen Konzern - eine Analyse für die Praxis, NJW 1996, 224

Möhring, Ludwig Schutz der Gläubiger einer konzernabhängigen GmbH, Berlin 1992

Möhring, Philipp Die gesetzliche Regelung der Unternehmensverbindungen im neuen Aktiengesetz, NJW 1967, 1

Möhring, Philipp Zur Systematik der §§ 311, 317 AktG, Festschrift für Wolfgang Schilling, Berlin 1973, S. 253; zit.: *Möhring* FS Schilling, 1973

Mülbert, Peter O. Aktiengesellschaft, Unternehmensgruppe und Kapitalmarkt, München 1995

Müller, Welf Ist nach dem TBB-Urteil des Bundesgerichtshofs eine Verlustübernahmeverpflichtung im qualifiziert faktischen Konzern noch begründbar?, Festschrift für Heinz Rowedder, München 1994, S. 277; zit.: *W. Müller* FS Rowedder, 1994

Münchener Handbuch. Gesellschaftsrecht, Band 3: Gesellschaft mit beschränkter Haftung, München 1996; zit.: *Bearbeiter*, in: MünchHdb GmbH; Band 4: Aktiengesellschaft, München 1988; zit.: *Bearbeiter*, in: MünchHdb AG

Münchener Kommentar. Bürgerliches Gesetzbuch, 3. Aufl., München 1992 ff.; zit.: *Bearbeiter*, in: MünchKomm BGB

Münchener Kommentar. Zivilprozeßordnung, München 1992; zit.: *Bearbeiter*, in: MünchKomm ZPO

Musielak, Hans-Joachim Beweislastverteilung nach Gefahrenbereichen. Eine kritische Betrachtung der Gefahrenkreistheorie des Bundesgerichtshofs, AcP 176 (1976), 465

Neuhaus, Jürgen R. Die zivilrechtliche Organhaftung des Vorstandes einer beherrschten Aktiengesellschaft im sogenannten "faktischen Konzern" und im Vertragskonzern, Bochum 1969

Nissing, Karin Eigeninteresse der Gesellschaft oder Liquidation auf kaltem Wege?, Baden-Baden 1993

Noack, Ulrich Gesellschaftervereinbarungen bei Kapitalgesellschaften, Tübingen 1994

Palandt, Otto Bürgerliches Gesetzbuch, 57. Aufl., München 1998; zit.: *Palandt/Bearbeiter* BGB

Paschke, Marian Rechtsfragen der Durchgriffsproblematik im mehrstufigen Unternehmensverbund, AG 1988, 196

Pawlowski, Hans-Martin Methodenlehre für Juristen, 2. Aufl., Heidelberg 1991

Pentz, Andreas Die Rechtsstellung der Enkel-AG in einer mehrstufigen Unternehmensverbindung, Frankfurt/M. 1994

Peters, Klaus/Werner, Horst S. Banken als herrschende Unternehmen?, AG 1978, 297

Priester, Hans-Joachim Satzungsänderung und Satzungsdurchbrechung, ZHR 151 (1987), 40

Priester, Hans-Joachim Liquiditätsausstattung der abhängigen Gesellschaft und unterjährige Verlustdeckung bei Unternehmensverträgen, ZIP 1989, 1301

Priester, Hans-Joachim Die eigene GmbH als fremder Dritter - Eigensphäre der Gesellschaft und Verhaltenspflichten ihrer Gesellschafter, ZGR 1993, 512

Prühs, Hagen Grundprobleme der aktienrechtlichen Abhängigkeit im Spiegel der neuen Literatur, AG 1972, 308

Raape, Leo Die Beweislast bei positiver Vertragsverletzung, AcP 147 (1941), 217

Raisch, Peter Zu den grundsätzlichen Aufgaben der Rechtswissenschaft gegenüber dem neuen Aktiengesetz, JZ 1966, 549

Raiser, Thomas Konzernverflechtungen unter Einschluß öffentlicher Unternehmen, ZGR 1996, 458

Rasch, Harold Deutsches Konzernrecht, 5. Aufl., Köln 1974; 2. Aufl., Köln 1955

Rasch, Harold Daimler-Benz ist nicht "abhängig", BB 1977, 412

Rasch, Harold Sperrminoritäten in Bankbesitz als Grundlage einer "Abhängigkeit" nach § 17 AktG?, AG 1979, 49

Rehbinder, Eckard Konzernaußenrecht und allgemeines Privatrecht, Bad Homburg 1969

Rehbinder, Eckard Treuepflichten im GmbH-Konzern, ZGR 1976, 386

Reiners, Stephan Beurteilung der wirtschaftlichen Lage der konzernabhängigen Gesellschaft in der betrieblichen Altersversorgung, DB 1994, 678

Reuter, Dieter Die Personengesellschaft als abhängiges Unternehmen, ZHR 146 (1982), 1

Rittner, Fritz Die Beteiligung als Grund der Abhängigkeit einer Aktiengesellschaft, DB 1976, 1465

Röhricht, Volker Das Wettbewerbsverbot des Gesellschafters und des Geschäftsführers, WPg 1992, 766

Rogge, Clemens Die Haftung im qualifizierten faktischen GmbH-Konzern und ihre Vermeidung, Frankfurt/M. 1998

Rosenberg, Leo Die Beweislast, 5. Aufl., München 1965

Rosenberg, Leo/Schwab, Karl Heinz/Gottwald, Peter Zivilprozeßrecht, 15. Aufl., München 1993; zit.: *Rosenberg/Schwab/Gottwald* Zivilprozeßrecht

Roth, Günter H. Unterkapitalisierung und persönliche Haftung, ZGR 1993, 170

Roth, Günter H./Altmeppen, Holger Gesetz betreffend die Gesellschaften mit beschränkter Haftung. Kommentar, 3. Aufl., München 1997; zit.: *Roth/Altmeppen* GmbHG

Roth, Wulf-Henning "Video"-Nachlese oder das (immer noch) vergessene Gemeinschaftsrecht, ZIP 1992, 1054

Rowedder, Heinz Bestandsschutz im faktischen GmbH-Konzern, ZGR-Sonderheft 6, Berlin 1986, S. 20

Rowedder, Heinz u.a. Gesetz betreffend die Gesellschaften mit beschränkter Haftung. Kommentar, 3. Aufl., München 1997; zit.: *Rowedder* GmbHG oder *Rowedder/Bearbeiter* GmbHG

Ruwe, Wolfgang Kein Minderheitenschutz im GmbH-Konzernrecht?, AG 1980, 21

Ruwe, Wolfgang Die BGB-Gesellschaft als Unternehmen im Sinne des Aktienkonzernrechts, DB 1988, 2037

Schäfer, Dietrich Wann ist der Großaktionär Unternehmer?, NJW 1967, 1741

Schäffer, Fritz Die Aktienrechtsreform und ihre Probleme, BB 1958, 1253

Schatz, Stefan Die Sicherung des Gesellschaftsvermögens und der Gläubigerinteressen im deutschen Konzernrecht, Göttingen 1980

Schießl, Maximilian Die beherrschte Personengesellschaft, Köln 1985

Schmidt, Karsten Einhundert Jahre Verbandstheorie im Privatrecht, Hamburg 1987

Schmidt, Karsten Handelsrecht, 4. Aufl., Köln 1994

Schmidt, Karsten Gesellschaftsrecht, 3. Aufl., Köln 1997

Schmidt, Karsten Die konzernrechtliche Verlustübernahmepflicht als gesetzliches Dauerschuldverhältnis, ZGR 1983, 513

Schmidt, Karsten Vom Handelsrecht zum Unternehmens-Privatrecht?, JuS 1985, 249

Schmidt, Karsten Zum Haftungsdurchgriff wegen Sphärenvermischung und zur Haftungsverfassung im GmbH-Konzern, BB 1985, 2074

Schmidt, Karsten Konzernhaftung oder mitgliedschaftliche Haftung des privaten GmbH-Gesellschafters?, ZIP 1986, 146

Schmidt, Karsten Verlustausgleichspflicht und Konzernleitungshaftung im qualifizierten faktischen GmbH-Konzern, ZIP 1989, 545

Schmidt, Karsten Gleichordnung im Konzern: terra incognita?, ZHR 155 (1991), 417

Schmidt, Karsten Zum Stand des Konzernhaftungsrechts bei der GmbH, ZIP 1991, 1325

Schmidt, Karsten Verlustausgleich im qualifizierten faktischen Konzern, in: Heidelberger Konzernrechtstage, Köln 1992, S. 109

Schmidt, Karsten "Konzernhaftung" nach dem TBB-Urteil - Versuch einer Orientierung, ZIP 1993, 549

Schmidt, Karsten Die wundersame Karriere des Unternehmensbegriffs im Reich der Konzernhaftung, AG 1994, 189

Schmidt, Karsten Konzernhaftung von freiberuflichen Mehrfachgesellschaftern?, ZIP 1994, 1741

Schmidt, Karsten Wozu noch Handelsrecht? - Vom Kaufmannsrecht zum Unternehmensrecht, JBl 1995, 341

Schmidt, Michael Die Stimmrechtsvertretung durch Kreditinstitute, Hamburg 1994

Schmidt-Leithoff, Christian Die Verantwortung der Unternehmensleitung, Tübingen 1989

Schmiedel, Burkhard Rezension von Herbert Wohlman, Die Treuepflicht des Aktionärs, ZHR 134 (1970), 173

Schneider, Uwe H. Die Gründung von faktischen GmbH-Konzernen - Zuständigkeiten und Finanzierung -, ZGR-Sonderheft 6, Berlin 1986, S. 121

Scholz, Franz Kommentar zum GmbH-Gesetz, 8. Aufl., Band I, Köln 1993 und Band II, Köln 1995; zit.: *Scholz/Bearbeiter* GmbHG

Schramm, Volker Konzernverantwortung und Haftungsdurchgriff im qualifizierten faktischen GmbH-Konzern, München 1991

Schüppen, Matthias Haftung im qualifiziert faktischen GmbH-Konzern und 12. EG-Richtlinie, DB 1993, 969

Schulz, Wolf Die masselose Liquidation der GmbH, Heidelberg 1986

Schulze-Osterloh, Joachim Vermeidung der Konzernhaftung nach dem TBB-Urteil durch ordnungsmäßige Buchführung, ZIP 1993, 1838

Schwark, Eberhard Die Haftung des herrschenden Unternehmens im qualifizierten faktischen GmbH-Konzern - BGHZ 95, 330 ("Autokran"), JuS 1987, 443

Semler, Johannes Leitung und Überwachung der Aktiengesellschaft, 2. Aufl., Köln 1996

Sina, Peter Grenzen des Konzern-Weisungsrechts nach § 308 AktG, AG 1991, 1

Slongo, Bruno Der Begriff der einheitlichen Leitung als Bestandteil des Konzernbegriffs, Zürich 1980

Soergel, Th. Kommentar zum Bürgerlichen Gesetzbuch, 12. Aufl., Stuttgart 1988 ff.; zit.: *Soergel/Bearbeiter* BGB

Sonnenschein, Jürgen Der Schutz von Minderheitsgesellschaftern und Gläubigern der abhängigen Gesellschaft im deutschen Recht, in: Mestmäcker, Ernst-Joachim/Behrens, Peter (Hrsg.), Das Gesellschaftsrecht der Konzerne im internationalen Vergleich, Baden-Baden 1991, S. 49

Sonntag, Bernd Konzernbildungs- und Konzernleitungskontrolle bei der GmbH, Frankfurt/M. 1990

von Staudinger, Julius Kommentar zum Bürgerlichen Gesetzbuch, 12. Aufl., Berlin 1978 ff.; zit.: *Staudinger/Bearbeiter* BGB

Stein, Friedrich/Jonas, Martin Kommentar zur Zivilprozeßordnung, 21. Aufl., Tübingen 1993 ff.; zit.: *Stein/Jonas/Bearbeiter* ZPO

Steindorff, Ernst Vorlagepflicht nach Art. 177 Abs. 3 EWGV und Europäisches Gesellschaftsrecht, ZHR 156 (1992), 1

Stimpel, Walter Richterliche Rechtsfortbildung im Personalhandelsgesellschaftsrecht, in: Pehle, Rudolf/Stimpel, Walter, Richterliche Rechtsfortbildung, Karlsruhe 1969, S. 15; zit.: *Stimpel*, in: Pehle/ Stimpel

Stimpel, Walter Bemerkungen zur BGH-Rechtsprechung zum Gläubigerschutz im faktischen GmbH-Konzern, ZGR-Sonderheft 6, Berlin 1986, S. 39

Stimpel, Walter Die Rechtsprechung des Bundesgerichtshofes zur Innenhaftung des herrschenden Unternehmens im GmbH-Konzern, AG 1986, 117

Stimpel, Walter "Durchgriffshaftung" bei der GmbH: Tatbestände, Verlustausgleich, Ausfallhaftung, Festschrift für Reinhard Goerdeler, Düsseldorf 1987, S. 601; zit.: *Stimpel* FS Goerdeler, 1987

Stimpel, Walter Haftung im qualifizierten faktischen GmbH-Konzern, ZGR 1991, 144

Stimpel, Walter Autokran - Tiefbau - Video: Stand der Rechtsprechung, in: Heidelberger Konzernrechtstage, Köln 1992, S. 5

Stodolkowitz, Heinz Dieter Die Haftung im qualifizierten faktischen GmbH-Konzern nach der Rechtsprechung des Bundesgerichtshofs, ZIP 1992, 1517

Streck, Michael Körperschaftsteuergesetz, 5. Aufl., München 1997; zit.: *Streck* KStG

Streyl, Annedore Zur konzernrechtlichen Problematik von Vorstands-Doppelmandaten, Heidelberg 1992

Strohn, Lutz Die Verfassung der Aktiengesellschaft im faktischen Konzern, Köln 1977

Studienkommission des Deutschen Juristentages, Untersuchungen zur Reform des Konzernrechts, Tübingen 1967; zit.: DJT-Konzernrecht

Stürner, Rolf Die Aufklärungspflicht der Parteien des Zivilprozesses, Tübingen 1976

Thöni, Wilfried Zur Haftung des GmbH-Gesellschafters in Geschäftsführungsangelegenheiten, GmbHR 1989, 187

Timm, Wolfram Geklärte und offene Fragen im Vertragskonzernrecht der GmbH, GmbHR 1987, 8

Timm, Wolfram Grundfragen des "qualifizierten" faktischen Konzerns im Aktienrecht, NJW 1987, 977

Timm, Wolfram Neuere Entwicklungen im GmbH-(Vertrags-)Konzernrecht, GmbHR 1992, 213

Uhlenbruck, Wilhelm Das Auskunfts- und Akteneinsichtsrecht im Konkurs- und Vergleichsverfahren, KTS 1989, 527

Ulmer, Peter Aktienrechtliche Beherrschung durch Leistungsaustauschbeziehungen?, ZGR 1978, 457

Ulmer, Peter Begründung von Rechten für Dritte in der Satzung einer GmbH?, Festschrift für Winfried Werner, Berlin 1984, S. 911; zit.: *Ulmer* FS Werner, 1984

Ulmer, Peter Der Gläubigerschutz im faktischen GmbH-Konzern beim Fehlen von Minderheitsgesellschaftern, ZHR 148 (1984), 391

Ulmer, Peter Gesellschafterpflicht zur Erhaltung des satzungsmäßigen Haftungsfonds der GmbH?, ZGR 1985, 598

Ulmer, Peter Verlustübernahmepflicht des herrschenden Unternehmens als konzernspezifischer Kapitalerhaltungsschutz, AG 1986, 123

Ulmer, Peter Gläubigerschutz im "qualifizierten" faktischen GmbH-Konzern, NJW 1986, 1579

Ulmer, Peter Schutz der GmbH gegen Schädigung zugunsten ihrer Gesellschafter?, Festschrift für Gerd Pfeiffer, Köln 1988, S. 853; zit.: *Ulmer* FS Pfeiffer, 1988

Ulmer, Peter Grundstrukturen eines Personengesellschaftskonzernrechts, ZHR-Beiheft 62, Heidelberg 1989, S. 26

Ulmer, Peter Vermutungs- und Beweisfragen: Qualifizierungsvermutung; Kausalitätsgegenbeweis, in: Heidelberger Konzernrechtstage, Köln 1992, S. 65

Versteegen, Peter Konzernverantwortlichkeit und Haftungsprivileg, Köln 1993

Versteegen, Peter Das TBB-Urteil als Wegbereiter einer allgemeinen Intransparenzhaftung in der GmbH?, DB 1993, 1225

Wank, Rolf Grenzen richterlicher Rechtsfortbildung, Berlin 1978

Weber, Friedrich Die Funktionsteilung zwischen Konkursverwalter und Gesellschaftsorganen im Konkurs der Kapitalgesellschaft, KTS 1970, 73

Weigl, Gerald Die Haftung im (qualifizierten) faktischen Konzern, Heidelberg 1996

Weitbrecht, Cornelius Haftung der Gesellschafter bei materieller Unterkapitalisierung der GmbH, Köln 1990

Westermann, Harm Peter Der Tatbestand des qualifizierten faktischen Konzerns, in: Heidelberger Konzernrechtstage, Köln 1992, S. 21

Westermann, Harm Peter Das TBB-Urteil - Ein Neuansatz bei der Haftung wegen qualifizierter faktischer Konzernierung?, ZIP 1993, 554

Wiedemann, Herbert Die Unternehmensgruppe im Privatrecht, Tübingen 1988

Wiedemann, Herbert Grundfragen der Unternehmensverfassung, ZGR 1975, 385

Wiedemann, Herbert Spätlese zu Autokran, ZGR 1986, 657

Wiedemann, Herbert Gesellschaftsrechtliche Probleme der Betriebsaufspaltung, ZIP 1986, 1293

Wiedemann, Herbert/Martens, Klaus-Peter Die Unternehmensqualifikation von Gebietskörperschaften im Recht der verbundenen Unternehmen, AG 1976, 197

Wilhelm, Jan Rechtsform und Haftung bei der juristischen Person, Köln 1981

Wilhelm, Jan Kapitalgesellschaftsrecht, Berlin 1998

Wilhelm, Jan Konzernrecht und allgemeines Haftungsrecht, DB 1986, 2113

Winter, Martin Mitgliedschaftliche Treuebindungen im GmbH-Recht, München 1988

Winter, Martin Eigeninteresse und Treupflicht bei der Einmann-GmbH in der neueren BGH-Rechtsprechung, ZGR 1994, 570

Würdinger, Hans Gesellschaften, 1. Teil: Recht der Personalgesellschaften, Hamburg 1937, 2. Teil: Recht der Kapitalgesellschaften, Hamburg 1943; zit.: *Würdinger* Gesellschaften, 1. Teil bzw. 2. Teil

Würdinger, Hans Aktienrecht und das Recht der verbundenen Unternehmen, 4. Aufl., Karlsruhe 1981 sowie 1. Aufl., Karlsruhe 1959; zit.: *Würdinger* Aktienrecht

Würdinger, Hans Der Begriff Unternehmen im Aktiengesetz, Festgabe für Otto Kunze, Berlin 1969, S. 177; zit.: *Würdinger* FG Kunze, 1969

Würdinger, Hans Betrachtungen zum faktischen Konzern, DB 1973, 45

Zeidler, Finn Neues zur Haftung im qualifizierten faktischen Konzern?, GmbHR 1997, 881

Ziegler, Klaus Kapitalersetzende Gebrauchsüberlassungsverhältnisse und Konzernhaftung bei der GmbH, Baden-Baden 1989

Ziemons, Hildegard Die Haftung der Gesellschafter für Einflußnahmen auf die Geschäftsführung der GmbH, Köln 1996

Zöllner, Wolfgang Die Schranken mitgliedschaftlicher Stimmrechtsmacht bei den privatrechtlichen Personenverbänden, München 1963

Zöllner, Wolfgang Inhalt und Wirkungen von Beherrschungsverträgen bei der GmbH, ZGR 1992, 173

Zöllner, Wolfgang Qualifizierte Konzernierung im Aktienrecht, Gedächtnisschrift für Brigitte Knobbe-Keuk, Köln 1997, S. 369; zit.: *Zöllner* GS Knobbe-Keuk, 1997

Zünd, André Einheitliche Leitung - Bedeutung und Tauglichkeit des Begriffs, Das St. Galler Konzernrechtsgespräch, Bern 1988, S. 77

FSC
www.fsc.org
MIX
Papier | Fördert gute Waldnutzung
FSC® C083411

Kolibri 360 GmbH
Ferdinand-Jühlke-Straße 7
99095 Erfurt, Deutschland
produktsicherheit@kolibri360.de